Thomas Gesterkamp

Die Krise der Kerle

ZASS. Zukunft der Arbeit und der sozialen Sicherung

Schriftenreihe der Stiftung der KAB Deutschlands

herausgegeben von

Dr. Michael Schäfers
Dr. Joachim Zimmermann
(Katholische Arbeitnehmer-Bewegung)

Band 2

LIT

Thomas Gesterkamp

Die Krise der Kerle

Männlicher Lebensstil
und der Wandel der Arbeitsgesellschaft

LIT

Gedruckt auf alterungsbeständigem Werkdruckpapier entsprechend
ANSI Z3948 DIN ISO 9706

Umschlagbild: dpa

Bibliografische Information Der Deutschen Bibliothek
Die Deutsche Bibliothek verzeichnet diese Publikation in der Deutschen
Nationalbibliografie; detaillierte bibliografische Daten sind im Internet
über http://dnb.ddb.de abrufbar.

ISBN 3-8258-8092-3
Zugl.: Köln, Univ., Diss., 2004

© LIT VERLAG Münster 2004
Grevener Str./Fresnostr. 2 48159 Münster
Tel. 0251–620320 Fax 0251–231972
e-Mail: lit@lit-verlag.de http://www.lit-verlag.de

Vorwort der Herausgeber

Die politische Debatte zur Zukunft der Arbeit und der sozialen Sicherung muss endlich in der Realität ankommen – dies hat die Katholische Arbeitnehmer-Bewegung Deutschlands auf dem Bundesverbandstag 2003 in ihrer Proklamation „Menschen beteiligen – Gerechtigkeit schaffen" gefordert. Das heißt: Die Umbrüche der Erwerbsarbeitsgesellschaft, allen voran das Ende der Vollbeschäftigung sowie die Erosion des Normalarbeitsverhältnisses und die damit einhergehenden Herausforderungen für die Zukunft der sozialen Sicherung, müssen endlich in ihrer vollen Tragweite erfasst und in ein „Programm" für mehr soziale Gerechtigkeit in Deutschland umgemünzt werden.

Durch die politischen Maßnahmen in unserem Land wird seit mehr als zwei Jahrzehnten eine Dosiserhöhung der „neoliberalen Medizin" verordnet. Zur Heilung der Krankheit der Massenarbeitslosigkeit werden die „Zuzahlungen" erhöht, die vor allem die sozial Benachteiligten treffen. Der Druck auf die Arbeitssuchenden, jede Arbeit anzunehmen, ist in weiten Kreisen unserer Gesellschaft zu einem akzeptierten Muster der Repression geworden. Soziale Risiken unterliegen einer permanenten Privatisierung – mit all den Folgen für den sozialen und solidarischen Zusammenhalt unseres Gemeinwesens. Längst können die Folgen dieser tiefgreifenden Veränderungen nicht mehr allein in ökonomischen Kategorien analysiert werden.

Thomas Gesterkamp arbeitet in der vorliegenden Untersuchung heraus, dass die Krise der Erwerbsarbeitsgesellschaft tiefgreifende Einschnitte für die männliche Arbeitsidentität und das Konstruktionsprinzip des Sozialstaats bedeutet. Politische, wirtschaftliche und soziale Rahmensetzungen beeinflussen in einem entscheidenden Maße individuelle Wahlmöglichkeiten, Lebensentwürfe und -qualität von Frauen und Männern. Sie können individuelle Entscheidungen ermöglichen oder verhindern, sie befördern oder erschweren. Dies gilt auch für ein neues „Geschlechterverhältnis".

Für die Stiftung „Zukunft der Arbeit und der sozialen Sicherung" (ZASS) der Katholischen Arbeitnehmer-Bewegung in Deutschland ist die Frage von zentraler Bedeutung, wie Frauen und Männer in Zukunft leben und arbeiten wollen. Sie will Menschen bewegen, sich aktiv in die politischen Auseinandersetzungen um diese Frage einzumischen, um ein „gutes Leben für alle" möglich zu machen. Im „Zeitalter der Ambivalenz" setzt sich die KAB für eine „Tätigkeitsgesellschaft" ein, in der alle Formen menschlicher Arbeit von Entfremdung befreit und als gleichwertig anerkannt werden. Es geht um einen „stimmigen Lebensentwurf" für Frauen und Männer, in dem angesichts des Drangs, alles menschliche Tun zu „Arbeit" zu machen, auch die Muße ihren Platz haben muss. Ein unverzichtbarer Baustein hierzu ist eine offensive Arbeitspolitik, die auf eine Umverteilung aller Formen menschlicher Arbeit zwischen Frauen und Männern setzt. Dass es dazu auch einer Reform der solidarischen Sicherung bedarf, liegt auf der Hand.

„Dazu sind individuelle und soziale Einstellungsänderungen notwendig, die in unseren Köpfen und Herzen, aber auch in unseren gesellschaftlichen Strukturen wachsen müssen" – heißt es in der eingangs erwähnten Proklamation. Thomas Gesterkamp geht diesen (notwendigen) Einstellungsänderungen nach, ohne dabei die tieferen strukturellen Zusammenhänge von Politik, Wirtschaft und Gesellschaft außer Acht zu lassen. Hierin unterscheidet sich die hier vorliegende Publikation maßgeblich von den Veröffentlichungen, die uns allenthalben das schnelle eigene (Partner)Glück versprechen, ohne das Leben der anderen überhaupt in den Blick kommen zu lassen. „Gesinnungs- und Zuständereform" (W. E. von Ketteler) verlangen einen langen Atem. Notwendig sind dazu aber auch klare Positionen, die zum Nach- und Umdenken anregen. Gesterkamp formuliert klare Positionen.

Dem Autor gilt besonderer Dank dafür, dass eine Aufnahme in die Schriftenreihe der Stiftung ZASS möglich wurde. Dies ist nicht zuletzt Ausdruck einer Zusammenarbeit, die in den letzten Jahren gewachsen ist. Dank gilt darüber hinaus allen, die die Publikation möglich gemacht haben, insbesondere durch finanzielle Zuwendungen an die Stiftung ZASS. Mit diesem zweiten Band der Schriftenreihe setzt sich zudem die bewährte Kooperation mit dem LIT Verlag fort.

Dr. Michael Schäfers
Dr. Joachim Zimmermann

Inhaltsübersicht

	Inhaltsübersicht	7
1	Einleitung	10
2	Erwerbsarbeit und männliche Identität	13
2.1	Erwerbsarbeit im Mittelpunkt der Gesellschaft	13
2.1.1	„Achse der Lebensführung"	13
2.1.2	Der Arbeitsbegriff im historischen Vergleich	14
2.1.3	Die Debatte um das „Ende der Arbeitsgesellschaft"	18
2.1.4	Normalarbeit und Zeitpolitik	21
2.2	Psychosoziale Folgen der Krise am Arbeitsmarkt	24
2.2.1	Wachsende Langzeitarbeitslosigkeit	24
2.2.2	Psychologische Arbeitslosenforschung	26
2.2.3	Arbeitslosigkeit als Krise der männlichen Identität	28
2.3	Erwerbsarbeit und private Paararrangements	32
2.3.1	Ungelöster Geschlechterkonflikt am Arbeitsmarkt	32
2.3.2	Erosion der Ernährerrolle	33
2.3.3	Industriearbeiter als Verlierer des Umbruchs	35
3	Wandel der Erwerbsarbeit in der Informationsgesellschaft	39
3.1	Digitale Ökonomie	39
3.1.1	Netzwerk-Wirtschaft	39
3.1.2	Unterbrochene Berufsbiografien	41
3.1.3	Brüchige Loyalitäten	45
3.1.4	Veränderte Unternehmenskulturen?	47
3.2	Deregulierung von Erwerbsarbeit	53
3.2.1	Neue Selbstständigkeit: zwischen „Arbeitskraftunternehmer" und modernem Tagelöhner	53
3.2.2	Arbeit ohne Ende: Betriebliche Strategien der indirekten Steuerung	61
3.2.3	Entgrenzung: Die Vermischung von Erwerbsarbeit und Privatleben	66
Exkurs: Die Computerbranche als Männerdomäne		72

4	**Auswirkungen auf Geschlechterverhältnis und private Haushaltsführung**	**77**
4.1	Unterschiedliche Erwerbsorientierung von Männern und Frauen	77
4.1.1	Veränderung der Geschlechterrollen: Gleichstellungsrhetorik und tatsächliches Verhalten	77
4.1.2	„Doppelte Lebensplanung" von Frauen	82
4.2	Die zentrale Bedeutung kürzerer Arbeitszeiten	90
4.2.1	Teilzeit als männliches Tabu	90
4.2.2	Das VW-Experiment als Laboratorium neuer Arbeits- und Lebensstile	91
4.2.3	Blockaden	94
4.2.4	Zeitpioniere und „Müßiggangster"	98
4.2.5	Wandel der Arbeitsethik?	101
4.3	Kulturelle Veränderungen der Vaterrolle	106
4.3.1	Ergebnisse der Familienforschung	106
4.3.2	Betriebliche und politische Rahmenbedingungen von Elternschaft	109
5	**Politische Konsequenzen, Folgerungen für die Bildungsarbeit**	**113**
5.1	Geschlechterpolitik	113
5.1.1	Gleichstellungspolitik in der Sackgasse	113
5.1.2	Gender Mainstreaming als neue geschlechterpolitische Strategie	114
5.2	Gewerkschaftspolitik	119
5.2.1	Gewerkschaftliche Traditionen als männliche Lobbybünde	119
5.2.2	Gewerkschaftliche Reaktionen auf die Differenzierung von Arbeitsformen und Lebensentwürfen	124
5.3	Sozial- und Familienpolitik	133
5.3.1	Abweichungen von der Normalarbeit als Bedrohung der Systeme sozialer Sicherung	133
5.3.2	Das Modell der Künstlersozialversicherung	134
5.3.3	Alternativen zu den patriarchalen Regularien des Sozialstaats	136
5.4	Bildungspolitik und pädagogische Praxis	143

5.4.1	Nachholende Modernisierung: Ganztagsschule und Ganztagsbetreuung im europäischen Vergleich	143
5.4.2	Bildungsimplikationen veränderter Geschlechterrollen	150
6	**Schlussbetrachtung**	**157**
7	**Literaturverzeichnis**	**164**

Stiftung ZASS - Wir bewegen Menschen! **179**

1 Einleitung

Die zentrale These dieser Untersuchung lautet, dass das seit über einem Vierteljahrhundert politisch virulente Thema Massenarbeitslosigkeit langfristige Folgen hat, die über ökonomische Aspekte weit hinausgehen. Die viel diskutierte „Krise der Arbeitsgesellschaft" ist zugleich eine Krise der männlichen Arbeitsidentität und eine Krise der spezifischen Strukturen des deutschen Sozialstaats.

Erwerbsarbeit hat sich im Industriezeitalter zur „Achse der Lebensführung" (Beck 1986) entwickelt. In besonderem Maße galt dies für die fast ausschließlich in Vollzeitbeschäftigung tätigen Männer. Erwerbslosigkeit als Massenphänomen lässt die traditionelle männliche Ernährerrolle erodieren; auf dem Konzept des Familienvaters als „Breadwinner" aber bauen hier zu Lande die Regularien der sozialen Sicherung auf *(Kapitel 2)*.

Die „Netzwerkgesellschaft" des „Informationszeitalters" (Castells 2001) führt zu einer Deregulierung von Erwerbsarbeit. Auch jene, die (noch) über einen Arbeitsplatz verfügen, müssen sich mit unternehmerischen Strategien auseinander setzen, die mit Begriffen wie Outsourcing, indirekte Steuerung und Entgrenzung von Arbeit beschrieben werden können. Outsourcing meint, dass Firmen Betriebsteile auslagern und Arbeitnehmer (häufig unfreiwillig) „verselbstständigen": Als „Arbeitskraftunternehmer" (Voß/Pongratz 1998) sollen sie auf eigenes Risiko arbeiten und werden aus den betrieblichen Systemen sozialer Sicherung entlassen. Zumindest ein Teil dieser „Ich-AGs" ist keineswegs in der Lage, sich selbst zu vermarkten und dem Leitbild einer „neuen Selbstständigkeit" zu entsprechen. Statt zum erfolgreichen Solounternehmer werden sie eher zum modernen Tagelöhner, der weder aktiv (als Beitragszahler) noch passiv (als Empfänger von Leistungen) in das bestehende Sozialsystem integriert ist.

„Indirekte Steuerung" (Pickshaus u.a. 2000) beschreibt ein Managementkonzept, das auch formal abhängig Beschäftigte ermuntert, im Betrieb wie ein Unternehmer zu agieren. Projektarbeit und die Aufhebung aller Zeitkontrollen erzeugen eine andere Art des Arbeitsdrucks, der als innere Verpflichtung die Angestellten zu Getriebenen macht - obwohl sie faktisch niemand antreibt als sie selbst. Der lange Arm der bezahlten Arbeit reicht dabei weit hinein in die einst geschützte Privatsphäre, die nunmehr ebenfalls „verbetrieblicht" wird – ein Phänomen, das Sozialwissenschaftler unter dem Stichwort „Entgrenzung" (Kratzer/Sauer 2002) debattieren *(Kapitel 3).*

Der Wandel der Erwerbswelt hat Auswirkungen auf das Geschlechterverhältnis. Den männlichen – um den Beruf kreisenden – Lebensstil hat in der Vergangenheit nur eine Minderheit der Frauen übernommen. Mit ihrer stärkeren Beteiligung an der entlohnten Tätigkeit befinden wir uns heute mehr denn je in einer Erwerbsgesellschaft. Männliche Arbeits- und Lebensstile sind konfrontiert mit veränderten weiblichen Einstellungen: Vor dem Hintergrund nahezu angeglichener Bildungsabschlüsse betrachten Frauen ihre Erwerbsorientierung nicht mehr als kurzes Intermezzo vor Heirat und Familiengründung. Im Sinne einer „doppelten Lebensplanung" (Geissler 1998) ist Mutterschaft vielmehr nur noch einer von mehreren Bestandteilen weiblicher Identität; eine relativ kurze Unterbrechung weiblicher Biografien, die sich den männlichen annähern und die dem Beruf nach männlichem Muster eine zentrale Bedeutung zuschreiben *(Kapitel 4).*

Bezahlte Vollzeitarbeit für beide Geschlechter ist in (West)Deutschland alles andere als selbstverständlich. Weder das Jobangebot noch die staatlichen Rahmenbedingungen von Elternschaft sind auf Paararrangements eingestellt, die Männern wie Frauen einen gleichberechtigten Zugang sowohl zur Erwerbs- wie zur privaten Fürsorgearbeit ermöglichen. Der verborgene Geschlechterkonflikt am Arbeitsmarkt wird häufig gar nicht als solcher wahrgenommen. Als die Hartz-Kommission ihre arbeitsmarktpolitischen Konzepte vorlegte, war im ersten Entwurf von „Familienvätern" die Rede, die bevorzugt zu vermitteln seien. Erst der Widerspruch der einzigen Frau in dem 15-köpfigen Gremium, einer ver.di-Gewerkschafterin, führte zu einer anderen Formulierung: In der endgültigen Fassung spricht das „Modul 2 - Familienfreundliche Vermittlung" von Arbeitslosen, „die besondere Verantwortung für abhängige betreuungsbedürftige Personen oder Familienangehörige tragen" (Hartz 2002).

Die Intervention war ein Beispiel für praktiziertes „Gender Mainstreaming", eines von der Europäischen Union forcierten geschlechterpolitischen Konzepts, das Institutionen, Behörden oder Unternehmen daraufhin untersuchen will, ob sie die unterschiedlichen Lebenslagen und Interessen von Männern und Frauen berücksichtigen *(Kapitel 5.1).* Die Gewerkschaften, die sich historisch betrachtet lange als Lobbyverband für männliche Familienernährer verstanden haben, überdenken neuerdings ihre Strategien unter geschlechterpolitischen Gesichtspunkten. Zudem versuchen sie, mit neuen Beratungs- und Bildungsangeboten auf eine netzwerkartig strukturierte Wirtschaft zu reagieren *(Kapitel 5.2)*.

Die Abweichungen vom (männlichen) Normalarbeitsverhältnis gefährden den deutschen Sozialstaat. Notwendig ist deshalb die Einbeziehung von (formal) Selbstständigen in die gesetzlichen Systeme sozialer Sicherung; Frauen benötigen eigenständige, nicht von ihren Ehemännern abgeleitete Möglichkeiten, Versicherungsansprüche zu erwerben *(Kapitel 5.3)*. Für die Bildungspolitik schließlich hat die PISA-Untersuchung den Nachholbedarf in Deutschland belegt: Die bisherige Praxis, öffentliche Erziehung auf ein Minimum zu beschränken und Kinderbetreuung wie große Teile der Bildungsarbeit an das Elternhaus zu delegieren, hat sich im internationalen Maßstab als rückständig erwiesen *(Kapitel 5.4)*.

Die öffentliche Debatte über das Thema „Arbeit" wird bisher weitgehend abgekoppelt von „Gender"-Aspekten geführt. Impulse in diese Richtung gingen in der Vergangenheit meist von der Frauenforschung aus (vgl. Stolz-Willig/Veil 1999). Die hier vorgelegte Untersuchung diskutiert die Perspektiven von Erwerbsgesellschaft und Sozialstaat im Kontext der Differenzierung von Lebensstilen und der Veränderungen im Geschlechterverhältnis. Sie ist keine empirische Studie, sondern versteht sich als theoretische Auseinandersetzung an der Schnittstelle von politikwissenschaftlichen, sozialwissenschaftlichen und erziehungswissenschaftlichen Fragestellungen. An einzelnen Stellen sind zusätzlich Fallgeschichten eingeflossen, die der Verfasser im Rahmen seiner Tätigkeit als Journalist und Autor sowie als Vortragsredner und in der Bildungsarbeit erhoben hat.

Unter dem Titel „Männliche Arbeits- und Lebensstile in der Informationsgesellschaft – Auswirkungen auf Geschlechterverhältnis und private Haushaltsführung, Konsequenzen für Sozial-, Bildungs- und Familienpolitik" wurde die Arbeit an der Erziehungswissenschaftlichen Fakultät der Universität zu Köln als Dissertation angenommen. Die mündliche Prüfung fand am 7. Juli 2004 statt. Ich danke den Gutachtern Prof. Dr. Christoph Butterwegge, Leiter der Abteilung für Politikwissenschaft am Seminar für Sozialwissenschaften, und Prof. Dr. Uta Meier vom Lehrstuhl für Wirtschaftslehre des Privathaushalts und Familienwissenschaft an der Justus-Liebig-Universität Gießen.

Thomas Gesterkamp

2 Erwerbsarbeit und männliche Identität

2.1 Erwerbsarbeit im Mittelpunkt der Gesellschaft

2.1.1 „Achse der Lebensführung"

„Arbeit, Arbeit, Arbeit" lautete Mitte der neunziger Jahre ein Wahlkampfmotto der Sozialdemokraten. Der Slogan könnte durchaus auch von einer anderen Partei stammen. Das Fehlen von Millionen von Arbeitsplätzen beherrscht in Deutschland seit über zwei Jahrzehnten die politische Debatte. Die bezahlte Tätigkeit als (männlich geprägte) Erwerbsarbeit steht im Mittelpunkt des Interesses. Die vorwiegend weibliche „Arbeit des Alltags" (Jurczyk/Rerrich 1993) wird hingegen gesellschaftlich missachtet und gering geschätzt. Haus-, Familien-, Erziehungs- und Fürsorgearbeit tauchen in der öffentlichen Diskussion über „Arbeit" kaum auf. „Das geschlechtsblinde Konzept des homo oeconomicus hat sich als völlig ungeeignet erwiesen, der facettenreichen Lebensrealität von Frauen als Grenzgängerinnen zwischen Privat und Erwerbssphäre gerecht zu werden", stellt die Gießener Haushaltswissenschaftlerin Uta Meier fest (2001, S. 44).

Politisch ins Blickfeld rückt nahezu ausschließlich die Welt der entlohnten Arbeit. Nachrichtensprecher verkünden die jüngsten Zahlen vom Erwerbsarbeitsmarkt als wichtige Neuigkeit, fehlende Plätze in Horten oder Krippen hingegen taugen bestenfalls zur Kurzmeldung vor dem Wetterbericht. Für die Versorgung des Nachwuchses werden vorrangig die Mütter verantwortlich gemacht; Kinderbetreuung gilt als ein privates „Frauenproblem". Politisch viel bedeutsamer aber ist die Tarifrunde in der Metallindustrie, die einen vorderen Platz in der Tagesschau sicher hat. „Mit der gesellschaftsweiten Geringschätzung der den Frauen zugeschriebenen Alltagsarbeit korrespondiert ihre Benachteiligung am Arbeitsmarkt qua Geschlecht." (Meier 2001, ebd.).

Erwerbsarbeit prägt auch die private Sphäre außerhalb der Büroflure und Fabriktore. In jedem Kennenlerngespräch dient der Beruf als Schablone zur wechselseitigen Identifizierung. Seine Nennung gibt Hinweise auf Einkommen, soziale Stellung, persönliche Fähigkeiten und mögliche Interessen, die eine erste Einschätzung des unbekannten Gegenübers zulassen. „Das Leben ist in einem zentralen Sinn auf Berufsarbeit angelegt. 'Wer bin ich' kreist immer wieder um das, was einer beruflich tut." (Dahrendorf 1980, S. 751).

Für Ulrich Beck (1986, S. 220) ist Arbeit „im Industriezeitalter zur Achse der Lebensführung geworden. Zusammen mit der Familie bildet sie das zweipolige Koordinatensystem, in dem das Leben in dieser Epoche befestigt ist." Schon das heranwachsende Kind, so der Soziologe, erfahre den Beruf als den „Schlüssel zur Welt". Das spätere Leben steht ganz im Zeichen der Erwerbstätigkeit, und selbst die Phase des Alters definiert sich durch das Fehlen von bezahlter Arbeit: Sie „fängt dort an, wo die Berufswelt die Menschen entlässt – egal, ob sie sich alt fühlen oder nicht", konstatiert Beck (ebd.).

Erwerbsorientierung ist ein zentraler Bestandteil vor allem des männlichen Lebensentwurfes. Im Laufe des zu Ende gegangenen Jahrhunderts hat sich die elementare Bedeutung des Berufes eher noch verstärkt, gerade weil andere Eckpfeiler männlicher Identität und Selbstdarstellung ins Wanken gerieten. Der starke Mann, der die Natur besiegt; der mutige Beschützer von Frauen und Kindern; der Erfinder, Eroberer und Erbauer; der Bestimmer in Gemeinde und Verwandtschaft, der Wertvorstellungen vorgibt und diese interpretiert – all diese einstigen Funktionen des „Paterfamilias" sind heute nicht mehr selbstverständlich. Aus der Ernährerrolle leiteten sich einst auch moralische Überlegenheit und kulturelle Autorität ab. Das „Wort" eines Mannes hat gesellschaftlich an Bedeutung verloren, seine Verbindung zum öffentlichen Leben ist brüchig geworden. Je schwieriger der Rückgriff auf alte Muster von Männlichkeit wird, desto hilfreicher erscheint es, sich über seinen Beruf und die damit verbundenen Möglichkeiten zu definieren (vgl. Döge 2001).

2.1.2 Der Arbeitsbegriff im historischen Vergleich

Dass die Erwerbstätigkeit als Leitmotiv die ganze Gesellschaft durchzieht, bildet erst seit knapp zweihundert Jahren das Rückgrat der menschlichen und vor allem der männlichen Lebensweise. Gearbeitet wurde natürlich auch in der Steinzeit oder im Altertum; stets haben Menschen etwas leisten müssen, um für sich selbst und ihre Kinder aufkommen zu können. Im allergrößten Teil der Geschichte des Homo sapiens war Arbeit jedoch kein Selbstzweck, sondern diente ausschließlich der Existenzsicherung. Sie war keine moralische Kategorie, auch nicht in der wertebestimmenden Oberschicht.

Die Herrscher der Antike achteten die Arbeit, aber im gesellschaftlichen Leben spielte sie nur eine Nebenrolle. Den Griechen wäre es nicht in den Sinn gekommen, Arbeit als Pflicht oder als gesetzlich abgesichertes Recht anzusehen. Die Römer verstanden unter Arbeit schlicht das Gegenteil von Muße: „Negotium" nannten sie jene Zeit, die durch Beschäftigung der freien Zeit – dem „otium" – verloren geht. Für die Befriedigung alltäglicher Bedürfnisse hielten sich die antiken Herren Untergebene: Alle sich ständig wiederholenden, nicht kreativen Tätigkeiten waren Aufgabe der Sklaven, Kinderaufzucht und Erziehung selbstverständlich Frauensache. Die „freien" Männer hingegen führten ein unbeschwertes Leben und betätigten sich politisch oder kulturell im öffentlichen Raum, in der sogenannten Polis.

Christliche Arbeitsvorstellungen prägen das Mittelalter. Die Bibel spricht von etwas Mühevollem, von einer Strafe: „Verflucht soll der Ackerboden sein um deinetwillen, mühsam sollst du dich von ihm nähren alle Tage deines Lebens, Dorn und Gestrüpp soll es dir tragen, und Kraut des Feldes sollst du essen. Im Schweiße deines Angesichtes sollst du dein Brot verdienen", heißt es in der Genesis. Der heilige siebte Tag aber ist frei von Mühsal, Vorspiel des Paradieses, das mittelalterliche Künstler als einen Ort ewiger Muße abbildeten (vgl. Segbers 2001).

Nur der Adel lebte in diesen Jahrhunderten im irdischen Paradies: Er hielt Hof und ließ andere arbeiten. Den Rhythmus des Volkes bestimmten die Jahreszeiten und der christliche Kalender. Im Sommer wurde länger gearbeitet als im Winter, mehrere dutzend Feiertage (zusätzlich zum freien Sonntag) sorgten für regelmäßige Muße. An Markttagen, bei Dorffesten, Taufen, Hochzeiten oder Beerdigungen ruhte die Arbeit; auch die Handwerkertradition des „blauen Montags" deutet auf diese Lebensweise hin. Der mittelalterliche Mensch hielt Arbeit zwar für notwendig, keineswegs aber für ein Mittel geistiger Erbauung. Mit ihr verdiente er sein tägliches Brot, doch er wollte (und konnte) weder Karriere machen noch Reichtümer anhäufen. Die ländlich geprägte Vorstellung von Arbeit war Ausdruck der wirtschaftlichen und geistigen Stagnation der Epoche.

Die Reformation leitete einen Werteumschwung ein. Das zum Protestantismus bekehrte Bürgertum deutete Arbeit als Bußübung und heilige Aufgabe, als Weg zur Erlösung des Menschen. Durch den Handel reich geworden, grenzte es sich mit Hilfe sittlicher Gebote vom Schmarotzertum der Aristokratie ab. Wenn andere schwer arbeiten, habe auch ich selbst die Pflicht, schwer zu arbeiten – so lautete die Quintessenz der puritanischen Moral.

Nutzlos vertane Zeit und Müßiggang galten nun als gottloser Frevel, das eigene Leistungsbewußtsein hingegen verstand man als Gott gefälliges Verhalten. Als Folge dieser neuen Orientierung verschwanden die Fest- und Feiertage des Mittelalters nach und nach aus dem Kalender. Den sittlichen Wert der Arbeit als Berufung des Menschen prägte vor allem Martin Luther mit seiner Lehre vom allgemeinen Priestertum. Spuren dieser Betrachtungsweise finden sich bereits in der Ethik der Ritter und in der mittelalterlichen Mystik.

Der Begriff Arbeit verlor den herabsetzenden Sinn, den er einst besessen hatte. Das Wort geht auf das indogermanische „orbho" zurück und meinte ursprünglich ein „verwaistes, zu schwerer körperlicher Tätigkeit verdingtes Kind". Bis in das Niederhochdeutsche hinein bedeutet arbeiten „sich quälen, angestrengt tätig sein". Das französische Wort für Arbeit, „travail", kommt vom lateinischen „tras" – eine Bezeichnung für komplizierte Apparate, in die man große Tiere einspannte, um sie mit Eisen zu beschlagen oder zu operieren. Mit der Vokabel, schildert der Pariser Zeitforscher Jacques de Chalendar, war „eine Vorstellung von Zwang, Unterjochung, Schmerz verbunden" (1972, S. 142). In den meisten europäischen Sprachen findet sich diese Begriffsumwandlung: Arbeit meinte zunächst Erleiden und Erdulden, erst später dann aktives Tätigsein und Beruf(ung).

Mann und Frau arbeiteten im Mittelalter und zu Beginn der Neuzeit häufig gemeinsam. Sie standen nebeneinander auf dem Acker, hinter dem Marktstand oder im Laden. Selbst wenn sich ihre Tätigkeiten unterschieden, gab es noch keine räumliche Trennung zwischen den Geschlechtern. Viele männliche Handwerker übten ihren Beruf als Heimarbeiter aus. Die Industriegesellschaft jedoch sprengte diese Zusammenarbeit. Ihre Tätigkeit in der Fabrik zwang die Männer, den ganzen Tag außerhalb des Hauses zu verbringen. Durch die neue Form der Arbeitsorganisation fielen weibliche und männliche Rollen auseinander: Das private Heim wurde zum Reich der Hausfrau und Mutter, die Welt der Erwerbsarbeit zur Welt des Mannes.

Auch Frauen und sogar Kinder schufteten im vorletzten Jahrhundert in Bergwerken oder Textilfabriken. Häufige Schwangerschaften aber schränkten die weibliche Beschäftigung in der Industrie stark ein. Weil die heutigen Methoden der Geburtenkontrolle nicht zur Verfügung standen, hatten Frauen weniger Chancen auf eine geregelte Ausbildung und eine kontinuierliche Berufstätigkeit. Zuerst im Bürgertum, mit zunehmendem Wohlstand aber auch im Arbeitermilieu teilte sich der Lebensalltag der Geschlechter in zwei völlig verschiedene Sphären auf, die kaum etwas miteinander zu tun hatten. Der Mann wurde zum Ernährer, zum „Breadwinner", wie es im Englischen plastisch heißt, und verkörperte von nun an die rational geprägten Spielregeln von Politik und Wirtschaft. „Je weiter man in dem Jahrhundert geht, desto weniger ist in den Familienhandbüchern von den väterlichen Pflichten die Rede und desto mehr tut man auf der anderen Seite so, als seien die Mütter durch eine wundersame Fügung mit allen notwendigen Eigenschaften begabt, um die Kinder beiderlei Geschlechts großzuziehen", analysiert Elisabeth Badinter (1993, S. 112).

Der Begriff „Ernährer" klingt heute etwas antiquiert. Er lässt an Armut, Hunger und Entbehrung, an den Kampf um das nackte Überleben denken. Verwendet wird er aber nach wie vor, um das in seinem Kern aus dem 19. Jahrhundert stammende Rollenverständnis zu beschreiben: Ein sicheres Einkommen soll es dem Mann ermöglichen, das Ideal des fürsorglichen Familienvaters zu erfüllen. Um dieses Ziel zu erreichen, soll sich der männliche Ernährer mit Priorität der Berufswelt verpflichten. Die ihm gesellschaftlich zugewiesene Geschlechtsrolle bindet ihn an seinen Arbeitsplatz – bis hin zur fast beliebigen Erpressbarkeit bei betrieblichen Auseinandersetzungen: Wer eine Frau und mehrere Kinder zu versorgen hat, der gehorcht seinem Vorgesetzten – und versucht, so viel Geld wie möglich nach Hause zu bringen.

Jahr für Jahr leisten die Arbeitnehmer in der Bundesrepublik trotz Massenarbeitslosigkeit im Schnitt knapp zwei Milliarden Überstunden. Das entspricht der Jahresarbeitsleistung von über einer Million Menschen. Für den Deutschen Gewerkschaftsbund sind solche Zahlen regelmäßig Anlass, den Abbau der Mehrarbeit zu fordern. Doch auch Teile der Gewerkschaftsmitgliedschaft sind durchaus an Überstunden interessiert. Betriebsräte riskieren Ärger mit ihren Belegschaften, wenn sie Unternehmerwünsche nach Mehrarbeit verweigern. Eine Untersuchung des Erlanger Instituts für praxisorientierte Sozialforschung (Promberger 1993, S. 85) berichtet von dem Betriebsratsvorsitzenden eines Großunternehmens in Nordrhein-Westfalen. Weil der keine Überstunden genehmigen will, wird er von seinen Kollegen angeschrien: „Ernährst du meine Kinder? Du nimmst mir mein Geld weg!"

Wer Überstunden akzeptiert, ist dennoch keineswegs automatisch ein „Workaholic", süchtig danach, im Büro zu sitzen oder an der Maschine zu stehen. Den Arbeitnehmern geht es darum, ihren (häufig zu geringen) Lohn aufzustocken und so ihre gewohnte Position zu Hause zu verteidigen. In dem Satz „Ernährst du meine Kinder?" schwingt Stolz auf die eigene Rolle mit:

Stolz darauf, dass die eigene Familie gut versorgt wird. Erst im westdeutschen Wirtschaftswunder entwickelte sich der Alleinverdiener zum allgemeinen Leitbild. Der Spruch „Die Frau eines Stahlarbeiters braucht nicht zu arbeiten" aus den fünfziger Jahren illustrierte proletarischen Ernährerstolz. Es wurde zu einer Frage der männlichen Ehre, der eigenen Partnerin ein Leben ohne Erwerbsarbeit bieten zu können.

Das einst dem Bürgertum vorbehaltene Ideal, daheim im Sinne von Friedrich Schillers „Lied von der Glocke" die „züchtige Hausfrau" walten lassen zu können, während der Mann sich ins „feindliche Leben" hinauswagt, war stets auch eine Vision der Arbeiterschaft. Viele Jahrzehnte lang konnten sich nur die wohlhabenden Schichten diese Freistellung der Gattin erlauben. Im Arbeitermilieu war weibliche Erwerbstätigkeit stets Zwang und keine Wahl. Die finanzielle Möglichkeit zur Hausfrauenehe ist ein Privileg von Teilgruppen gut verdienender Beschäftigter geblieben. Viele Arbeiterfrauen gingen und gehen bis heute ganz selbstverständlich ebenfalls einer bezahlten Tätigkeit nach, um den Lebensunterhalt ihrer Familien mit abzusichern.

Die meisten Männer vor allem der jüngeren Generation gestehen ihren Partnerinnen inzwischen unabhängig von materiellen Notwendigkeiten das Recht auf einen eigenen Berufsweg zu. Spätestens nach der Geburt von Kindern aber bildet sich in vielen Familien eine Hierarchie bei Entlohnung und Arbeitsdauer: Der Mann macht die „entscheidende" Arbeit, die den Wohlstand ins Haus bringt. Er ist der Breadwinner, sie verdient das Zubrot. Vor diesem Hintergrund verwundert es nicht, dass es in fast allen Betrieben Mitarbeiter gibt, die an einer Einkommensverbesserung durch Überstunden sehr interessiert sind (zu den privaten Paararrangements vgl. ausführlich Kapitel 2.3).

2.1.3 Die Debatte um das „Ende der Arbeitsgesellschaft"

Soziologen wie Ralf Dahrendorf (1980) und Claus Offe (1984) haben schon vor zwei Jahrzehnten das „Entschwinden" oder gar das „Ende der Arbeitsgesellschaft" ausgerufen; der französische Sozialphilosoph André Gorz proklamierte damals den „Abschied vom Proletariat" (1980). Der Beruf, so die Argumentation, büße seine Funktion als einziger Kristallisationspunkt im individuellen Lebensentwurf zunehmend ein; alte calvinistische Einstellungen hätten mit der Auflösung religiöser Traditionen und proletarischer Lebenszusammenhänge ihre Wirkung verloren. Die meisten beruflichen Alltagssituationen, argumentierte etwa Offe (1984, S. 51), ließen nicht mehr zu, „dass sich die Arbeitenden als moralisch handelnde Personen, als Träger von Pflichten betätigen, bewähren und Anerkennung finden".

Als Symptom für den Wandel führt die Sozialforschung vor allem die deutlich geringeren Arbeitszeiten an. Vor 150 Jahren, am Anfang der Industrialisierung, betrug die wöchentliche Arbeitsdauer in Deutschland über 80 Stunden; inzwischen ist sie zumindest laut Tarifvertrag auf 35 bis 40 Stunden gesunken. Der Geburtsjahrgang 1928 kam noch auf eine Lebensarbeitszeit von insgesamt rund 110 000 Stunden; die 1957 Geborenen werden im Laufe ihres Lebens nur noch halb so viel arbeiten (vgl. schon Dahrendorf 1980, S. 751). Neben der allgemeinen Arbeitszeitverkürzung spielen dabei auch längere Ausbildungszeiten und mehr bezahlter Urlaub eine Rolle. Auf diese Weise sind erwerbsferne Tätigkeiten und Freizeitinteressen auch im Selbstverständnis von Männern als eigenständige Erfahrung neben die Arbeitswelt gerückt. Seine zentrale Bedeutung für persönliche Identitäten und gesellschaftlichen Zusammenhalt aber hat der Beruf stets behalten.

Spätestens mit der wachsenden Massenarbeitslosigkeit nach der deutschen Vereinigung in den neunziger Jahren wurde die „Krise der Arbeit" zum Dauerbrenner im politischen Diskurs. Akademien und Parteiversammlungen, Kirchentage und Gewerkschaftskongresse setzten das Thema auch deshalb auf die Tagesordnung, weil nicht mehr nur Frauen und Marginalisierte von Erwerbslosigkeit betroffen waren. Auch männliche Kernbelegschaften wurden in bisher unbekanntem Maße ausgedünnt oder komplett wegrationalisiert. Neben Mitarbeitern in prekärer Beschäftigung sollte jetzt auch der „Normalverdiener" sein stabiles Arbeitsmuster aufgeben und „in zeitlicher, räumlicher, fachlicher und sozialer Hinsicht seine Flexibilität unter Beweis stellen" (Jürgens 2002, S. 102).

Die Thesen Offes und Dahrendorfs aufnehmend und forciert durch eine gleichnamige Veröffentlichung des amerikanischen Autors Jeremy Rifkin (1995) entstand eine politische Debatte über das angeblich bevorstehende „Ende der Arbeit" – gemeint war das Ende der Erwerbsarbeit. Weniger im Unternehmer- und Gewerkschaftsmilieu, umso mehr in ökologisch orientierten und kirchlichen Kreisen kursierte die alternative Utopie einer „Tätigkeitsgesellschaft": eines Gemeinwesens also, dass nicht mehr ausschließlich um die entlohnten Jobs kreist. Anderen Formen des „Tätigseins" im Sinne Hannah Arendts (1958) wollte man einen neuen Stellenwert einräumen: privaten Aktivitäten, der Haus- und Erziehungsarbeit, aber auch dem Ehrenamt, oder, wie es nun hieß, der „Bürgerarbeit" oder dem „bürgerschaftlichen Engagement".

Im neuen Jahrtausend ist es um diese Ideen stiller geworden. Kurz nach dem Millennium erlebte die euphorisch als Hoffnungsschimmer gefeierte „Neue Ökonomie" einen steilen Aufschwung an den Aktienmärkten, der allerdings schon wenig später im Katzenjammer der eben noch bejubelten „Gründer" endete. Zwischenzeitlich sanken auch die Arbeitslosenzahlen, doch mit der folgenden Rezession ging es wieder bergauf. Am gesellschaftlichen Rand steht weiterhin eine wachsende Gruppe von langfristig Erwerbslosen, die auf Dauer ohne Job und berufliche Perspektive bleiben, ohne dass dies jenseits von Sonntagsreden noch als politischer Skandal wahrgenommen wird. Im Gegenteil: Es häufen sich die Stimmen, die aufgrund der demographischen Entwicklung langfristig die Lösung aller Arbeitmarktprobleme prophezeien – eine trügerische Illusion.

Dass die (männliche) Normalarbeit nie ein gelebtes Modell für beide Geschlechter gewesen ist, dass auch in Haushalt oder Ehrenamt gearbeitet wird, gerät in der gewerkschaftspolitischen Debatte manchmal aus dem Blickfeld. Allerdings ist es noch befremdlicher, wenn auf kirchlichen Veranstaltungen bisweilen der Eindruck entsteht, wir befänden wir uns bereits mitten in einer „Tätigkeitsgesellschaft" – wie sie etwa die Katholische Arbeitnehmerbewegung als neues Leitbild entworfen hat (vgl. Hartmann-Schäfers/Schäfers 2001). Hier fehlt umgekehrt der sorgfältige Blick auf die (für die meisten Menschen nach wie vor dominierende) entlohnte Beschäftigung. In Deutschland werde eine „irreführende Diskussion geführt", glaubt Steffen Lehndorff (2002) vom Gelsenkirchener Institut Arbeit und Technik (IAT): „Es wird über das Ende der Erwerbsarbeit philosophiert und der Eindruck erweckt, das Normalarbeitsverhältnis sei ein Haus, das langsam zerfalle." Die IAT-Forscher kommen hingegen „zu dem Ergebnis, dass das Normalarbeitsverhältnis nach wie vor ein großes und stabiles Haus ist, in dem allerdings sehr viel umgeräumt und angebaut wird, und dies nicht immer zum Vorteil der Beschäftigten" (ebd.).

Nicht die Arbeitsgesellschaft ist am Ende, sondern die Zeiten garantierter Vollbeschäftigung sind vorbei. Die Situation zu Beginn des neuen Jahrhunderts ist durch die Auflösung einheitlicher Arbeits- und Lebensmuster, durch Vielfalt und Ungleichzeitigkeiten gekennzeichnet. Teile der Erwerbstätigen arbeiten wie bisher in festen, dafür manchmal auch wenig inspirierenden

Positionen bis zur Rente. Andere, gerade junge Menschen, müssen sich mit Projektarbeit oder auf befristeten Stellen durchschlagen; sie nehmen dabei immer wieder Phasen ohne bezahlte Beschäftigung in Kauf. Nur manchmal freiwillig, häufig auch erzwungen wechseln sie zwischen hoher und niedriger Arbeitsintensität, versuchen zeitliche Zwischenräume für Fortbildung, Umschulung oder berufliche Neuorientierung zu nutzen.

2.1.4 Normalarbeit und Zeitpolitik

Wenn im Wahlkampf „Arbeit, Arbeit, Arbeit" gefordert wird, ist unterschwellig stets die standardisierte Form von (männlicher) Erwerbstätigkeit gemeint. Trotz des Endes der Vollbeschäftigung orientieren sich Politik und Wirtschaft weiterhin an den beiden zentralen Stützen des deutschen Sozialstaats: am „Normalarbeitsverhältnis" und an der „Normalfamilie" (Butterwegge 2001, S. 54). Die Steuergesetze und das System der sozialen Sicherung, von der Altersvorsorge bis zum Schutz vor Krankheit, sind auf das erodierende Modell des Vollzeit beschäftigten Familienernährers zugeschnitten. Teilzeit, also jede Form bezahlter Tätigkeit unterhalb dieser Norm, kommt für die meisten männlichen Arbeitnehmer schon deshalb nicht in Frage.

Die Widerstände nicht nur der Arbeitgeber, sondern auch der Beschäftigten selbst gegen kürzere Arbeitszeiten oder Teilzeitmodelle speisen sich, neben ökonomischen und organisatorischen Gründen, auch aus kulturellen Umstellungsschwierigkeiten (vgl. dazu ausführlich Kapitel 4.2). Gerade die männliche Berufsvorstellung ist auf Kontinuität und Vollzeittätigkeit ausgerichtet. Eine geradlinige Berufs-Laufbahn ist aber nicht mehr selbstverständlich. Immer mehr Männer müssen sich damit abfinden, eine von Brüchen geprägte Erwerbsbiografie zu durchlaufen, wie sie für die meisten Frauen schon immer den Regelfall dargestellt hat. Das bunte weibliche „Patchwork", jene Flickwerk-Mischung aus voller Stelle, Mutterschutz, Babypause, Teilzeit oder auch befristetem Totalausstieg, erscheint aber nur kleinen männlichen Minderheiten als eine lebenswerte Option (vgl. Zulehner/Volz 1998).

Die Gewerkschaften haben die per Tarifvertrag festgeschriebene Normalarbeit ein ganzes Jahrhundert lang zu Recht als soziale Errungenschaft betrachtet. Das Bedürfnis nach einer allgemein gültigen Richtschnur hat seine Wurzeln in der frühen Industriegesellschaft: Feste Regeln sollten die beliebige Ausdehnung der Arbeitszeit nach dem Gusto des Unternehmers begrenzen. Die Fabrikherren versuchten mit allen Mitteln, ihren meist vom Lande stammenden Arbeitskräften die von natürlichen Rhythmen bestimmten Zeitstrukturen abzugewöhnen. Der Takt der Maschinen löste die althergebrachte Orientierung an Wetter und Jahreszeit ab. Ideologisch beriefen sich die Unternehmer auf die protestantische Ethik, die dem Lob des Müßiggangs in Altertum und Mittelalter eine positive Bewertung der individuellen Leistung entgegensetzte.

Die Inhaber der ersten Manufakturen erzwangen den Abschied von einer am Rhythmus der Natur orientierten Arbeitstradition, indem sie sehr niedrige Löhne zahlten. Um ihren Lebensunterhalt zu bestreiten, waren die Beschäftigten gezwungen, sich von morgens bis abends in der Fabrik zu verdingen. 16-Stunden-Tag und Kinderarbeit bildeten die Auswüchse des Frühkapitalismus. Heute reicht das Normalarbeitsverhältnis nicht mehr bis an die Grenze der physischen Belastungsfähigkeit. Die Gewerkschaften konnten eine deutliche Verkürzung der Arbeitszeiten durchsetzen. Starre Zeitsysteme sind in vielen Unternehmen beweglichen Regelungen gewichten; ein Normalarbeitstag bedeutet nicht mehr unbedingt Anwesenheitspflicht montags bis freitags von acht bis siebzehn Uhr. Mit der „Flexibilisierung" der Zeiten ging aber die Deregulierung der Arbeitsverhältnisse als Ganzes einher.

Mit der Krise der Vollbeschäftigung gerät die alte männliche Ordnung der beruflichen Welt ins Wanken. Nicht nur, dass eine durch körperliche Stärke definierte Arbeitskraft immer weniger gebraucht wird; Männer gehören auch immer häufiger zur Rand- und nicht mehr zur Kernbelegschaft. Gerade in altindustriell geprägten Regionen sind sie die Hauptverlierer des Strukturwandels. Sie sind mit Arbeitsbeschaffungsmaßnahmen oder Zeitverträgen konfrontiert; sie müssen, wie im Volkswagen-Konzern ab 1994 geschehen, mit kürzeren Arbeitszeiten ohne vollen Lohnausgleich zurechtkommen. Diese unsichere Perspektive im Erwerbsleben macht Männern Angst und provoziert Abwehrreaktionen. Ein wichtiges Thema unter den kürzer arbeitenden VW-Arbeitern war bezeichnenderweise die Frage: Wie komme ich zu einem Nebenjob? Wie lässt sich weiterhin dasselbe Geld verdienen, um auch unter widrigen Umständen die althergebrachte Arbeitsteilung in der Familie zu bewahren? Je geringer das Männereinkommen ausfällt, desto mehr wächst das Bedürfnis, trotz aller Hindernisse die Ernährerrolle auszufüllen (zum VW-Modell vgl. ausführlich Kapitel 4.2.2).

Gerade in kleinen und mittleren Betrieben sind sich die Facharbeiter mit ihren Chefs oder Vorgesetzten weitgehend einig: Der Arbeitsplatz bildet für beide Seiten den Mittelpunkt ihrer Existenz. Seit der Durchsetzung der Fabrikarbeit definiert sich der Mann über seine Funktion jenseits von Haushalt und Privatleben. Die „Achse der Lebensführung" in Frage zu stellen, ist so besehen nicht nur ein wirtschaftliches, sondern auch ein sozialpsychologisches Problem. Die Debatte um den Wandel der Arbeitsgesellschaft entpuppt sich zugleich als Kontroverse um Lebensstile. Die Warnung des früheren Bundeskanzlers Helmut Kohl vor dem „kollektiven Freizeitpark" war typisch für das Denken der Wiederaufbaugeneration, die sich die Bewältigung der wirtschaftlichen Probleme nur durch „Arbeit, Arbeit, Arbeit" vorstellen konnte: In der Nachkriegszeit rückte die Erwerbsarbeit noch einmal ganz und gar ins Zentrum des Lebens.

Ulrich Beck und Elisabeth Beck-Gernsheim (1990, S. 61) charakterisieren die Rolle der Politik als „Statthalter der ausklingenden Industrieepoche". Auf Lebensentwürfe, die von der Normalität abweichen, wirke sie „disziplinierend" ein und beschwöre „ehemalige Sicherheiten, die nur noch für einen kleiner werdenden Teil der Bevölkerung gelten" (ebd.). „Die Eigentümlichkeit der Arbeitsgesellschaften besteht darin, dass in ihnen die Arbeit gleichzeitig als moralische Pflicht, als gesellschaftliche Verpflichtung und als der Weg zum persönlichen Erfolg gilt", analysiert André Gorz (1989, S. 307). Allen geht es besser, je mehr der einzelne arbeitet, lautet die Quintessenz dieses Denkmodells. Auf ihm basieren die absurd klingenden, aber dennoch gebetsmühlenartig wiederholten Sprüche von Politikern, die zu mehr Arbeit aufrufen, um die Arbeitslosigkeit zu bekämpfen: In der Krise des Bestehenden wird das Bestehende als Antwort auf die Krise verordnet (vgl. Hengsbach 2001).

2.2 Psychosoziale Folgen der Krise am Arbeitsmarkt

2.2.1 Wachsende Langzeitarbeitslosigkeit

Millionenfache Erwerbslosigkeit ist in Deutschland seit Beginn der achtziger Jahre zum Normalzustand geworden, an den sich die Gesellschaft gewöhnt hat. Politiker beklagen die missliche Situation zwar regelmäßig, doch jenseits von Sonntagsreden glaubt kaum jemand ernsthaft, dass sich das Problem in absehbarer Zukunft lösen lässt. Die monatliche Hiobsbotschaft aus Nürnberg wird als unausweichliches Ereignis hingenommen: durch den technischen Fortschritt erzwungen, durch ökonomische und politische Mittel nicht mehr beherrschbar. Die psychologische Arbeitslosenforschung erhebt vor diesem Hintergrund den Anspruch, „die individuellen und gesellschaftlichen Kosten einer inzwischen weitgehend naturalisierend akzeptierten Massenarbeitslosigkeit" aufzuzeigen (Kieselbach u. a. 1998, S. 5).

Die negativen Rekordwerte am Arbeitsmarkt erinnern, zumindest was die absoluten Zahlen angeht, an die Spätphase der Weimarer Republik. Aufgrund veränderter statistischer Kriterien und eines seither erheblich gestiegenen Erwerbspersonenpotentials sind sie allerdings kaum zu vergleichen; auch die psychologischen Folgen der Massenarbeitslosigkeit stellen sich heute anders dar. Die wachsenden Verteilungsspielräume durch das so genannte Wirtschaftswunder in Westdeutschland nach dem zweiten Weltkrieg ermöglichten, „eine stark expansive Sozialpolitik zu betreiben, deren Höhepunkte 1957 die Große Rentenreform (Einführung des Umlageverfahrens und der dynamischen Altersrente) und 1961 das Bundessozialhilfegesetz (Festlegung eines Rechtsanspruchs auf Mindestsicherung) bildeten" (Butterwegge 2001, S. 35). Zwar werden die Errungenschaften des Sozialstaats seit Mitte der siebziger Jahre zunehmend in Frage gestellt und teilweise demontiert (ebd., S. 39ff.), dennoch existiert im Unterschied zur Situation vor gut siebzig Jahren noch ein relativ eng geknüpftes soziales Netz. Waren die Folgen der Weltwirtschaftskrise 1929 auf der Straße zu spüren, so sind die langen Schlangen vor den Türen der Arbeitsämter heute verschwunden. Selbst die endlosen Gänge mit den deprimierten Gesichtern suchen die Fotografen in den Gebäuden der Arbeitsverwaltung meist vergeblich. Arbeitslosigkeit ist zu einer Angelegenheit geworden, die jeder mit sich auszumachen hat. Im Gegensatz zur Beschäftigung selbst aber birgt „die Ausgrenzung aus dem Beschäftigungssystem an keiner Stelle ein Moment, das einheitsstiftend oder identitätsbildend wirken könnte", betonte der Sozialpsychologe Ali Wacker schon 1987 (S. 79). Anders als in Nachbarstaaten wie Frankreich haben in Deutschland Arbeitslosenproteste mit hunderttausenden von Teilnehmern nie stattgefunden. Erwerbslosigkeit ist zwar auch hierzulande ein massenhaftes Schicksal, sie wird jedoch ganz überwiegend individuell wahrgenommen und verarbeitet. Ihr persönliches Drama führen die Betroffenen meist hinter zugezogenen Gardinen auf. Besonders im ländlichen Raum mit seinen überschaubaren Strukturen wollen sich Erwerbslose gegenüber Nachbarn und Bekannten auf gar keinen Fall als Notleidende zeigen. Ist sozialer Niedergang in den Ballungsgebieten bisweilen augenfällig, so weist in der Provinz eher Unspektakuläres auf eine trügerische Idylle hin: das abgemeldete Telefon, der überraschende Austritt aus dem Klub, der ausgeschöpfte Dispositionskredit. 2,7 Millionen Deutsche sind mittlerweile überschuldet (Binder 2002).

Im Bus der Massenarbeitslosigkeit, um ein Bild des Nationalökonomen Joseph Schumpeter (1980) zu verwenden, sitzt eine Gruppe von Passagieren, die nie ihren Platz verlässt. Neben den Stammgästen aber wird massenhaft aus- und zugestiegen. Ein Drittel der Arbeitslosen ist weniger als drei Monate in der Statistik, ein weiteres Drittel höchstens ein Jahr. Den harten Kern bilden die Langzeitarbeitslosen, die länger als zwölf Monate eine Stelle suchen. Ihr Anteil ist seit Anfang der siebziger Jahre von fünf auf deutlich über 30 Prozent der registrierten Menschen ohne Arbeit gestiegen. Daten für Nordrhein-Westfalen zeigen, dass sich die „kürzere" Langzeitarbeitslosigkeit, die ein bis unter zwei Jahre dauert, in den neunziger Jahren überdurchschnittlich stark erhöht hat: „Es sind also mehr Personen in die Langzeitarbeitslosigkeit hineingewachsen oder konnten sie innerhalb dieser Zeit nicht beenden" (Landesarbeitsamt NRW 1998, S. 3). Um im Bild Schumpeters zu bleiben: Selbst jene Passagiere, die früher dauernd ein- und ausgestiegen sind, halten sich für immer längere Zeitspannen im Erwerbslosen-Bus auf.

Dennoch betrachtet die Mehrheit der Betroffenen das Fehlen eines Jobs als vorübergehenden Zustand. Das gilt selbst für jene, denen dauerhaft keine Perspektive im bezahlten Erwerbsleben eingeräumt wird. Ali Wacker (1987, S. 79) schildert seine Erfahrungen in Großbritannien: „In Newcastle erzählte mir ein ehemaliger Werftarbeiter, es dauere bei denen, die in das Arbeitslosenzentrum kämen, etwa ein Jahr, bis sie sich nicht mehr als 'arbeitslose Schlosser' oder 'arbeitslose Tischler' betitelten, sondern als 'arbeitslos'. Der neuralgische Punkt folgt psychologisch dann, wenn der Arbeitslose sich

nicht mehr durch seine Vergangenheit, seine Berufsbiografie definiert, sondern begreift, dass er wirklich arbeitslos ist und sich mit dieser Lebenslage auseinandersetzen muss."
Den Abschied vom Übergangsstadium setzen die Arbeitslosenforscher nach rund einem halben Jahr ohne Stelle an. Häufig kommt es dann erstmals zu einem tiefen Einbruch. Eine Untersuchung von Schulabgängern ergab nach sechs bis neun Monaten erhebliche Differenzen im psychischen Gesundheitszustand zwischen Jugendlichen, die arbeitslos wurden, und einer Vergleichsgruppe, die an einem Trainingsprogramm der Arbeitsverwaltung teilnahm. „Auch wenn die Bewältigung beruflicher Brüche nicht zwangsläufig zu persönlichen Krisen mit psychosozialen Schädigungen führen muss, ist zu betonen, dass besonders bei verletzlichen Gruppen eine solche Erfahrung den Weg in Langzeitarbeitslosigkeit und damit oft verknüpft soziale Ausschließung begünstigt." (Kieselbach u.a. 1998, S. 3).

2.2.2 Psychologische Arbeitslosenforschung

Die eher vorsichtige Sprache der Wissenschaft ist kein Zufall: Signifikante Zusammenhänge zwischen fehlender Erwerbstätigkeit und psychosozialen Folgeerscheinungen lassen sich empirisch kaum nachweisen. „Fast ohne Ausnahme registrieren Studien eine positive Korrelation zwischen Dauer der Arbeitslosigkeit und Gesundheitsproblemen, methodische Schwächen sind jedoch unübersehbar", schreiben Gaß u.a. (1997, S. 35) in einem Überblick. So werde „außer Acht gelassen, dass ein schlechter Gesundheitszustand zu den auslösenden Faktoren für Langzeitarbeitslosigkeit zählt und dass ein sinkender Lebensstandard aufgrund finanzieller Probleme eine ungesunde Lebensweise zur Folge haben kann, die wiederum Erkrankungen auslöst."
Erste Untersuchungen zum Thema wurden bereits zur Zeit der Weltwirtschaftskrise angestellt; bekanntestes Beispiel ist die 1933 erschienene so genannte „Marienthal-Studie" von Marie Jahoda. Schon damals beobachtete Phänomene wie die Veränderung der Zeitstruktur des Alltags, der Verlust der Perspektive, die eingeschränkten Möglichkeiten zur persönlichen Selbstdarstellung oder das Aufkommen von Schuldgefühlen wirken sich auf die Einzelnen aber in sehr unterschiedlichem Maße aus. „Die differentielle Arbeitslosenforschung hat nachgewiesen, dass die Reaktionen auf das kritische Lebensereignis Arbeitslosigkeit variieren kann zwischen relativ belastungsfreien Formen und katastrophalen selbstzerstörerischen Zuspitzungen, wel-

che sich als Endpunkt einer Summation alltäglicher Probleme herausgebildet haben." (Kieselbach 1994, S. 242).

Arbeitslosigkeit muss keineswegs automatisch zu Stress und Resignation führen. Den Wegfall der regelmäßigen Jobverpflichtung erleben manche Betroffene durchaus positiv als zeitweilige Entlastung von Arbeit. In der überschaubaren Phase des Umbruchs kann sich das Wohlbefinden sogar verbessern. „Gewöhnungseffekte" wurden vor allem bei Erwerbslosen beobachtet, die aus einer als sehr belastend empfundenen Arbeitsplatzsituation kamen (Klems/Schmid 1990). Erst auf Dauer wirkt die ungewisse Situation auf die meisten Menschen zermürbend, nagt am Selbstwertgefühl und beeinträchtigt die körperliche Gesundheit. Symptome wie Depressivität, Ängstlichkeit, Schlaflosigkeit, Reizbarkeit, Konzentrationsstörungen und allgemeine Nervosität listet die Weltgesundheitsorganisation auf (WHO 1989). „Die aus der Arbeitslosigkeit resultierenden Belastungen sind vor allem eine Funktion der Zeit." (Landessozialbericht NRW 1998, S. VII).

Die meisten Untersuchungen gehen stark vereinfacht von einem „Vierphasenmodell" aus, das als typische Stationen Schock, Optimismus, Pessimismus und Fatalismus enthält (vgl. zusammenfassend Friedrich/Wiedemeyer 1998, S. 54ff.). Auf das Schockerlebnis der Entlassung folgt ein aktiver Prozess der Stellensuche, der durch einen relativ ungebrochenen Optimismus gekennzeichnet ist. Schlagen diese Bemühungen fehl und kommen gleichzeitig finanzielle und/oder familiäre Anspannungen hinzu, können sich psychische Schwierigkeiten häufen. Nach dieser pessimistischen Phase wird die Dauer der Arbeitslosigkeit immer mehr selbst zum Problem. Langfristig Erwerbslose gelten als schwer vermittelbar; damit ist die letzte Stufe, die durch Resignation gekennzeichnet ist, erreicht.

Andere Studien weisen zu Recht darauf hin, dass dieses Phasenmodell die Realität nur bedingt widerspiegelt: Arbeitslose sind keine homogene Gruppe. Kronauer u.a. (1993) haben in ihrer Untersuchung verschiedene Erfahrungs- und Umgangsweisen mit Erwerbslosigkeit typologisiert. Sie differenzieren zwischen insgesamt sieben „Haltungs-Typen", die je nach Alter, Geschlecht, Qualifikation und sozialem Status unterschiedlich reagieren. Einkommensverhältnisse, Persönlichkeitsstruktur und die jeweilige Dauer der Erwerbslosigkeit spielen dabei eine Rolle. „Es entstehen umso eher psychosoziale Notlagen, je länger der Betroffene ohne Arbeit, je geringer der finanzielle Spielraum und je fatalistischer die persönliche Grundhaltung ist." (Gaß u.a., S. 36). Die individuellen Reaktionsmuster hängen zu-

dem von der gesellschaftlich vorherrschenden Arbeitsethik und vom Grad der Einbindung des Einzelnen in Netzwerke sozialer Unterstützung ab – und vor allem davon, ob es einen vollerwerbstätigen Ehe- oder Lebenspartner gibt.
Ein wesentliches Anzeichen für die Bewältigung von Arbeitslosigkeit sehen Kieselbach u.a. (1998, S. 34) „in der Fähigkeit des Einzelnen, seine 'freie Zeit' mit zielgerichteten Aktivitäten auszufüllen, die über seinen unmittelbaren familiären Lebensraum hinausgehen und von ihm als persönlich bedeutungsvoll erlebt werden". Jene Betroffenen hingegen, die überwiegend „nichts Besonderes tun", haben schlechtere Werte für psychische Gesundheit und die geringste Ausprägung von Selbstwertgefühl (ebd.). Was die einen als kurzfristige und manchmal durchaus angenehme Episode ihrer Arbeitsbiografie ansehen, spitzt sich bei anderen zu einer ausweglosen und selbstzerstörerischen Katastrophe zu. Wer den eigenen Job schon immer mit einer gewissen Distanz betrachtete, ist dabei weniger gefährdet als jemand, der Angehörige versorgen muss oder will und früher fast ausschließlich für seinen Beruf gelebt hat.

2.2.3 Arbeitslosigkeit als Krise der männlichen Identität

Arbeitnehmer, die zwangsweise aus einem Betrieb ausscheiden mussten, identifizieren sich häufig besonders stark mit ihrer früheren Tätigkeit. „Keine andere Technik der Lebensführung bindet den Einzelnen so fest an die Realität, als die Betonung der Arbeit, die ihn wenigstens in ein Stück der Realität, in die menschliche Gemeinschaft, sicher einfügt", schrieb schon Sigmund Freud (1955, S. 110). Persönliche Kontakte im Beruf werden jeden Tag aufgefrischt. Gerade männliche Beschäftigte verbringen häufig mehr Zeit am Arbeitsplatz als zu Hause und nutzen intensiv die in dieser „zweiten Familie" angebotenen Gesprächsmöglichkeiten. Arbeit ist für viele Männer eine Art „Heimat", ein Gegengewicht zu dem eher „weiblich geprägten" Leben in ihrer Privatsphäre. Im Beruf befinden sie sich im Einklang mit ihrer Geschlechtsrolle; hier versuchen sie einzulösen, was ihre Umgebung traditionell von ihnen erwartet. Arbeitslose werden aus diesem Identität stiftenden Zusammenhang hinauskatapultiert.
Erwerbsarbeit ist für die meisten Männer ein so wesentlicher Bestandteil ihrer Existenz, dass sie die Entlassung als persönliche Niederlage erleben. Der Verlust der Arbeitsstelle ist für sie auch deshalb ein Trauma, weil sie

sich im Gegensatz zu Frauen nicht auf Hausarbeit und/oder Kindererziehung zurückziehen können. Arbeitslosigkeit wird leichter ertragen, „wenn finanziell abgesicherte und/oder sozial akzeptierte 'Alternativrollen' übernommen werden können", heißt es im Landessozialbericht NRW (1998, S. XXIII): „So kommen sich arbeitslose Ehefrauen, die die nun mehr zur Verfügung stehende Zeit dem Haushalt oder der Kindererziehung widmen, relativ seltener überflüssig vor als arbeitslose Ehemänner, denen diese Alternativrolle – wenn auch häufig nur subjektiv – nicht zur Verfügung steht."

Im ehrenamtlichen Engagement halten sich Langzeitarbeitslose eher zurück; politische Parteien spielen kaum eine Rolle, Gewerkschaften haben nur wenig Bedeutung (Zoll u.a. 1991). Kurzfristige Rückzugsmöglichkeiten bieten die Nischen privater männlicher Heimwerkerei. Gesellschaftlich anerkannt sind auch unbezahlte (oder schwarz honorierte) Dienste für Freunde, Bekannte oder Ex-Kollegen. Irgendwann aber ist das Auto repariert, die Wand tapeziert, die Küche frisch getüncht und der Keller aufgeräumt. Arbeitslos zu sein bedeutet, über viel Freizeit zu verfügen. Zeit ist die einzige Ressource, die den Ausgegrenzten – sieht man einmal von Behördengängen und Bewerbungen ab – nahezu unbegrenzt zur Verfügung steht. Doch freie Zeit braucht ihr Gegenstück, wenn sie nicht zum Horror vacui werden soll; ohne die Strukturierung durch Arbeit verliert sie ihren Sinn.

Zu Beginn der Arbeitslosigkeit mag es ein Genuss sein, lange schlafen zu können, um 10 oder 11 Uhr zum Bäcker zu schlendern und danach gemütlich zu frühstücken. Mit der Zeit aber kriecht das Gefühl von Leere hoch, zumal das Geld für die Brötchen und den Kaffee im Stehcafe um die Ecke nicht mehr so locker sitzt. Eigene Aktivitäten oder Hobbies zu entwickeln, die nichts oder wenig kosten, will gelernt sein. Nicht jedem gelingt es, dem Malen, Basteln oder Spazierengehen einen Sinn zu entlocken, wenn er früher gegen Bezahlung Bürgersteige gepflastert hat. Nur wenige taugen nach der erzwungenen Trennung von der Arbeitswelt zum Lebenskünstler und können ihrer Lage trotz materieller Einschränkungen positive Seiten abgewinnen.

Stattdessen machen sich Demoralisierung und Langeweile breit. „Dass das Zuhausesein auf die Nerven geht", so charakterisierten Befragte einer Bremer Studie eine wesentliche, durch den fehlenden Job hervorgerufene psychosoziale Belastung. Sie gaben an, sich selbst Vorwürfe zu machen, sich zu langweilen und das Gefühl zu haben, dass andere auf sie herabblicken (Kieselbach u.a. 1998, S. 217).

Frühere Kollegen belegen die „Ausgestoßenen" bisweilen mit einer Art Kontaktsperre; als sei Arbeitslosigkeit eine ansteckende Krankheit, vor der man sich am besten schützt, wenn man die Not der Entlassenen ignoriert. Kündigung bedeutet auch, aus einer Gemeinschaft ausgestoßen zu werden, die sich auf die Welt der Arbeit beschränkt. Zu bedrohlich ist die Angst der anderen, dass ihnen Ähnliches widerfahren könnte; also suchen sie individuelle Schuldzuweisungen und akzeptieren entsprechende Erklärungsmuster nur allzu gerne: Der Entlassene war angeblich arbeitsunwillig und hatte falsche oder unzureichende Qualifikationen; seine Ansprüche an eine neue Stelle sind nach dieser Lesart zu hoch und im übrigen sei er jetzt ein „Schmarotzer", der soziale Leistungen missbrauche.

Die möglichen psychosozialen und gesundheitlichen Folgen von Arbeitslosigkeit beeinträchtigen nicht nur die Betroffenen selbst. Auch die in der Literatur so bezeichneten „Opfer durch Nähe" sind Belastungen ausgesetzt (Kieselbach 1994, S. 245): jene Menschen, die mit Erwerbslosen eng zusammenleben und/oder wirtschaftlich von diesen abhängig sind. Männliche Arbeitnehmer, die sich zuvor vorrangig durch ihre (Allein)Ernährer-Rolle definiert haben, geraten durch den Verlust ihres Jobs häufig in eine tiefe Identitätskrise. Zu Beginn ihrer Arbeitslosigkeit bewerten manche von ihnen durchaus positiv, dass sie mehr Zeit für ihre Familie haben. Auf lange Sicht aber halten sie das isolierte Leben unter Frauen, Kindern und Alten nicht gut aus. Sie flüchten „nach draußen", in die Kneipe oder zumindest auf die Straße, nicht selten entwickelt sich ein Alkoholproblem (Schweer 1997).

Auch Kinder leiden unter der Arbeitslosigkeit ihrer Eltern und der verschlechterten finanziellen und sozialen Situation. Zu den „psychischen Auffälligkeiten" gehören nach dem nordrhein-westfälischen Landessozialbericht (1998, S. XXV) „Angstzustände, Schlafstörungen, motorische Unruhe, emotionale Labilität, Konzentrationsschwäche und autoaggressives Verhalten". Unter Umständen entstehe ein „Prozess der sozialen Ausgrenzung", in dem die Notlagen der Eltern an die Kinder „sozial vererbt" werden. Am Ende stehe für die späteren Jugendlichen „häufig ebenfalls Arbeitslosigkeit" (ebd.). Arbeitslose Eltern versuchen bisweilen, die schwierige soziale Situation gegenüber ihren Kindern geheim zu halten. Am Spielzeug wird zuletzt gespart, das Geld für den Klassenausflug noch irgendwie zusammengekratzt. Wenn das bei aller Mühe nicht mehr funktioniert, verkehrt sich das Versteckspiel bisweilen in sein demonstratives Gegenteil: Papa, der nicht mehr aufstehen muss wie ein richtiger Kerl, liegt mittags noch im Bett, wenn die Kleinen schon aus der Schule zurückkommen (vgl. Merten 2003). Was in der Öffentlichkeit als Drückebergertum und Faulenzerei interpretiert wird, ist oft lediglich individuelle Anpassung an eine ungewollte Lebenslage. „Niemand hält dauerhaft eine Situation aus, in der seine Ziele nicht mit seinen Möglichkeiten in einem ganz zentralen Bereich wie Arbeit in Übereinstimmung sind", fasst Thomas Kieselbach zusammen (1994, S. 253). Um die daraus entstehenden Einstellungen zu illustrieren, verweist der Bremer Arbeitslosenforscher auf eine Fabel: Der Fuchs, der die zu hoch hängenden Trauben nicht erreichen kann, behauptet, sie seien sauer und deshalb wolle er sie gar nicht haben. Nach dem gleichen Muster erklärt ein junger Langzeitarbeitsloser in dem Bertolucci-Film „La Luna": „Ich hasse Arbeit, weil ich keine kriegen kann!"

Allem Gerede vom „Ende der Arbeitsgesellschaft" zum Trotz: Status, Selbstwertgefühl und Identität erwerben vor allem Männer (aber auch immer mehr Frauen) weitgehend durch eine bezahlte Tätigkeit. Selbst schwere und schlecht bezahlte Fabrikarbeit lässt sich leichter verkraften als erzwungene langfristige Passivität. Wo fast alle Lebenschancen an Job und Einkommen geknüpft sind, bewegen sich die Betroffenen im Niemandsland. Ihnen bleibt es verwehrt, sich am nach wie vor wichtigsten Wertmaßstab für soziales Prestige und anerkannte Teilhabe zu orientieren. Arbeitslosigkeit belegt wie kein anderes Phänomen den immer noch zentralen Stellenwert von bezahlter Arbeit in der heutigen Gesellschaft.

2.3 Erwerbsarbeit und private Paararrangements

2.3.1 Ungelöster Geschlechterkonflikt am Arbeitsmarkt

Als der Frankfurter Baukonzern Holzmann Ende der neunziger Jahre vor der Pleite stand, ließ sich Gerhard Schröder als Retter feiern. Unter lautem Jubel sprach der Kanzler von den „Holzmännern und ihren Familien", denen der soziale Absturz erspart bleibe. Das Interesse der Medien war groß wie immer, wenn Männerarbeitsplätze auf dem Spiel stehen. Die Fernsehkameras surrten, als einst die Bergleute von Bischofferode oder Bergkamen um ihre Jobs kämpften. Hunderttausende von Frauenarbeitsplätzen in den neuen Bundesländern sind dagegen ohne großes Aufsehen verschwunden. Als Siemens im Ruhrgebiet ein Werk mit fast ausschließlich weiblichen Beschäftigten schloss, interessierte das gerade mal die Regionalpresse. Männerarbeit ist in der öffentlichen Wahrnehmung immer wichtiger. Der arbeitslose Familienvater gilt als ganz besonderes Symbol für den Schrecken der Arbeitslosigkeit. Arbeitslose Mütter dagegen sind nicht arbeitslos, sondern Hausfrau und „nicht berufstätig": Als entscheidend gilt, ob der Mann eine gute Stelle hat und die Grundversorgung der Familie gesichert bleibt.

Zur Beurteilung der besonders prekären Lage in Ostdeutschland greifen Politiker zu simplen Erklärungsmustern. Für die im Vergleich zum Westen mehr als doppelt so hohen Arbeitslosenquoten machen sie die „höhere Erwerbsneigung" der Frauen verantwortlich. Es entsteht der Eindruck, es handele sich um eine Art Tick, eine vorübergehende Modeerscheinung, die irgendwann hoffentlich von selbst verschwinde. Nebulös argumentierte zum Beispiel der frühere sächsische Ministerpräsident Kurt Biedenkopf (1998), dass nicht nur das Angebot, sondern auch die Nachfrage die Lage auf dem Arbeitsmarkt bestimme. Er sprach es nicht offen aus, meinte aber die klare berufliche Orientierung der Ost-Mütter, die es ablehnen, in die Küche zurückzukehren und vom Verdienst ihrer Ehemänner abhängig zu werden.

Hinter der Massenarbeitslosigkeit steckt, neben anderen Ursachen, auch ein ungelöster Geschlechterkonflikt, von dem in Politikerrunden, Gewerkschaftszirkeln oder Bündnisgesprächen aber fast nie die Rede ist. Die im Rückblick idealisierte Vollbeschäftigung in Westdeutschland von Anfang der sechziger bis Mitte der siebziger Jahre war eine Vollbeschäftigung für Männer. Sie beruhte darauf, dass die Frauen zu Hause blieben. Das männliche Erwerbskonzept „ein Leben lang ununterbrochen Vollzeit" ist angewiesen auf ein weibliches Pendant, das derweil die Aufgaben des Alltags erledigt. Frauen machen die Arbeit, die es Männern erst ermöglicht, „normal" zu arbeiten. Zumindest wenn sie Kinder haben, brauchen Männer eine (Ehe)Frau, die sich um alles kümmert, was sie vom Gelderwerb abhalten könnte.

Je knapper Erwerbsarbeit als gesellschaftliches Gut wird, desto stärker wächst paradoxerweise ihre Bedeutung im Lebensentwurf des einzelnen. In der Burnout-Kultur der jungen Einsteiger, die meist mit Werkverträgen, Praktika oder befristeten Stellen starten müssen, wetteifern Männer wie Frauen um Karriere und Anerkennung. Der Beruf entfaltet dann häufig einen Sog, dem sich nur wenige entziehen können oder wollen. Abstinenz oder Entzug von der Droge Arbeit haben in dieser biografischen Phase ein sehr niedriges Sozialprestige. Doch Kinder und Familiengründung bringen das Hamsterrad plötzlich zum Knirschen. Durch den vor allem unter Akademikern üblichen späten Berufseinstieg und ein betriebliches Klima, das schon Vierzigjährige zum „alten Eisen" erklärt, entsteht für junge Eltern eine überfordernde Situation: Zur gleichen Zeit sollen sie Kinder großziehen und Karriere machen.

2.3.2 Erosion der Ernährerrolle

Männer fürchten die Gefahren, die Brüche im Erwerbsleben für ihren beruflichen Weg bedeuten können. Sie wissen, dass sie auch mit einer guten Ausbildung nicht mehr automatisch im Job vorankommen. Direkt nach der Geburt des Nachwuchses wirken mit Macht die tradierten Bilder: Papa bringt das Geld, Mama windelt und stillt. Wenn vor der Familiengründung ein finanzielles Gefälle bestand, der Mann „einfach mehr verdiente", schnappt die Traditionsfalle umso heftiger zu. Von guten Vorsätzen bleibt wenig übrig: Er geht ohne Wenn und Aber arbeiten, sie zeigt eine unklare Haltung zur Erwerbstätigkeit, wird „erstmal" Hausfrau und Mutter, später vielleicht Hinzuverdienerin. Wenn Paare diese althergebrachte Arbeitsteilung zwischen den Geschlechtern über Jahre praktizieren, laufen Männer wie Frauen Gefahr, auf ein eindimensionales Leben festgelegt zu werden.

In Umfragen geben Väter mehrheitlich an, nicht der Beruf, sondern Frau und Kinder seien für sie das Wichtigste (Zulehner/Volz 1998). Das ist keineswegs ein Widerspruch zu ihrem Verhalten. Denn sie betrachten das Geldverdienen als eine männliche Form der Sorge, als ihren Beitrag zur Familienarbeit. Im Kern akzeptieren auch ihre Partnerinnen dieses Paararrangement. Die meisten Frauen teilen die große Beachtung, die „sein" Job und dessen Erhalt um fast jeden Preis hat. Im Extremfall kann das Ergebnis sein, dass sich privilegierte Ehegattinnen im Vorstadt-Eigenheim einrichten und gar nicht mehr auf die Idee kommen, „arbeiten zu gehen". Die auf ihre Aufgabe festgelegten Ernährer haben dann umgekehrt wenig Chancen, ihre Belastungen am Arbeitsplatz zu mindern.

Männer sind mit einer Zersetzung ihrer traditionellen Versorgerrolle konfrontiert. An Stelle der lebenslang festen Anstellung droht die lebenslange Probezeit. In ihrer Funktion als Zahlväter sind sie immer weniger in der Lage, ihrer Familie verlässliche Perspektiven zu garantieren. Der Stolz der Ernährer ist angeknackst, weil ihnen die (gesicherte) Arbeit ausgeht. Das Band der Treue zwischen paternalistischem Unternehmertum und fleißiger Belegschaft ist zerrissen. Einst ermöglichte die Industriearbeit unqualifizierten jungen Männern, vom delinquenten Jugendlichen zum ehrbaren Familienvater und Ernährer aufzusteigen. Ihre Männlichkeit bewiesen sie dadurch, dass sie mit ihrer „Hände Arbeit" für die hungrigen Mäuler zu Hause sorgen konnten. Der Bedeutungsverlust der ihnen zugeschriebenen Qualitäten wie physischer Kraft und Stärke schwächt ihren Status im traditionellen Gefüge: Männer, die keine ökonomische Sicherheit mehr bieten können, haben geringere Chancen, eine Partnerin zu finden. Das „uralte Verfahren, wodurch Männer in der Ehe zivilisiert werden", funktioniert dann nicht mehr, glaubt die britische Autorin Suzanne Franks: „Sie bleiben in einer Peter-Pan-Welt des gelegentlichen Sex und der Kriminalität stecken." (1999, S. 185).

„Zwar haben die meisten Frauen auch jenseits des Kinderkriegens eine Identität gefunden, doch die wenigsten Männer besitzen eine solche jenseits ihrer Berufstätigkeit", konstatiert Franks (ebd., S. 14). Das Londoner Wirtschaftsblatt „Economist" fürchtete schon 1996, dass die einstigen Helden der Arbeit das „zweitrangige Geschlecht von morgen" („Tomorrow's second sex") bilden könnten. „Uneducated, unemployed, unmarried" – ohne Ausbildung, ohne Job, ohne Liebe: Diese Formel bringt auf den Punkt, dass die Krise der Arbeit kein rein ökonomisches Problem darstellt. Die psychologische Basis, auf der Männer ihr Selbstbild aufgebaut haben, gerät ins Wanken.

Frauen ohne Job sind Mütter oder Hausfrauen; Männer ohne Job sind nutzlos und machen Schwierigkeiten. „Stiffed" (angeschmiert) lautet der Originaltitel eines Buches der US-Autorin Susan Faludi (2001). Am Beispiel von entlassenen Werftarbeitern beschreibt sie, wie den Männern nicht nur ihre Funktion als Ernährer, sondern auch eine geschlechtsspezifische Betriebskultur verloren geht: „Jeder erfolgreiche Mann auf der Werft hatte einen 'Vater', einen erfahrenen älteren Mann, der seine Fähigkeiten erkannt und sie gefördert hatte. Ein 'Werft-Vater' zu sein hieß nicht, Männer zu befehlen, sondern über Wissen zu verfügen – und die Fähigkeit zu besitzen, dieses Wissen an einen jüngeren Mann weiterzugeben, der, sobald er es beherrschte, selbst zum Lehrer wurde." (S. 105). Im betrieblichen Alltag entwickelte sich eine Art Vater-Sohn-Beziehung. Für die Älteren war es ein wesentlicher Teil ihrer beruflichen Identität, der nachwachsenden Arbeitergeneration ihre Erfahrungen und Fertigkeiten zu vermitteln: „Welche Art von Autorität konnten die 'Väter' jetzt, da die Werft geschlossen wurde, ihren adoptierten 'Söhnen' weitergeben?" fragt Faludi (ebd.).

Auch in der Familie hat der Mann seine einstigen sozialen Funktionen verloren, glaubt der Wiener Philosoph Konrad Paul Liessmann (1999, S. 51): „Unter Verhältnissen, in denen das Kind besser als der Vater weiß, was in den alles entscheidenden Szenen gerade en vogue ist, in denen es selbstredend die sozialen Normen und ihre dazugehörigen Ideologien besser kennt und in denen es, wenn es schon einen Sinn sucht, jeden Guru dem Gott seiner Väter vorzieht, unter Verhältnissen, in denen der Vater sich Hilfe suchend an den Sohn wendet, um den Anschluss an die Informationsgesellschaft nicht zu verlieren, erübrigt sich die Frage, was an Lebensbewältigungskompetenz ein Vater noch weitergeben könnte." Die Vermittlung von Außen und Innen, so überspitzt Liessmann, werde nicht mehr über die Eltern, sondern über die Medien organisiert; vor allem der Computer werde zur neuen Schnittstelle zwischen Intimität und Distanz: „Keinem Heranwachsenden, der sich auf der Höhe der Zeit bewegt, würde es noch einfallen, seine Eltern zu fragen, was sich in der Welt so tut." Wo jede Tradition „obsolet geworden ist", verschwinde der Vater, „egal, wie viele Männer sich rührend um ihre Kinder kümmern mögen" (ebd.).

2.3.3 Industriearbeiter als Verlierer des Umbruchs

Folgt man den populären Zeitgeistprognosen, steht den Männern ein düsteres Jahrhundert bevor. Ihre Zukunft als „Auslaufmodell" (Lionel Tiger 2000) scheint besiegelt. Bestseller-Autoren wie Dietrich Schwanitz bemühen augenzwinkernd die Zoologie und titeln „Männer – eine Spezies wird besichtigt" (2001). Biologistische Erklärungsmuster für sozial konstruierte Geschlechterunterschiede häufen sich. Rein genetisch, so behauptet die modische Verhaltensbiologie, steckt den Männern die ganze Menschheitsgeschichte in den Knochen. Zehntausende von Jahren haben steinzeitliche Horden ihnen die Aufgabe des Jägers und Beschützers zugewiesen. Jetzt finden sich die davon geprägten Kämpfer nicht mehr zurecht in einer Umgebung, in der körperliche Stärke weniger zählt, in der Rollen nicht klar verteilt sind, in der Medien und Popkultur alles auf Image und äußerliche Attribute reduzieren. Was den Mann einst zum Mann machte, schadet ihm nur noch: gesundheitsgefährdende Jobs, riskante Sportarten, Rauchen, Trinken, Aggressivität und Gewalt. Er stirbt sieben Jahre früher als Frauen; er läuft weitaus häufiger Gefahr, Opfer einer Gewalttat zu werden; er erleidet 95 Prozent aller tödlichen Arbeitsunfälle (Hollstein 1991, S. 134ff.).

Der traditionelle Geschlechtervertrag zwischen Männern und Frauen funktionierte nach einem ähnlichen Muster wie der Pakt, den die Männer in den fünfziger und sechziger Jahren mit ihrem Arbeitgeber geschlossen hatten. Beide Kontrakte beruhten auf lebenslanger Loyalität gegen das Versprechen lebenslanger finanzieller Sicherheit. Diese Versprechen werden heute nicht mehr eingehalten. Aus ihren Jobs werden die Arbeitsmänner ohne viel Aufheben „freigesetzt"; das moralische Pochen auf unausgesprochene Vereinbarungen funktioniert nicht mehr. Auch in ihrem Privatleben können Männer keine bedingungslose Loyalität mehr erwarten, wenn sie den weiblichen Ansprüchen an Versorgung und Vorzeigbarkeit nicht genügen.

Die alte soziale Zuschreibung sah vor, dass echte Kerle in gefährlichen und abenteuerlichen Situationen ihren Mann stehen. Doch es gibt keine Welt mehr zu kontrollieren, keine Familie mehr zu schützen. „Frauen und Kinder zuerst" – diese Gentleman-Devise, die beim Untergang der Titanic irischen Putzmädchen höhere Überlebenschancen garantierte als englischen Aristokraten, wirkt wie ein Relikt eines gönnerhaften Paternalismus, dem längst die Grundlagen entzogen sind (Gruner 2000). Arbeitslose Männer verfügen nicht über allgemein anerkannte Alternativen, jenseits von Erwerbstätigkeit und Ernährerrolle Sinn zu finden. Ein Leben als Hedonist, Hausmann oder Hinzuverdiener können oder wollen sich nur ein paar Paradiesvögel in der Mittelschicht leisten.

Die „wilden Kerle" der Schwerindustrie sind die eigentlichen Verlierer des gesellschaftlichen Umbruchs. Muskeln dagegen zahlen sich nicht mehr aus in einer Umgebung, in der immer weniger Bau-, Stahl- oder Bergarbeiter gebraucht werden. Zeitschriften wie „Men's health" propagieren den Körperkult ausgerechnet zu einem Zeitpunkt, wo er ökonomisch betrachtet keinen Sinn mehr macht. Die Ratschläge der neuen Männerpublizistik sind Ausdruck von wachsender Irritation und Verunsicherung. Sie wollen das angeschlagene Selbstbewusstsein ihrer Klientel stärken. Im Mittelpunkt stehen dabei Flirttipps und Gesundheitsthemen. Glaubt man den Werbesprüchen, geht es sogar im Fitnessstudio immer noch darum, am Arbeitsplatz besser zu funktionieren. Leistungssport und Leistungssteigerung im Unternehmen gehören zusammen: Nur wer verantwortungsvoll mit sich und seinen Kräften umgeht, fördert auch seine Karriere, lautet die Botschaft.

Susan Faludi glaubt, dass Männer sich heute ebenso wie Frauen „auf dem Markt der Eitelkeiten" behaupten müssen. Sie beschreibt ein „betrogenes Geschlecht", das sich nicht mehr zurechtfindet in der „Kampfarena des Ornamentalen", in der man sich nur noch durch Geld, Statussymbole und den eigenen Körper beweisen kann (S. 621). Äußerliche Attribute der Attraktion haben an Gewicht gewonnen, weil sich gut verdienende Frauen mit Einladungen zum Essen oder teuren Autos kaum noch beeindrucken lassen. Der eigene Körper wird umso wichtiger, je weniger Männer sich auf Protzerei mit Status oder materiellem Reichtum verlassen können – weil mehr als prekäre Erwerbsarbeit für sie ohnehin nicht erreichbar ist.

Arbeit ist auch deshalb ein zentrales politisches Thema geworden, weil sie in Zeiten der Individualisierung sozialen Zusammenhalt garantieren soll. „Die Notwendigkeit zu arbeiten, stellt eine der wirksamsten Möglichkeiten dar, um Menschen auf dem geraden Weg zu halten", glaubt Ralf Dahrendorf (2000, S. 1066). Er beschreibt Arbeit als ein Instrument sozialer Kontrolle, das aber zunehmend schwächer wird oder ganz wegfällt. Der Arbeitsvertrag gab dem männlichen Lebensentwurf Struktur, Arbeitslosigkeit aber erzeugt eine „gefährliche Leere", die die moralischen Grundlagen der Gesellschaft gefährdet. Zunehmenden „Ärger mit den Männern" (The trouble with men) fürchtet folgerichtig der „Economist" (1996).

In (gar nicht so kleinen) Nischen der Erwerbsgesellschaft werden weiterhin ganz traditionelle, von körperlichem Einsatz dominierte Tätigkeiten verrichtet. Im Walzwerk, beim Straßenteeren, als Dachdecker oder Feuerwehrmann hat der klassische Malocher überlebt. Männliche Kraftpakete werden für bestimmte Aufgaben weiter gebraucht; je gefährlicher und anstrengender eine Tätigkeit ist, desto eher wird sie ganz traditionell an das „starke Geschlecht" vergeben. „Frauen haben inzwischen die Arbeitswelt kennen gelernt und bemerkt, dass dort kein Schlaraffenland auf sie wartet", provozieren Peter Köpf und Alexander Provelegios: Sie „wollen nicht schweißen oder in stinkende Kanäle absteigen" (2000, S. 56). Männer, die „Idioten für alles", wie es Paul-Hermann Gruner (2000) zuspitzt, stellen nahezu das komplette Personal von Militär, Müllabfuhr oder Klärwerken. Sie nehmen gesundheitliche Schädigungen in Kauf und erledigen Drecksarbeit, die sonst keine(r) machen will.

Nach wie vor sind die meisten Männer an die Erwerbsgesellschaft gekettet wie einst die Leibeigenen an ihre Herren. Sie müssen sich darauf beschränken, das Beste aus einem schlechten Job zu machen – und selbst der ist keineswegs langfristig garantiert. Parallel dazu versucht eine wachsende Minderheit, einen eher künstlerisch geprägter Zugang zur bezahlten Arbeit zu finden – ein Privileg, das vorerst einigen wenigen Akademikern, Geschäftsmännern oder Handwerkern vorbehalten bleibt. Grundsätzlich mag die vielfältiger strukturierte Arbeitswelt des Informationszeitalters mehr Möglichkeiten für individuell geprägte Lebenswege und Geschlechtsrollenentwürfe eröffnen, sie stellt jedoch zugleich eine Bedrohung für persönliche Identitäten und sozialstaatliche Strukturen dar. Die Ambivalenz dieses Wandels der Erwerbsarbeit wird im folgenden Kapitel ausführlich beschrieben.

3 Wandel der Erwerbsarbeit in der Informationsgesellschaft

3.1 Digitale Ökonomie

3.1.1 Netzwerk-Wirtschaft

Als die Börsenkurse um die Jahrtausendwende Rekord-Höchststände erreichten, markierte dies auch den Zenit einer ideologischen Debatte um die so genannte „New Economy". Zukunftsforscher interpretierten die Entstehung neuer Firmen rund um das Internet als „neue Gründerzeit", die stabile Wachstumsraten garantiere und zu sinkender Arbeitslosigkeit führen werde. Der Übergang ins 21. Jahrhundert markiere die Geburtsstunde einer „Ideen-Ökonomie"; ausgelöst durch die Computertechnologien entstehe eine ganz andere Art zu wirtschaften, hieß es in euphorischen Veröffentlichungen, die dauerhafte Prosperität versprachen und den Aktienboom am „Neuen Markt" feierten (Deckstein/Felixberger 2000, S. 7). Als sich dieser schon wenige Monate später als Strohfeuer entpuppte, verstummten die Stimmen der Lobsänger schlagartig. Wo eben noch Überschwang herrschte, machte sich plötzlich Katerstimmung, ja Depression breit. Der aufgeregte Hype um die Startup-Unternehmer schlug in sein (ebenso übertriebenes) Gegenteil um.

Neue Ökonomie – war das nur ein beschönigender Begriff für die hässliche alte Ausbeutung, die schon die Gründerzeit der industriellen Revolution begleitete? Das Modewort von der New Economy mag man im Rückblick als Übergangsphänomen interpretieren, doch simple Abgesänge greifen zu kurz. Die Auswirkungen neuer Techniken auf die Art des Wirtschaftens wurden lange genug unterschätzt – auch und gerade im Umfeld der Gewerkschaften. Mitte der neunziger Jahre zum Beispiel legte ein Wissenschaftlerteam im Auftrag der DGB-nahen Hans-Böckler-Stiftung (Hildegard Matthies u.a. 1994) die umfangreiche Analyse „Arbeit 2000" vor. Vom Internet, von der massenhaften Verbreitung elektronischer Netzwerke und den möglichen Folgen dieser Entwicklung war in dieser Zukunftsstudie nur ganz beiläufig die Rede. „Die prophetische Pose und die ideologische Manipulation, die für die meisten Diskurse über die Revolution in der Informationstechnologie charakteristisch sind, sollten uns nicht dazu verleiten, ihre wirklich grundlegende Bedeutung zu unterschätzen", warnt Manuel Castells (2001, S. 32). Statt von einer komplett „neuen Ökonomie" spricht der US-Soziologe treffender von einer „Netzwerk-Wirtschaft", die für das „Informationszeitalter" charakteristisch sei (ebd.).

Das Wort „Informationsgesellschaft" hat ursprünglich Castells Kollege Daniel Bell (1976) geprägt. Zu Recht ging dieser seinerzeit davon aus, dass langfristig immer mehr Menschen in Informationsberufen arbeiten würden. Die Bezeichnung warf allerdings von Anfang an Abgrenzungsprobleme auf. Gesellschaften seien zu komplex, „als dass man sie mit einem Begriff – dem der Industrie, der Dienstleistung, der Information, des Wissens oder Telematik vollständig charakterisieren könnte", argumentiert Peter Glotz, der seinerseits die Bezeichnung „digitaler Kapitalismus" (1999, S. 28) bevorzugt.

Für die wachsende Gruppe der Wissensarbeiter oder „Symbolanalytiker", wie sie Robert Reich (1997) genannt hat, ist eine Arbeitsweise typisch, die schwächer als im Industriezeitalter an Maschinenparks, betriebliche Strukturen und feste Arbeitsplätze gebunden ist. Der einst von IBM geprägte Begriff „Personal Computer" hat es früh angedeutet: Technisch unterstützt, brauchen Wissensarbeiter mehr denn je professionelle Netzwerke, aber nicht mehr unbedingt feste, auf Dauer kooperierende Arbeitsgemeinschaften. In vielen Berufen wird zwar nach wie vor überwiegend in auch räumlich zusammengefassten Teams gearbeitet. Doch ein Teil der „Symbolanalytiker" kann es sich leisten, auf eine eng verzahnte, an einen festen Ort gebundene Infrastruktur mit anderen Kollegen zu verzichten. Ihnen genügt, in lockerer Form angebunden zu sein; der mögliche Zugang zu ausgesuchten Kommunikationswegen reicht völlig aus. Das „Verschwinden des Eigentums" prophezeit deshalb, deutlich überzogen, Jeremy Rifkin (2000, S. 11) in seinem Buch „Access": „Der rasche Zugriff auf Ideen, Güter und Dienstleistungen zählt mehr als dauerhafter und schwerfälliger Besitz." Sachkapital, in der Industrieproduktion der Kern des wirtschaftlichen Geschehens, sei für den ökonomischen Prozess weniger bedeutsam; stattdessen werde geistiges Kapital „zur treibenden Kraft der neuen Ära und zum eigentlichen Objekt der Begierde". Das, so glaubt der US-amerikanische Autor, habe „weitreichende Folgen für unser Zusammenleben" (ebd.).

Was also ist neu an der Netzwerk-Wirtschaft? In dieser Untersuchung werden die sicherlich überstrapazierten Modewörter „Neue Ökonomie" und „Informationsgesellschaft" so verstanden, dass die derzeitigen Veränderungen nicht nur wirtschaftlicher oder technischer Natur sind. Sie schlagen sich auf vielfältige Weise in den Arbeitsbedingungen, in der Art der sozialen Kontakte und im Verhältnis der Geschlechter nieder.

3.1.2 Unterbrochene Berufsbiografien

Statt klarer Berufswege dominiert heute ein biografischer Zickzackkurs. In vor kurzem noch kaum vorstellbarem Maße verändern sich bislang sicher geglaubte Strukturen in der Gesellschaft, in der Arbeitswelt, in den privaten Beziehungen. Der „flexible Mensch", wie ihn der US-Soziologe Richard Sennett (1998) nennt, ist nicht mehr eingebunden in eine feste Ordnung. Er soll sein Leben selbst entwerfen, Navigator seiner Berufsbiografie und seines privaten Glücks sein. Das gilt für beide Geschlechter, für Frauen wie für Männer, und vor allem gilt es für die nachwachsende Generation. Zu Ende geht damit die Epoche der alten Industriegesellschaft, die in den Jahrzehnten nach dem zweiten Weltkrieg ihre stabilste Phase erlebte.

„Es war die Zeit der Sicherheit und Überschaubarkeit, der klaren Grenzen und der massenhaften Normalität, der großen Organisationen und der flächendeckenden Programme", fasst Warnfried Dettling (2000) zusammen. „Es war aber auch die Zeit der starren Zeiten und Strukturen – und des eindimensionalen Lebens. Das Leben verlief wie eine Treppe, Stufe und Stufe, und immer nach oben. Schaut man genauer hin, war es das Leben einer privilegierten Generation, zwischen 1930 und 1950 geboren, die hineinwuchs in eine lange Periode, in der alles immer mehr und besser wurde: das Einkommen, der Sozialstaat, die Vollbeschäftigung." (ebd.).

Erwerbsarbeit war in der Vergangenheit eng mit den Rhythmen und Maschinentakten der industriellen Produktion verknüpft. Jetzt beginnt sich die durchgehende Berufslaufbahn aufzulösen, die einst zumindest den männlichen Arbeitnehmern von der Wiege bis zur Bahre Sicherheit und Identität garantierte. Zugleich hat die Erwerbsarbeit für beide Geschlechter ein nie bekanntes Prestige erlangt; die entlohnte Tätigkeit, in welcher Form auch immer sie ausgeübt wird, bildet im neuen Informations- wie im alten Industriezeitalter das Rückgrat der Gesellschaft. Nur die wenigsten haben die Chance auf ein Leben nach dem Vorbild der antiken Oberschicht, die es als Sklaverei ansah, auf Einkünfte aus Arbeit angewiesen zu sein. Die in manchen Gründerfirmen gehegte Illusion, sich nach einer kurzen Phase des heftigen Schuftens in wenigen Jahren zur Ruhe setzen zu können, zerschellte im Aktiencrash.

Sennett (1998, S.15ff.) kritisiert den „Drift", dem der flexible Mensch im „neuen Kapitalismus" ausgesetzt sei. Drift bedeutet dabei mehr als Treiben oder Getriebenwerden. Es meint die Bereitschaft zum existentiellen Umbruch, die „Fähigkeit, sich von der eigenen Vergangenheit zu lösen und Fragmentierung zu akzeptieren" (ebd.). Drift heißt, sich und seine Biografie immer wieder neu zu erfinden – unter dem Druck der Arbeitswelt. Vor dem Hintergrund seiner Erfahrungen in Nordamerika entwirft Sennett ein düsteres Szenario: Die globalen Kapitalströme haben den Menschen aus alten Abhängigkeiten entlassen, ihn aber zugleich entwurzelt, seiner Chancen auf Identitätsfindung beraubt. Für den Einzelnen wird es immer schwieriger, Loyalitäten und Verpflichtungen auf Dauer aufrecht zu erhalten. Denn die Institutionen, auf die er sich bezieht, sind brüchig geworden und werden laufend umstrukturiert.

Althergebrachte Milieus und Zusammenhänge lösen sich auf, immer weniger Menschen orientieren sich ein Leben lang an einem bestimmten Wertesystem. Weil in der individualisierten Gesellschaft die gemeinschaftlichen Bindungen schwächer werden, wachsen die Anforderungen an die eigene Kompetenz und an die Verantwortung für sich selbst. Der Einzelne muss sich laufend entscheiden, er erhält Wahlmöglichkeiten – so lautet die optimistische Lesart, wie sie etwa Ulrich Beck (1998) vertritt. Aus zerbrechenden Institutionen, Bindungen und Zwängen erhebt sich danach ein neuer, sich seine Zugehörigkeiten und Orientierungen flexibel zusammenstellender Mensch. Pathetisch schwärmt der Münchner Soziologe von einer neuen Epoche, der „Zweiten Moderne", die von „Kindern der Freiheit" bevölkert wird. Die Berliner Autoren Johannes Goebel und Christoph Clermont (1997) beschreiben das Lebensgefühl der jungen Generation gar als „Tugend der Orientierungslosigkeit".

Die Chance auszuwählen, der nachlassende Druck überkommener Gewissheiten, die Emanzipation von Zumutungen aller Art: Diese neuen Freiheiten bedeuten auch neue Risiken. Die Bastelbiografie kann zum Drahtseilakt oder gar zur Bruchbiografie werden. In schweren Lebenskrisen zum Beispiel, darauf weist der Frankfurter Soziologe Karl-Otto Hondrich (1998, S. 3ff.) hin, können sich die Menschen eben nicht auf individuelle Entscheidungen verlassen. Sie können ihr Leben keineswegs durchgehend selbst gestalten, sondern bleiben Getriebene. Hondrich hält es für keinen Zufall, dass gerade junge Leute ihre Spielräume häufig überschätzen. Jobhopping, wechselnde Beziehungen und Freundeskreise, der problemlose Umzug in eine andere Stadt – all das funktioniert ohne Reibungsverluste nur in bestimmten biografischen Phasen.

Im Alter zwischen 20 und 30 Jahren scheint in der Tat alles möglich. Jeder meint selbst entscheiden zu können, wie viel Bodenhaftung er braucht. Meist entwickeln die jungen Berufseinsteiger einen stark professionell orientierten Lebensstil. Wo das persönliche Umfeld – die Familie, der Wohnort, die Freunde und Bekannten – nicht mehr langfristig berechenbar ist, rückt die Erwerbsarbeit ins Zentrum der eigenen Existenz. Die durchaus vorhandenen Sehnsüchte nach festen Orten und Bezugspunkten, nach heimatlicher Verwurzelung und stabilen persönlichen Beziehungen werden vorrangig am Arbeitsplatz gestillt. Der Flickenteppich der eigenen Biografie leuchtet vor allem farbig und bunt; die schlechte Verarbeitung des Materials wird nicht wahrgenommen oder großzügig übersehen.

Die neue, individualisierte Arbeitshaltung betont den Zusammenhang zwischen Beruf(ung) und individueller Biografie. Es wächst die Bereitschaft, etwas zu riskieren, Brüche zuzulassen und sich von gewohnten Strukturen zu verabschieden – wenn es der persönlichen Weiterentwicklung dient. In der Boomphase der jungen „New Economy" versuchten sich neben Unternehmensberatern, Trendforschern oder Journalisten auch Sozialwissenschaftler an einer (etwas vorschnellen) Analyse der gefeierten digitalen Helden. Vor allem in den USA und Großbritannien, so fasst Dahrendorf (2000, S. 1059) zusammen, fanden die „Protagonisten der globalen Klasse" ihre „Porträtisten". Der Managementberater Charles Handy (1999) nannte sie die „neuen Alchimisten": „visionäre Menschen", die „etwas aus nichts machen", wie es im Untertitel seines Buches heißt. Charles Leadbeater (1999) charakterisierte die veränderten Arbeitsformen mit der Formel „Von dünner Luft leben" (living on thin air). Und Rosabeth Moss Kanter sprach schon 1995 von einer neuen „Weltklasse", deren Vorrangstellung und Macht durch drei „Ks" zustande komme: Sie seien reich an „Konzepten – den besten und neuesten Kenntnissen und Ideen; Kompetenz – der Fähigkeit, auf dem höchsten Niveau jedes gegebenen Ortes zu funktionieren; und Kontakten – den besten Beziehungen, die Zugang verschaffen zu den Ressourcen anderer Menschen und Organisationen überall auf der Welt" (zitiert nach: Dahrendorf 2000, ebd.).

Kräftig forciert durch entsprechende Presseberichte, entstand im Rummel um die Internet-Gründerfirmen ein neues, überwiegend dem männlichen Geschlecht zugeschriebenes Rollenbild. Die Aufsteigertypen des Informationszeitalters waren kinderlose Lebenskünstler um die 30 Jahre, die jederzeit und überall mit viel Vergnügen an ihrer Karriere basteln. 16-Stunden-Tage waren für sie angeblich keine Fron mehr; wenn ein wichtiges Projekt anstand, mutierte die Firma kurzerhand zur Heimat und Ersatzfamilie. Häufige Jobwechsel und berufliche Selbstbestimmung galten als wesentliche Elemente dieser aufregenden, aber auch anstrengenden Arbeitsphilosophie. Die Aussicht auf das zehnjährige Betriebsjubiläum war kein Grund mehr zum Feiern, sondern ein Anzeichen für mangelnde Veränderungsbereitschaft, für ein langweiliges Leben.

Wenn euphorische Beobachter (und neuerdings sogar seriöse Arbeitsmarktexperten) solche Arbeitsformen zur „Ich-AG" hoch stilisieren und zwiespältige Begriffe wie Risiko oder Flexibilität ausschließlich positiv wenden, machen sie aus der Not eine Tugend. Denn nur einer kleinen Luxusklasse gelingt ein beruflicher Durchbruch, der sie weitgehend unabhängig von einzelnen Auftraggebern werden lässt. Die Ikonen der digitalen Ökonomie sind jedoch umgeben von einem Heer abhängiger Zuarbeiter, die von diesem Privileg nur träumen können – auch wenn sie von sich selbst vielleicht glauben, Teil der Luxusklasse zu sein: Die meisten Projekthopper sind keineswegs in der Lage, sich als Selbstunternehmer erfolgreich zu vermarkten.

Die Arbeitsbedingungen vieler „Jobnomaden" (Englisch 2001) sind prekär, schwanken zwischen Ausbeutung und Selbstausbeutung. Dennoch wachsen in manchen Berufen die Gestaltungsmöglichkeiten: Arbeit ist weder räumlich noch zeitlich starr festgelegt; die Grenzen zwischen Beruf und Freizeit verwischen ebenso wie die zwischen Wohnung und Betrieb, zwischen abhängiger und selbständiger Beschäftigung, zwischen den biografischen Phasen Ausbildung, Erwerbsarbeit und Ruhestand. Ein-Personen-Betriebe, die ohne Angestellte auskommen, können sich einfacher als früher etablieren. Auch wer in Organisationen oder Teamstrukturen arbeitet, muss nicht mehr zwangsläufig zur selben Zeit am selben Ort präsent sein. Neue Techniken, die Orientierung an Projektergebnissen und die Auflösung starrer Zeitstrukturen führen private und berufliche Welten auf zwiespältige Weise zusammen.

Auf diese Weise bildet sich ein anderer Mix aus dem, was zweihundert Jahre lang zwischen Arbeit und Freizeit strikt getrennt war. Im günstigen Fall schafft die Telekommunikation Spielräume für eine Verbindung von professioneller Orientierung mit Eigenarbeit und Familienarbeit, die im althergebrachten Beziehungsarrangement überwiegend den Frauen zugeschrieben wurden. Mit der postindustriellen Gesellschaft kommt damit Bewegung in das Geschlechterverhältnis. Die körperlich anstrengende und weitgehend passive Maloche, das zweifelhafte Privileg der Industrie-Arbeitsmänner, verliert an Bedeutung. Zwar ist die technische Basis der digitalen Ökonomie, die Informatik, ebenfalls eine Männerdomäne. Aber schon die praktische Anwendung, das nicht lineare Denken in Links, in wenig systematischen Strukturen mit zahlreichen Querverweisen ist nicht mehr eindeutig geschlechtsspezifisch zugeordnet. Wo früher formalisierte und logisch durchstrukturierte Tätigkeiten abzuarbeiten waren, sind jetzt auch kommunikative Fähigkeiten gefragt (vgl. dazu ausführlich den Exkurs im Anschluss an Kapitel 3).

3.1.3 Brüchige Loyalitäten

Datenbanken und Netzwerke sind gigantische Müllhaufen der Information. Erst Auswahl, Bewertung und Einordnung machen aus dem Rohstoff wertvolles Wissen. Die Produkte der „leichten Moderne", wie sie Zygmunt Bauman (2000, S. 28ff.) nennt, wiegen nicht mehr viel; einmal entwickelt, sind sie leicht kopierbar. Ihre Schöpfer sind flüchtige Wesen, schnell bereit, ihre Zelte abzubrechen und etwas Neues zu beginnen. Der „Instant"-Unternehmer lässt kein riesiges Firmengelände zurück, wenn er sein Wissen verkauft hat und sich einem neuen Geschäft zuwendet. Er legt es geradezu darauf an, das eben erst Geschaffene wieder zu zerstören. Er ist weniger daran interessiert, bleibende Werte anzuhäufen als aufregende Erfahrungen zu machen. Das unterscheidet ihn vom klassischen Industriellen, dessen Reichtum und Macht „im Erdreich fest verankert" (Bauman, ebd.) ist, die Kapital akkumulieren, Maschinen und Betriebsgebäude langfristig besitzen wollen.

Der amerikanisierte Branchenjargon unterscheidet zwei entgegengesetzte Ziele der Unternehmensplanung: „Build-to-flip" statt „Build-to-last"; ein flüchtiges Prinzip löst das Schwerfällige – oder auch Beständige – ab. Die digitalen Arbeitsergebnisse haben einen kurzfristigen und unverbindlichen Charakter; die Produzenten sind risikobereit und experimentierfreudig. So kommt es zu der nur scheinbar absurden Situation, dass ein Teil der jungen Gründer gezielt auf die schnelle Auflösung ihrer momentanen beruflichen Existenz hinarbeitet. Sie verstehen sich als Unternehmer in Serie (serial entrepreneur): Ihre gerade etablierte Geschäftsidee wollen sie möglichst rasch und profitabel an einen großen Konkurrenten loswerden. Daraus ergibt sich ein Loyalitätsproblem: Warum sollten Beschäftigte loyal sein gegenüber einer Firma, die es morgen vielleicht gar nicht mehr gibt? Loyal sind die Wissensarbeiter nur noch gegenüber sich selbst. In der bisweilen menschenverachtenden Sprache der Betriebswirtschaft ausgedrückt, werden ihre Qualifikationen zum individuell angehäuften „Humankapital". „Lebenslanges Lernen" ist die wichtigste Basis der eigenen „Employability" – der Fähigkeit, die eigenen Vorzüge existenzsichernd zu vermarkten.

Kommunizieren, beraten, informieren, entwickeln, organisieren, managen, vernetzen, texten, recherchieren, forschen, gestalten, präsentieren – so beschreibt Robert Reich (1997) die Tätigkeiten und Berufsfelder der „Symbolanalytiker". Das Know-how dieser privilegierten Dienstleister-Elite ist knapp und konzentriert sich auf relativ wenige Leute. Nicht nur konservative oder neoliberale, auch sozialdemokratisch orientierte Autoren leiten daraus weitreichende Schlussfolgerungen ab. „Es ist nicht möglich, Spitzenleistung durch Masse zu ersetzen", behauptet etwa der IG Metall-Technologieexperte Ulrich Klotz. Kleine Teams aus zwei, drei begabten Entwicklern, so der Gewerkschafter, „bringen in kürzerer Zeit meist Besseres zustande als eine ungleich größere Gruppe durchschnittlicher Programmierer". Die Unternehmen seien darauf angewiesen, die „Gehirnlaufzeit" ihrer fähigsten Köpfe so intensiv zu nutzen wie nur irgend möglich. Nur dann könnten jene umwälzenden Innovationen entstehen, die die digitale Ökonomie vorantreiben (Klotz 2000, S. 31).

In einem guten Wissensarbeiter seien „besondere Erfahrungen und Begabungen amalgamiert", ergänzt Peter Glotz (1999, S. 144). Die Idee, dessen Tätigkeit zu zerschneiden und auf zwei Leute aufzuteilen, „verkennt die neue telematische Welt". Die zeitliche Begrenzung von Jobs sei eine „hochherzige, gut begründbare, aber undurchführbare Idee". Ironisch fährt Glotz fort, es gebe „keinerlei Chance für die schöne Vorstellung vom jeweils halbtags arbeitenden Ehepaar, das sich zärtlich und zugewandt in Kindererziehung und reproduktive Arbeit teilt". Der „Kulturkampf" des „Lehrers auf einer Zweidrittel-Stelle, der zutiefst davon überzeugt ist, dass sein Engagement für Kinder und Haushalt hundertmal mehr wert ist als die Programmierarbeit der Microsoftratte für Java-Script und Hypertexte", sei von vorne herein zum Scheitern verurteilt (S. 128).

Die geniale Arbeit der vielbeschäftigten Symbolanalytiker ist nach dieser elitär geprägten Lesart einfach nicht zu ersetzen. Die Wissensarbeiter sollen möglichst lange arbeiten und rund um die Uhr verfügbar sein. Sie werden von allen anderen Verpflichtungen freigestellt, damit sie sich um nichts anderes kümmern müssen als um ihre wichtigen Projekte. „Steigende Produktivität führt für viele Informationsarbeiter nicht zu kürzeren Arbeitszeiten", glaubt Ulrich Klotz. Man sei beruflich wie privat „mehr und mehr beschäftigt – vor allem mit Informationen". „Phasen mit Arbeitszeiten von 100 Stunden pro Woche und mehr" seien „durchaus nicht ungewöhnlich", berichtet der IG Metall-Experte ohne jeden kritischen Unterton (2000, ebd.). So wird selbst aus dem eigenen Lager gegen die gewerkschaftliche Forderung nach Umverteilung von Arbeit polemisiert.

3.1.4 Veränderte Unternehmenskulturen?

„Startup" war das Zauberwort einer angeblich neuen Zeit. Unter Hochschulabsolventen wie Studienabbrechern galt es zur Jahrtausendwende als schick, bei einer Gründerfirma zu arbeiten. Die Geschichte der digitalen Helden handelte vom schnellen Reichtum, vom Rausch der Innovation und von Arbeit mit Leidenschaft. Dann aber war plötzlich von einer Seifenblasen-Ökonomie (bubble economy) die Rede, von geplatzten Träumen, vom tiefen Fall der jungen Überflieger. Kostenlose Frühstücksbüffets oder willige Helfer, die Privatautos warten und zu Hause die Kühlschranke füllen – das sind heute nur noch Anekdoten aus einer wilden Übergangsphase. Der kulturelle Mythos einer völlig anderen Arbeitswelt wurde entzaubert. Alte Werte triumphierten über eine überaus erfolgreiche Jugendkultur, die die Börse für kurze Zeit zum Marktplatz der Illusionen, Fantasien und Erwartungen umfunktioniert hatte. Aus den einstigen Helden sind die verspotteten Prügelknaben der Nation geworden. Statt der Wohlfühl-Ökonomie hat sich neue Nüchternheit durchgesetzt.

Ein Modewort der Internet-Wirtschaft war die „Community": Man kennt sich, man hilft sich, man grenzt sich gegen die Mehrheitsgesellschaft ab, man schafft sich eine eigene Kleiderordnung, man vereinbart eigene Spielregeln. Die „Community" schweißt zusammen und sporrt an. Ihre Mitglieder stört es nicht, dem Unternehmen vollständig zur Verfügung zu stehen. Sie beharren darauf, wie erfüllend ihr Job ist – und verbringen nahezu ihre gesamte wache Zeit, manchmal sogar die Nacht, im Betrieb. Dort dreht man ein verrücktes Ding, fühlt sich gut dabei und verdient in kurzer Zeit viel Geld. Begeisterte Autoren knüpften immer wieder eine Verbindung zu Sport und Unterhaltung, Musikgeschäft und Popkultur: Die neuen Helden würden „jenen heute heftig umworbenen und gut bezahlten Fußball- und Showstars ähneln, die Gagen für bestimmte Events oder Ergebnisse erhalten anstatt gleichmäßiges Lohneinkommen" (Deckstein/Felixberger 2000). Solche Siegermythen hatten von Anfang an mit der Wirklichkeit wenig zu tun. Der ungewöhnliche Lebensstil der Internet-Boygroups wurde als Vorbild gerühmt, doch die Medien nahmen die Klischees ernster als die Akteure selbst. „Manche der jungen Millionäre mit ihren halbphilosophischen Sprüchen über 'commitment', 'branding' und 'content providing' gaben sich wie ironische Zitate der klassischen Kapitalisten, so, als nähmen sie ihre Rolle angesichts des Medien-Hypes selbst nicht ganz ernst" (Dribbusch 2001).

Wenige Jahre später ist die Stimmung komplett umgeschlagen. Vom Spaß an der Arbeit redet fast niemand mehr. Angestellte, die ihre Beteiligungen und Optionen auf stürmisch steigende Aktien als selbstverständlichen Teil ihres Gehaltes betrachtet hatten, merkten plötzlich, wie wenig sie eigentlich verdienen. Und noch ein anderes, bisher unbekanntes Gefühl machte sich breit: die Angst oder auch gleich die handfeste Erfahrung, den Job zu verlieren und arbeitslos zu werden. Die meisten Jobs in den Bereichen Medien und Information waren ohnehin nie so lustvoll, spannend und ertragreich wie der jubelnde Blätterwald suggerierte. Die Mitarbeiter von Online-Firmen wie „Amazon" machen zum Beispiel nichts anderes als im klassischen Versandhandel: Sie schleppen Paletten oder füllen Pakete im Hochregallager, sie beantworten Mails im Vertriebszentrum oder schlagen sich im Callcenter mit Reklamationen herum. Modern ist an den Arbeitsverhältnissen in den „Backoffices" bestenfalls die eingesetzte Technik; hinter den Kulissen wird in ganz traditioneller Weise geschuftet. Ständig wiederkehrende, körperlich anstrengende und auch noch langweilige Tätigkeiten stehen in scharfen Kontrast zu dem idealisierten Bild einer sauberen, auf Ideen und Kreativität aufbauenden Neuen Ökonomie.

Erst die Industrialisierung hat das massenhafte Arbeiten in einem „Betrieb" außerhalb der privaten Sphäre durchgesetzt. Technische Anlagen und Energiequellen konnten nur dann sinnvoll genutzt werden, wenn sich Menschen zur selben Zeit am selben Ort einfanden. In der Fabrik sollten sie zusammen schuften und möglichst reibungslos wie eine Maschine funktionieren. Sie wurden zum Rädchen im Räderwerk; die dafür notwendige Disziplinierung stieß zunächst auf erbitterten Widerstand. Die schlesischen Weber kämpften vorrangig nicht für bessere Bezahlung, sondern für Freiheit und Autonomie. Die nachfolgenden Arbeitergenerationen haben solche Interessen notgedrungen in das Reich der Freizeit verbannt. Erst als Programmierer,

Berater oder Designer nicht mehr unbedingt zeitgleich und dauerhaft an einem Ort zusammenwirken mussten, tauchten sie wieder im Reich der Notwendigkeit auf: die Bedürfnisse nach Arbeit mit Lust und Laune, ohne Chefs, Entfremdung oder Zeitdiktat.

Eine eigenartige Kombination aus Effektivitätsdenken und emanzipatorischen Werten prägte die Anfangsphase der digitalen Ökonomie. Die kulturellen Muster, denen sie folgte, erinnern an die theoretischen Entwürfe nie ganz verstummter Utopisten – aber auch an die hedonistische Jugendkultur und die praktischen Versuche eines „alternativen" Wirtschaftens in den siebziger und achtziger Jahren. Beide Unternehmenstypen starteten in billigen Garagen, Lofts oder Großwohnungen, wollten ihre konkrete Utopie in einer Nische wachsen lassen. Beide Firmenkulturen nahmen für sich in Anspruch, mit den festgefahrenen Verhaltensmustern der Geschäftswelt zu brechen. Sie wollten Selbstständigkeit statt Abhängigkeit, legten großen Wert auf Wir-Gefühl und Teamgeist, auf flache oder gar nicht erst vorhandene Hierarchien. Die bürgerliche Trennung von Privatem und Öffentlichkeit schien aufgehoben, Arbeit und Leben sollten eine Einheit bilden. „Die informationstechnologische Revolution hat halbbewusst in der materiellen Kultur unserer Gesellschaften den libertären Geist verbreitet, der in den Bewegungen der 1960er Jahre geblüht hatte", analysiert Manuel Castells (2001, S. 6). Ganz in der Tradition ihrer kulturellen Vorläufer wollten sich die Mitarbeiter im Beruf selbst verwirklichen, verknüpften dies aber mit einer ausgeprägten Profitorientierung. Aus dem alten linken Ideal, sich lebenslang weiter zu entwickeln, wurde ein „neoliberaler Imperativ" (Dribbusch 2000): Erneuere dich, arbeite an dir – aber so, dass es sich lohnt! Permanente Selbstoptimierung hieß das Ziel – zum Wohle der Firma, des Börsenkurses und der eigenen Persönlichkeit.

In ihrer Gründerzeit war die Internet-Wirtschaft voll von Quereinsteigern, Studienabbrechern und Autodidakten. Die jungen Turboarbeiter glaubten an die Unbeschränktheit ihrer Ressourcen. Wer Karriere machen wollte, musste sich im Job beweisen, solange er noch voller Energie und bei guter Gesundheit war. Erst die Kurzfristigkeit der Lebensplanung ermöglichte das ständige Schuften am Limit. Die „Suche nach den Grenzen der persönlichen Belastbarkeit und Hingabe an die Firma" präge die ersten fünf Berufsjahre, beobachtet der Berliner Industriesoziologe Ulf Kadritzke. Für Freunde, Reisen und Hobbys bleibt in dieser Phase wenig Zeit, alle Energie und Begeisterung fließt in die Arbeit. „Erst allmählich", so Kadritzke, „wächst das Gefühl, es auf Dauer nicht mehr zu schaffen, unmerklich, aber unaufhaltsam" (zitiert nach: Kerber 2000). Den anstrengenden Aufbau einer eigenen beruflichen Existenz als „Herausforderung" zu beschönigen, gehört zu den Inszenierungen eines in vielen Unternehmen nach wie vor gepflegten Jugendkultes. Doch auch Softwareentwickler oder Webdesigner kommen in die Jahre. Spätestens mit der Gründung einer eigenen Familie – in welcher Form auch immer – zeigen sich die Grenzen der eindeutigen Arbeitsorientierung. Wo die Firma zum Familienersatz mutiert, hat eine richtige Familie kaum Platz. Wer sich gelassen zurücklehnen und seine Karriere (soweit es eine geworden ist) genießen will, zahlt einen hohen, auch materiellen Preis. Das Privileg des hedonistischen Rückzugs in einer späteren Lebensphase bleibt denen vorbehalten, die finanziell vorgesorgt haben. Viele Mitarbeiter der jungen Gründerfirma haben im Glauben an die Illusion geackert, sie könnten sich genau das später leisten. Sie waren bereit, für begrenzte Zeit ruinös mit ihren psychischen und körperlichen Kräften umzugehen – weil sie davon ausgingen, später von ihrem Vermögen leben zu können. Doch die hochfliegenden Träume platzten mit dem Fall der Aktienkurse am „Neuen Markt". Wer nicht gleich entlassen wurde, spürte zumindest, wie sich das Betriebsklima verschlechterte. Plötzlich beklagten viele ihre langen Arbeitszeiten und stellten erstaunt fest, dass sie eigentlich nie Urlaub gemacht hatten.

Solange es immer nur aufwärts ging, waren die hohen Belastungen scheinbar kein Problem. Die Warnungen von Medizinern und Arbeitsschützern blieben unbeachtet. Engagement und Identifikation mit dem Unternehmen verhinderten eine realistische Sicht auf die eigene Situation. Dann entpuppten sich die Aktienoptionen als eine relativ riskante Form der Geldanlage, die mit einem sicheren Einkommen wenig zu tun hatte. Ein tariflich garantiertes Monatsgehalt galt den gefallenen Helden nicht mehr als spießig. Und immer häufiger machten sie die Erfahrung, dass sich darüber gemeinsam besser verhandeln ließ – wie über freie Tage, bezahlte Fortbildungen oder Bonuszahlungen auch. Gewerkschaften werden seither ernster genommen, Betriebsräte gegründet: Der klassische Solidargedanke hielt Einzug in die Internetwirtschaft.

Das Ende der popkulturellen Hochstapelei bedeutet nicht das Ende der ganzen Branche. Die voreiligen Abgesänge waren genauso unbegründet wie der ekstatische Jubel zuvor. Umsatz und Mitarbeiterzahl wachsen langfristig weiter, weitgehend unbemerkt von der Öffentlichkeit gründen sich neue

Startups – denen trotz guter Geschäftsideen manchmal das Kapital fehlt, weil niemand in sie investieren will. Die Internet-Dienstleister der ersten Generation haben sich auf niedrigem Niveau stabilisiert, integrieren sich in die „alte" Wirtschaft und hoffen auf bessere Zeiten. Mancher Kleinbetrieb „verkaufte" sich rechtzeitig an ein traditionelles Unternehmen; Medienriesen wie Bertelsmann oder Softwarekonzerne wie SAP nutzten die Gunst der Stunde und verstärkten sich mit qualifizierten Leuten. Der ökonomische Alltag kehrte ein: Bei Auftragsplanung, Kostenkalkulation oder Personalführung setzten sich die üblichen Methoden und Instrumente durch: Sparsamkeit, Controlling, gründliches Abwägen von Chancen und Risiken. Zugleich kehrten die Hierarchien zurück: Es gibt wieder Vorgesetzte und Abteilungsleiter, Stellenbeschreibungen und Zielvereinbarungen. Selbst die Kleiderordnung ist wieder uniformer geworden: Anzüge oder zumindest schwarze Rollkragenpullover, teilweise sogar Uniformen haben Jeans und T-Shirts abgelöst (vgl. Mair 2002).

Zum zweiten Mal ist damit der Versuch einer anderen Arbeitskultur gescheitert. Mit dem von ihnen einst propagierten neuen Lebensstil wollen die Gründer plötzlich nichts mehr zu tun haben – auch dieser radikale Schlussstrich unter die eigene Vergangenheit verbindet sie mit ihren alternativen Vorläufern. Dennoch schlurfen die einstigen Helden keineswegs griesgrämig durch die Flure der Arbeitsämter; sie umgeben sich nur nicht mehr mit der Aura des alternativen Hippie-Kapitalisten. Wo sie Unterschlupf fanden, brachten sie ihre Ideen und Erfahrungen mit. Bestimmte Elemente ihrer Arbeitskultur haben auf diese Weise überlebt. Selbst Fitnessraum und kostenloser Friseur sind nicht vollständig verschwunden. Große Konzerne nutzten die Gelegenheit, ihre schwerfälligen Organisationsstrukturen aufzubrechen – und schufen Netzwerke kleiner, möglichst selbstständiger Einheiten. Die Mitarbeiter haben Freiräume für eigene Ideen und tragen zugleich mehr Verantwortung im Teamprozess. Berufliches und Privates vermischen sich weiterhin, mit allen Vor- und Nachteilen. Zwar sind die Arbeitszeiten weniger ausufernd als in der aufregenden Anfangsphase. Nach zehn Uhr abends noch in der Firma zu sein, gehört nicht mehr zum guten Ton. Doch der Anspruch auf weit reichende Verfügbarkeit besteht nach wie vor und lässt wenig Raum für Interessen außerhalb von Erwerbsarbeit.

Nach dem Ende der Dotcom-Hysterie nahm wie in anderen Wirtschaftszweigen die Auflösung der stabilen Arbeitsverhältnisse zu. In der Gründungsphase wollten die Unternehmen wichtige Mitarbeiter möglichst eng an sich binden: Sie boten feste Verträge und Extras wie Beteiligungen. Zentrale Kompetenzen wollte man im eigenen Hause vorhalten, bis sich die Entwicklungsprozesse normalisiert und neue Standards herausgebildet hatten. Seit sich die überlebenden Firmen etabliert haben, lagern sie verstärkt bestimmte Tätigkeiten an unabhängige Dienstleister aus. Den Kernbetrieben arbeiten kleine hochspezialisierte Zulieferer netzwerkartig zu. Aus der Sicht der Auftraggeber hat das fast nur Vorteile: (Schein)Selbstständige sind flexibler, sie brauchen keinen Schreibtisch im Unternehmen, und sie werden nur so lange bezahlt, wie sie wirklich gebraucht werden. Für die wachsende Zahl der „freien" Mitarbeiter beginnt damit ein Balanceakt zwischen bewusst gewähltem Unternehmertum und riskanter Abhängigkeit.

3.2 Deregulierung von Erwerbsarbeit

3.2.1 Neue Selbstständigkeit: zwischen „Arbeitskraftunternehmer" und modernem Tagelöhner

Rechtsanwälte, Steuerberater, Therapeuten – längst sind es nicht mehr nur diese klassischen Berufe, in denen Freiberuflichkeit zur Normalität geworden ist. Ob Journalisten, Programmierer, Kuriere, Geisteswissenschaftler oder Produktmanager – in den unterschiedlichsten professionellen Feldern wächst die Zahl der formal selbstständig Tätigen. Nicht immer fällt die Entscheidung für dieses Solounternehmertum freiwillig; ein Teil der Betroffenen sieht sich schlicht gezwungen, auf diese Weise die eigene Existenz zu sichern. Die Zunahme der so genannten „freien Mitarbeit" im Spannungsbogen von Selbsthilfe und Selbstbestimmung ist ein Indiz für grundlegende Veränderungen in der Erwerbsarbeit. Viele der in diese Form der Beschäftigung Ausgewichenen oder Abgedrängten wollen kein profitorientiertes Unternehmen aufbauen, sondern vorrangig für den eigenen Lebensunterhalt sorgen. Kann dieses Solounternehmertum Impulse liefern für die Gestaltung einer emanzipatorischen Arbeits- und Lebenswelt? Kann sie gar beitragen zum Abbau der Arbeitslosigkeit?

Die Politik, die das Thema unter dem Stichwort „Ich-AG" in der Hartz-Kommission debattierte, ist davon überzeugt. Der modische Begriff aus der Trendforschung, zum „Unwort des Jahres" 2002 gekürt und dennoch inzwischen zum Bestandteil des arbeitsmarktpolitischen Instrumentariums aufgestiegen, wird seit Jahren in der Wirtschaftspresse propagiert. „Hot Jobs" titelte etwa die Zeitschrift „BIZZ", eine inzwischen wieder eingestellte Tochter von „Capital", die sich in der Boomzeit der „New Economy" an junge Zielgruppen richtete. Das Blatt machte seiner Klientel Mut: „Die Medien-Industrie boomt... und so sind Sie dabei!" Die Kommunikationsunternehmen, so jubelte das Wirtschaftsmagazin, suchen „1 Million neue Leute". Dass nicht von neuen Arbeitsplätzen, sondern unverbindlich von „neuen Leuten" die Rede war, hatte seinen Grund. Die passende Philosophie lieferte die Zeitschrift gleich mit: „Im Leben ist jeder sein eigener Unternehmer. Sie sind der Boss." (Flicke 1998, S. 46ff).

Der „Ich-Agent" hat keine feste Stelle mehr. Er unterhält ein ständig wechselndes „Netz von Geschäftsbeziehungen", das Richard Sennett am Beispiel eines freiberuflichen High-Tech-Beraters so charakterisiert: „Jeder

Anruf musste beantwortet, noch die flüchtigste Bekanntschaft ausgebaut werden. Um Aufträge zu bekommen, ist er von der Tagesordnung von Personen abhängig geworden, die in keiner Weise gezwungen sind, auf ihn einzugehen" (Sennett 1998, S. 21).

Der Angestellte wird zum Freelancer, zum „freien Lanzenträger": So hießen im Mittelalter jene Ritter, die ihre kriegerischen Dienste diversen adeligen Herren und Höfen anboten. Der selbstständige Einzelkämpfer unterhält ein ständig wechselndes Netz von Geschäftsbeziehungen. Wie ein Nomade wandert er von Aufgabe zu Aufgabe, schlägt mal hier, mal dort seine Zelte auf, arbeitet aber stets nur befristet für die Dauer von Projekten. An die Stelle des herkömmlichen Arbeitnehmers tritt im neuen Jahrhundert für einen langsam wachsenden Teil der Erwerbstätigen der Status des freiberuflich tätigen Auftragnehmers.

Das gilt auch für jenes Geschlecht, das in den beiden zurückliegenden Jahrhunderten definiert hat, was normale Arbeit und normale Berufsbiografien waren: für die Männer. Jetzt, wo sich die prägenden Strukturen der Industriegesellschaft auflösen, verlieren gerade männliche Hilfs- und Fachkräfte ihre Arbeitsplätze. Aber auch die klassischen, fast beamtenähnlichen Angestelltentätigkeiten bei lebenslang ein und demselben Arbeitgeber sind gefährdet. Die bunte, immer wieder unterbrochene Berufslaufbahn wird für beide Geschlechter zur Normalität: Die Stelle ist ohnehin nur befristet, von einem Tag auf den anderen kommt die Kündigung, aus dem Vollzeitarbeitsplatz kann plötzlich ein Teilzeitjob werden, es folgt der keineswegs immer freiwillige Sprung in die berufliche (Schein)Selbstständigkeit.

Die durchschnittliche Laufzeit der Arbeitsverträge im amerikanischen Silicon Valley beträgt acht Monate. Rund 10.000 Menschen arbeiten bei der US-Firma Microsoft in Seattle als „Contracted worker". Das Software-Unternehmen von Bill Gates hat sie gar nicht erst fest angestellt. Sie sind Freiberufler, Leiharbeiter oder Subunternehmer und werden auch „Permatemps" genannt: Leute, die zwar permanent arbeiten, aber nur auf Zeit beschäftigt sind. Der frühere amerikanische Arbeitsminister Robert Reich (1997, S. 131ff.) fürchtet langfristig eine „Zwanzig zu Achtzig-Gesellschaft": Nur noch ein privilegiertes Fünftel der Bevölkerung hat danach künftig eine sozial abgesicherte Beschäftigung, alle anderen zählen zur Randbelegschaft. Die oberen zwanzig Prozent schuften möglichst lange und verdienen entsprechend. Der Rest wurstelt sich irgendwie durch, nimmt immer wieder Phasen der Erwerbslosigkeit in Kauf, hangelt von einem Zeitvertrag zum nächsten – oder wird gleich zum Unternehmer in eigener Sache. Für Deutschland bleibt das vorerst eine nicht eingetretene Schreckensvision. Etwa zwei Drittel der Erwerbstätigen haben hier nach wie vor ein festes Arbeitsverhältnis (Bosch 2001). Nur gut ein Zehntel der Erwerbstätigen arbeitet auf eigene Rechnung. Die Selbstständigkeit nimmt allerdings wieder zu, nachdem sie seit Beginn des Industriezeitalters im Verhältnis zur abhängigen Beschäftigung immer weiter gesunken war. Vor allem die Zahl der Ein-Personen-Unternehmen ist in der zweiten Hälfte der neunziger Jahre sprunghaft angestiegen (Bögenhold/Leicht 2000). Rund die Hälfte aller Freiberufler hat keine Angestellten mehr, beschäftigt also nur noch sich selbst. Erfolgreiche, gut bezahlte Solounternehmer sind darunter, aber zunehmend auch Menschen, denen nichts anderes übrig bleibt. Diese modernen Tagelöhner sind zwar häufig nur für einen einzigen Auftraggeber tätig, doch der soziale Schutz einer geregelten Anstellung wird ihnen vorenthalten. Die Arbeitszeiten diktiert das Unternehmen; ist nichts zu tun, gibt es auch kein Geld.

Solche „proletaroiden" Selbstständigen, wie sie Theodor Geiger in seiner klassischen Studie zur „sozialen Schichtung des deutschen Volkes" (1931) nannte, arbeiten heutzutage zum Beispiel im Einzelhandel – zur Aushilfe auf Umsatzbasis, für Vertriebsfirmen oder ganz auf eigene Faust. Freiberuflerinnen stehen in der Kosmetikabteilung, beraten beim Kleiderkauf oder betreuen den Heimwerkermarkt. Aber auch die (überwiegend männlichen) Packer, Sortierer oder Regalbeschicker fordern die Unternehmen ohne weitere Verpflichtungen bei Bedarf an. Die Kunden merken nur selten, dass in den gleichen Kitteln Kaufhausmitarbeiter, aber auch Angestellte von Fremdfirmen oder Scheinselbstständige stecken können. Im Speditionsgewerbe nötigen Unternehmen ihre Angestellten, einen Lastwagen zu kaufen und auf eigenes Risiko weiterzufahren. Verlage und Druckereien umgeben sich mit einem Kranz von formal unabhängigen Dienstleistern, die Aufgaben wie Anzeigenakquisition, Verwaltung oder Buchführung übernehmen. In Schlachthöfen arbeiten so genannte Ausbeiner auf eigene Rechnung; bei Tiefkühlketten oder Kurierdiensten ist der Kleinstunternehmer mit eigenem Transportfahrzeug fast schon der Regelfall.

Im England des 14. Jahrhunderts verstand man unter „Job" einen Klumpen oder eine Ladung, die man herumschieben konnte. Diese ursprüngliche Bedeutung des Wortes haben Menschen ohne Ausbildung schon immer erfahren. Die wandernden Handwerker im Mittelalter zogen durch die Lande, um Erfahrungen zu sammeln. Sie verdingten sich immer wieder neu und für kurze Zeit; sie absolvierten Lehrjahre, keine Herrenjahre. Auch die angelernten Arbeiter des frühen Industriezeitalters wurden herumgestoßen, mussten ihre Arbeitskraft verkaufen, ohne auf verbindliche Sicherheit hoffen zu können. Jetzt aber werden auch Mitarbeiter, die anspruchsvolle Aufgaben lösen und eine hohe Qualifikation vorweisen können, in ein fragwürdiges Mikrounternehmertum abgedrängt. Immer mehr Betriebe praktizieren das Outsourcing: Sie lagern Tätigkeiten aus und vergeben sie als Projekt nach draußen. Diese Auftragsarbeit beschränkte sich früher auf Berufsgruppen mit einer langen freiberuflichen Tradition. Ärzte, Anwälte oder Steuerberater arbeiten seit Generationen als Selbstständige. Durch besondere Schutzsysteme wie etwa ständische Gebührenordnungen abgesichert, beruht die Geschäftsgrundlage der auf hohem Niveau abgeschotteten freien Berufe auf der gezielten Vermeidung von Wettbewerb.

Die neuen Einzelselbstständigen hingegen müssen in freier Wildbahn überleben. Sie konkurrieren in einem weitgehend ungeschützten Raum gegeneinander. Hier herrscht die Anarchie des Basars: Die Höhe der Honorare ist nicht fest gelegt, sondern muss individuell und je nach Marktlage vereinbart werden. Hilfestellung bieten neuartige Personaldienstleister, die keine Stellen, sondern nur noch Aufträge vermitteln. In den Computern dieser Arbeitsmakler werden die persönlichen Fähigkeiten von Freiberuflern genauestens archiviert; umgekehrt können Unternehmen ihre Anforderungsprofile für spezielle Aufgaben erfassen lassen. Die Agenturen stellen Teams auf Zeit zusammen und kümmern sich um Selbstständige, die auf der Basis von Werkverträgen bezahlte Projektarbeit leisten wollen. Für klare Abmachungen über die Konditionen und entsprechende rechtliche Vereinbarungen sorgen die Vermittler, auch eine Schlichterrolle im Konfliktfall bieten sie an – gegen Provision, versteht sich.

Längst müssen auch Wirtschaftswissenschaftler oder Techniker, deren Ausbildung einst eine geradlinige Erwerbsbiografie garantierte, „bisher nicht gekannte Arbeitsmarkt-Zutrittsbedingungen akzeptieren", stellt die Zentralstelle für Arbeitsvermittlung der Bundesanstalt für Arbeit fest (Bausch 1999, S. 57ff). Der Einstieg von Hochschulabsolventen in das Erwerbsleben sei „durch ungesicherte Rahmenbedingungen im Sinne von Honorarbeschäftigungen, Werkverträgen oder Praktika" gekennzeichnet. Der Gedanke an eine Rückkehr zur Normalität erscheine „zunehmend als Fiktion" (ebd.). Für das

Mediengewerbe diagnostiziert der Deutsche Journalistenverband eine drastische „Erosion des Normalarbeitsverhältnisses". Der Trend zum Selbstunternehmertum habe sich beschleunigt; neben den Geistes- und Sozialwissenschaftlern befänden sich „vor allem Journalistinnen und Journalisten, wenngleich auf fatale Weise, an der Spitze gesellschaftlicher Modernisierung" (ebd).

Unter Künstlern und Publizisten liegt die Selbstständigenquote mit 35 Prozent weit über dem Durchschnitt. Und sie steigt noch: Im Jahr 2010 soll bereits die Hälfte aller Medienarbeiter freiberuflich tätig sein. Wie in einem Forschungslabor zeigen sich hier die Strukturen des neuen Netzwerkarbeitsmarktes: Die Nachfrage ist schwankend und an Moden orientiert, „sie bevorzugt immer das Originelle, das Neuartige und das Besondere". Aber „auch auf der Seite des Angebots ist der Hang zu lockeren Beschäftigungsbeziehungen groß", betont der Berliner Sozialforscher Günther Schmid (2000, S. 283ff.). Routine werde „als langweilig empfunden", ja mindere sogar die Wettbewerbsfähigkeit. Es seien „die immer wieder neuen Aufgaben, mit neuen Partnern und für neue Kunden, die zu Meisterschaft und gutem Ruf führen" (ebd.).

Kunst, Medien und Informationstechnik gelten als Vorreiter, die die Veränderungen in anderen Branchen vorwegnehmen. Im Umfeld der „Neuen Ökonomie" wurde zur Jahrtausendwende der heroische Einzelkämpfer propagiert, der am besten allein voran kommt. Dahinter steckte durchaus ein wahrer Kern, denn ein wachsender Teil der Selbstständigen hat den eigenen Status tatsächlich aus freien Stücken gewählt. Im Angestelltenverhältnis könnten sie ihre Position und Verdienstmöglichkeit nur verbessern, indem sie sich stärker auf die betriebliche Hierarchien einließen und als Vorgesetzte auch Personalverantwortung übernähmen. Als kreative „Alleindienstleister" (Gottschall/Schnell 2000) dagegen hoffen sie auf Autonomie und Gestaltungsfreiheit; sie wollen interessantere Aufgaben übernehmen und sich ihre Zeit frei einteilen können.

Die Sozialwissenschaftler Günter Voß und Hans Pongratz (1998, S. 131ff.) sprechen vom „Arbeitskraftunternehmer", der betriebliche Organisationsformen überschreitet und seine beruflichen Qualifikationen eigenhändig vermarktet. Typisch seien dabei eine „erweiterte Selbstkontrolle der Arbeitenden, der Zwang zur verstärkten Ökonomisierung der eigenen Arbeitsfähigkeiten und -leistungen und eine Verbetrieblichung der alltäglichen Lebensführung" (ebd.). Der Schweizer Soziologe Peter Gross (1996) spricht gar von „Portfolio-Arbeit": Es gehe nicht mehr darum, auf der Basis einer festen Anstellung einer einzigen Beschäftigung nachzugehen, sondern flexibel und gut organisiert verschiedene Tätigkeiten zu verbinden und so eine individuelle Mischung von existenzsichernden Aktivitäten zu erreichen.

Der „Arbeitskraftunternehmer" ist ein sehr missverständlicher Begriff und wird in den Sozialwissenschaften kontrovers diskutiert (vgl. etwa Deutschmann 2001). Voß und Pongratz, die eigentlich weit entfernt sind von neoliberalem oder konservativem Gedankengut, wurden wegen ihrer Wortwahl in einen Topf geworfen mit Trendforschern und Apologeten des Unternehmertums, die von „freien Agenten", „Ich-AG" oder „Selbst-GmbH" schwärmen. Die beiden Autoren interpretieren ihren Ansatz aber keineswegs so, dass jeder seines Glückes Schmied ist. Die „Selbstorganisation von Arbeit" zeigt sich für sie schon in normalen Beschäftigungsverhältnissen „etwa im Rahmen von Gruppenarbeit oder Profitcentermodellen" (Voß/Pongratz 1999, S. 18f.). Die Zunahme von Outsourcing und Scheinselbstständigkeit sei aber ein Zeichen für eine grundlegende Veränderung: Bisher habe der Typus des „berufsbezogenen Arbeitnehmers" überwogen, der „darauf ausgerichtet war, auf Anweisungen zu warten". Jetzt trete ein neuer Typus in den Vordergrund, der gelernt habe, sich sehr selbstständig zu organisieren, sich aber auch „sehr selbstständig auszubeuten" (ebd.). Für mögliche Erfolge entscheidend sei das „Kapital im weiteren Sinne", das jeder als in sein eigenes Unternehmen einbringen könne: Kapital im Sinne von Bildung, Besitz oder sozialen Netzwerken. Das Privatleben werde „in neuer Qualität systematisch auf den Erwerb ausgerichtet". Die Devise lautet nicht mehr „Dienst ist Dienst und Schnaps ist Schnaps", sondern: „Wir brauchen sie voll und ganz und zu jeder Zeit – und dazu müssen sie Ihr Leben voll im Griff haben!" (ebd).

Der Start in den Beruf erfolgt für immer mehr junge Menschen in höchst ungesicherter Form als Schnupperpraktikum oder als freie Mitarbeit auf (niedriger) Honorarbasis. Auf hindernisreichen Umwegen und nach der Methode von Versuch und Irrtum nähern sich die Temporärarbeiter ihrem Traumberuf. Stets auf der Suche nach Marktlücken im Ratgeber-Genre, greifen Wirtschaftsblätter das Phänomen auf ihre Weise auf. Die gedruckten Jubelorgien über die „heißen Jobs" in der schönen neuen Multimedia-Welt verraten wenig über die tatsächlichen Arbeitsbedingungen bei Online-Diensten oder Computerfirmen, bei Film und Fernsehen. Besonders bei den privaten Fernsehstationen ist die feste Stelle längst zur Ausnahme, die Auftragsarbeit dagegen zur Regel geworden. Um die TV-Sender herum spannt sich ein weit verzweigtes Netz von ausgelagerten Dienstleistungsanbietern. Entwickelt sich hier ein neues Jobber-Proletariat? Oder arbeiten die jungen Selbstständigen einfach anders?

Rechtlicher Status und soziale Sicherung scheinen kein Thema in einer Branche, deren Mitarbeiter stolz darauf sind, an der glamourösen Welt der Stars und Sternchen teilhaben zu dürfen – auch wenn sie selbst nur Kabel tragen. Cooles Auftreten und elitäre Selbstdefinition vieler Medien„leute" stehen in offensichtlichem Missverhältnis zur Qualität ihres Jobs. Eine verlässliche und kontinuierliche Beschäftigung können die wenigsten erwarten. Arbeit für ein paar Wochen, bestenfalls für ein paar Monate: Langfristigkeit ist in der kurzlebigen Szene nicht vorgesehen. Nach lukrativen Projekten kommt von einem Tag auf den anderen der tiefe Absturz: Die Talkshow wird eingestellt, der Moderator gekündigt, und mit ihm steht die ganze „Crew" auf der Straße. Die Medienprominenz, für ihre Auftritte fürstlich bezahlt und stets auf dem Sprung zum nächsten Job im Rampenlicht, mag solche Rauswürfe rein finanziell gut verkraften. Nahezu jede Bildschirm-Größe leistet sich mittlerweile eine eigene Produktionsfirma. Ihre Probleme beschränken sich auf die Verletzung eigener Eitelkeiten, während es für das Fußvolk in den Subunternehmen ganz handfest um die Existenz geht.

Entsprechend schlank präsentieren sich die Stammhäuser: RTL, der größte deutsche Privatkanal, kommt mit 900 Festangestellten aus, hat aber rund 4000 freie Mitarbeiter. SAT 1 bringt es auf rund 650 Stellen bei 3500 Zulieferern. Ob es um neue Witze für die Late-Night-Show, um spannenden Stoff für die tägliche Seifenoper, um Lichttechnik, Kulissendesign oder Studiogästesuche geht: Die meiste Arbeit machen hunderte von Zulieferern, die häufig wiederum Aufträge an einzelne (Schein)Selbstständige vergeben. Die TV-Konzerne sind zwar keine virtuellen Unternehmen, aber personell extrem ausgedünnte Betriebe, die sich auf Koordinierungs- und Steuerungsaufgaben beschränken. Sie bilden nur noch den zentralen Knoten innerhalb eines Netzwerkes, in dem Auftraggeber und Auftragnehmer im Rahmen von zeitlich begrenzten Projekten kooperieren.

Innerhalb dieser zerfasernden Strukturen entwickeln sich durchaus neue Verbindlichkeiten. „Feste Freie" oder „Stammleiharbeiter", deren widersprüchlicher Status sich schon in der Sprache ausdrückt, umkreisen den Fokus als stabile Satelliten. Die Zusammenarbeit auf der Basis von Werkverträgen kommt stets billiger, als extra Leute einzustellen. In der Sprache der

Absatzwirtschaft ausgedrückt: Wenn die Markteinführung eines neuen Produktes scheitert – also der Film floppt, die Serie zu wenig Quote macht – wären für überflüssig gewordene Angestellte teure Abfindungen fällig. Freiberufler dagegen verursachen außer ihrem Honorar keine Kosten – und sie kennen ihr berufliches Risiko.

Dubiose Formen der Selbstständigkeit, Jobs auf Zeit und je nach Bedarf, Umgehen der Versicherungspflicht: Die Beschäftigungsformen im TV-Gewerbe lesen sich wie ein Auszug aus dem Horrorkatalog jedes gestandenen Gewerkschafters. Und dennoch trifft das Klischee vom „Medienproletarier" nicht durchgehend zu. Denn wer „beim Fernsehen" gelandet ist, fühlt sich keineswegs wie ein Industriearbeiter aus dem vergangenen Jahrhundert. Er rechnet sich eher einer unkonventionellen Boheme zu, schichtet Baustein auf Baustein und konstruiert sich so eine neue Lebenswirklichkeit. „Die subjektive Selbstsicht ist nicht die von modernen Tagelöhnern, sondern die von nutzenmaximierenden Akteuren", stellt der Sozialforscher Josef Reindl (2000, S. 413 ff.) fest. Die Beteiligten versuchten sich jenseits der Normalarbeit, die sie „als unrentables Knechtsverhältnis empfinden", einzurichten. Sie begreifen sich dabei „nicht als Opfer, sondern als Täter ihres Erwerbslebens" (ebd.). Endlich in ihrer Traumbranche angelangt, schwanken sie zwischen Hoffnung und Ernüchterung, zwischen freigewähltem Unternehmertum und knallharter Ausbeutung.

Im Vergleich zur zwangsweise verselbstständigten Verkäuferin werden die freien Mitarbeiter der Informationswirtschaft gut bezahlt. Hohe Honorare erhalten die wichtigsten Zuarbeiter erfolgreicher Fernsehformate aber nur so lange, wie die Einschaltquote stimmt. Wenn die Sendung plötzlich abgesetzt wird, ist das Projekt zu Ende. Auf gute Zeiten folgen schlechte Zeiten ohne jeden Verdienst. Hohe Beweglichkeit wird verlangt, Initiative, Durchsetzungsvermögen, Selbstdisziplin und die Bereitschaft zur permanenten Weiterbildung – kurz die Fähigkeit, sich selbst zu managen. „Aus einem nur gelegentlich und dabei oft eher passiv auf dem Arbeitsmarkt agierenden Arbeitskraftbesitzer muss jetzt zunehmend ein strategisch handelnder Akteur werden", analysieren Pongratz und Voß (1998). Es werde notwendig, „das Arbeitsvermögen kontinuierlich mit aufwendigem Selbstmarketing anzubieten und zu verkaufen". Das ist eine Qualifikation, die bei weitem nicht alle Auftragnehmer vorweisen können. „Wer über eine privilegierte Ausstattung mit ökonomischem und sozialem Kapital verfügt, mag mit der Unternehmerrolle gut zurechtkommen", kommentiert Christoph Deutschmann (2001,

S. 67): „Sie aber auch für die anderen, die über diese Ausstattung nicht verfügen, zur Norm zu machen, heißt, sie in einem ruinösen Wettlauf gegen sich selbst hineinzutreiben."

Die jungen (Quer)EinsteigerInnen nutzen jede Gelegenheit, etwas Neues auszuprobieren und sich weiter zu qualifizieren. Durchhaltevermögen und Gutdraufsein versteht sich von selbst, die Biografien sind riskant, ermöglichen aber auch den ein oder anderen märchenhaften Senkrechtstart. Die meisten können davon zwar nur träumen, aber auch sie sammeln Erfahrungen und Kontakte, füllen ihr Portfolio auf. Natürlich bleiben die Arbeitsmöglichkeiten abhängig von den Anforderungen der Auftraggeber, doch Freiberufler können den Grad ihrer Eingebundenheit in die Welt der Erwerbsarbeit in einem höheren Maße steuern als bei einer festen Stelle. Wenn Gewerkschafter in dieser Entwicklung wie einst in der Teilzeitdebatte vor allem eine schändliche Abweichung von der männlichen Norm sehen, haben sie einen schweren Stand. Der „verbetrieblichte Arbeitskraftunternehmer des Post-Fordismus" (Voß und Pongratz 1998, S. 148) ist sozial keineswegs eindeutig zuzuordnen. Zwar gebe es in manchen Branchen „neue Formen der Ausnutzung extrem billiger und hochgradig ungeschützter Arbeit", doch „eine echte Reproletarisierung breiter Gruppen" sei nicht zu erwarten. Es könnte im Gegenteil geradezu „zum Kennzeichen des Arbeitskraftunternehmers werden, dass er die Fähigkeit und Bereitschaft besitzt, sich auf variierenden Einkommens- und Sozialniveaus einzurichten" (ebd.).

Es ist sicher blauäugig, die „neuen Selbstständigen" pauschal zu Pionieren eines neuen Lebensstils zu verklären. Wenn Trendforscher euphorisch über freie Agenten, Selbst-GmbH oder Portfolio-Prinzip räsonieren, ist Skepsis angebracht. Ein großer Teil der Projektarbeit bleibt prekäre Beschäftigung; die Selbstausbeutung wird in der Neuen Ökonomie ideologisch verklärt. Dennoch sollte man mögliche Chancen einer anderen Balance zwischen Beruf und Privatem nicht aus den Augen verlieren.

3.2.2 Arbeit ohne Ende: Betriebliche Strategien der indirekten Steuerung

Neue Managementmethoden bieten den Angestellten mehr zeitliche Flexibilität und Autonomie bei der Organisation ihrer Arbeit. Der Abbau von Hierachien und Bevormundung hat aber seinen Preis. Auch wer formal abhängig beschäftigt ist, soll „unternehmerisch" denken und handeln. Vertrauensarbeitszeit ersetzt die Kontrolle durch die Stechuhr; das Prinzip Befehl und Gehorsam hat scheinbar ausgedient. Spät aufstehen, morgens einkaufen, lange Mittagspause? Kein Problem, nur das Projekt muss unbedingt bis Freitag abend fertig sein – perfekt ausgefeilt, selbstverständlich.

In der digitalen Ökonomie sind Arbeitszeit und Anwesenheit nicht mehr identisch. An die Stelle von Präsenz ohne Ende tritt Arbeit ohne Ende. Mit Handy und Thinkpad tragen die Mitarbeiter einen Wettlauf aus, den sie nicht gewinnen können. In ihren elektronischen Kalender tragen sie ein, wo sie sich gerade befinden und wie sie erreichbar sind. Zu den unmöglichsten Zeiten treffen Anrufe oder Mails ein, auf die eine sofortige Reaktion erwartet wird. Der Arbeitsdruck wächst, weil die Übergriffe ins Private zunehmen – und dabei kein direkter Zwang durch Vorgesetzte ausgeübt werden muss. Die Angestellten sind Getriebene, obwohl sie keiner mehr antreibt. Sie haben ihre professionelle Leistungsorientierung tief verinnerlicht, sie tun alles scheinbar aus freien Stücken. Von „der Okkupation des gesamten Individuums" mit Hilfe „indirekter Steuerung" spricht der IG Metall-Gesundheitsexperte Klaus Pickshaus. Es gehe darum, „die Menschen vor sich selbst zu schützen" (Pickshaus u.a. 2000).

Arbeit wird zum Selbstzweck, zur internalisierten Verpflichtung. Die Dauer der Anwesenheit im Betrieb ist nicht mehr der einzige Maßstab für den Wert ihrer Tätigkeit. Ob sie ihre Aufgaben am frühen Morgen, gegen Mitternacht oder am Wochenende erledigen, bleibt ihnen weitgehend überlassen; nur noch die Leistung zählt. Die Arbeit ist nicht zu Ende, wenn die Uhr fünf zeigt, sondern wenn die Aufgabe erledigt ist. Hauptsache, das Ergebnis stimmt – egal, wie es zustande kommt. Immer mehr Ergebnisse in immer kürzerer Zeit werden erwartet. Ohne Atempause reiht sich ein Projekt an das andere; extreme Zielvorgaben bürden den Teams und jedem Einzelnen ökonomische Verantwortung für das ganze Unternehmen auf. Die gestellten Aufgaben vollständig und möglichst gut zu machen, ist zum persönlichen Ehrgeiz, zum inneren Bedürfnis geworden. Die Selbstkontrolle funktioniert bestens: Eigene Interessen und die Interessen der Firma scheinen in vielen Punkten überein zu stimmen – auch wenn dies faktisch gar nicht der Fall ist.

„Obsession and passion for the business": Besessenheit und Leidenschaft im Geschäft fordert der Chef eines weltweit führenden Computerherstellers von seinen Mitarbeitern (Pickshaus u.a. 2000). Die Manager möchten das „Gold in den Köpfen" schürfen. Sie haben sich das Ziel gesetzt, neben den rationalen auch die kreativen und emotionalen Potentiale ihrer Angestellten voll auszuschöpfen – und das möglichst rund um die Uhr. Selbst individuelle Eigenschaften oder moralische Qualitäten werden zum Bestandteil eines ökonomisch verwertbaren „Humankapitals". Der ganze Mensch soll sich in den Dienst der Arbeit stellen, seine Energie vollständig dem Unternehmen zur Verfügung stehen. „Nahezu imperialistische Ansprüchen des Managements an das Arbeitsvermögen" hat Gudrun Trautwein-Kalms (1999, S.49) ausgemacht. Die Technologieexpertin der Hans-Böckler-Stiftung zitiert eine ehemalige Mitarbeiterin von Bill Gates Software-Imperium: „Ideale Mitarbeiter waren solche „that ate, breathed, slept and drank Microsoft" (ebd).

Wo hört die Arbeit auf, wo fängt das Leben an? Jan Engelmann (2001, S. 41ff.) charakterisiert die modischen „After work parties" als Veranstaltungen, wo weiter gearbeitet wird: „Belauscht man die Gespräche, so wird schnell klar, dass es hier nicht etwa um Entspannung und Stressabbau, sondern um anstrengende Beziehungsarbeit geht." Berufliche Themen und Inhalte, Arbeitsethik und Rationalisierungslogik schlagen auch im scheinbar zwanglosen Terrain der Freizeit tiefe Wurzeln. „Nichts spricht dagegen, dass die Verhältnisse nach Feierabend buchstäblich zum Tanzen gebracht werden", konzediert Engelmann. Doch er interpretiert die Hingabe, mit der sich die Protagonisten der Neuen Ökonomie dem betrieblichen Leben verschrieben, als „Ausdruck eines Mangels, eines Defizits an Zugehörigkeit, für das die Firmenidentität nur einen schalen Ersatz bieten kann" (ebd).

Das Fabriksystem sanktionierte die Kommunikation zwischen den Arbeitern. Nicht nur, weil die Gespräche von der (körperlichen) Schufterei abhielten, sondern auch, weil in ihnen ein subversives Potential lag, das sich gegen Chefs und Vorgesetzte richten konnte. In der Informationswirtschaft dagegen sind kreative Pausen ausdrücklich erwünscht. Die Softwarefirma SAP in Walldorf zum Beispiel hat zusätzlich zur Kantine überall Sitzecken mit Kaffeemaschinen eingerichtet, um den informellen Austausch zwischen Tür und Angel zu fördern. Die deutsche IBM-Zentrale in Böblingen legt großen Wert auf ihre dezentralen Teeküchen. Denn bereits ein Fünftel der Belegschaft praktiziert alternierende Telearbeit und hat keinen festen Arbeitsplatz im Unternehmen mehr. Persönliche Fotos und kleinteiliges Handwerkszeug, die einst den eigenen Schreibtisch schmückten, sind jetzt in Schließfächern oder Garderobenschränken verstaut, die die umherziehenden Jobber bei Bedarf öffnen können. Wer im Firmenbüro arbeiten will, sucht sich einen freien PC mit Netzzugang – und räumt diesen, sobald er fertig ist.

In einer derart sterilen und austauschbaren Atmosphäre kann keine Heimeligkeit mehr aufkommen. Für das Gefühl von Geborgenheit und Vertrauen sorgen die informellen Treffpunkte, die Kommunikation und soziale Vernetzung in Gang setzen sollen. Sogar der gemütliche Pausenschwatz in der Cafeteria dient der „Kompetenzsicherung"; Klönen und Flirten, ja selbst Streit und Intrige werden betriebswirtschaftlich funktionalisiert. „Das Rauchen mit Kollegen, der Flurfunk des Klatsches, das gemeinsam eingenommene Essen in der Kantine dienen nun nicht mehr zur kollektiven Selbstverständigung gegenüber den Anordnungen von oben, sondern als gesteuertes Wissensmanagement zur permanenten Optimierung des Wertschöpfungsprozesses", analysiert Engelmann. Auf der Strecke bleibe „das, was Kommunikations- und Selbstfindungsprozesse häufig auszeichnet: Dissens, Opposition, gar Streit" (ebd., S. 43).

Die Ausdehnung der Arbeitszeit hat als Indikator für Überlastung vielerorts ausgedient. An ihre Stelle sind kaum zu erreichende Zielvereinbarungen getreten. Stärker als die registrierten (und abgerechneten) Überstunden nimmt die inoffizielle Mehrarbeit zu – jenes zusätzliche Engagement, das gar nicht mehr als solches auffällt, weil es ohnehin fest eingeplant ist. Forciert durch die digitalen Techniken, wird das „normale" Arbeitslevel ständig nach oben korrigiert. Die Anforderungen, so Suzanne Franks, „ähneln in gewisser Weise der Routine eines mittelalterlichen Mönchs": So wie diese „vor Sonnenaufgang aufstanden und mehr als 12 oder 15 Stunden in tiefster Konzentration verbrachten", sei es in manchen Branchen üblich, unhinterfragt extrem lange zu arbeiten: „Der Rest des Lebens versinkt im Durcheinander und erweckt, verglichen mit der Reinheit und der Hingabe an die Arbeit, fast den Anschein von Unordnung" (1999, S. 100).

„Maßlose Profiterwartungen, maßlose Zielvorgaben, maßlose Anforderungen": So beschreibt Wilfried Glißmann (2001, S. 48ff.) das Rädchen, in dem sich seine Kollegen drehen. Der Betriebsrat regte in der Düsseldorfer Niederlassung von IBM intensive Debatten über die „Arbeit ohne Ende" an – und stieß auf unerwartet große Resonanz. Zusammen mit der IG Metall startete er daraufhin die Initiative „Meine Zeit ist mein Leben", die weit über gewerkschaftliche Kreise hinaus Anklang fand. Die Aktivisten verteilten „Zeitkarten" im Unternehmen, auf denen Fragen wie diese beantwortet werden sollten: „Wie viele Stunden des heutigen Tages habe ich mit Arbeit verbracht? Wie viele Stunden hatte ich für mich selbst?" Nach und nach wurde den Mitarbeitern klar, dass die Ursache ihrer Erschöpfung keineswegs in ihrer persönlichen Unfähigkeit liegt. Sie brachten den nur scheinbar privaten „Terror der Seele" an die Öffentlichkeit – und machten die Erfahrung, dass sie zusammen mit Kollegen sehr effektiv gegen überzogene Arbeitsanforderungen angehen können. Diese Erfahrung einer kollektiven Verständigung schien angesichts des zeitgeistigen Geredes über Ich-AG und Selbstunternehmertum fast schon verschüttet.

Die spaßbetonte Unternehmenskultur entfaltet ihr Regiment durch das Verpflichtungsgefühl im Kopf jedes Einzelnen. Sehr präsent bleibt aber das Gefühl von Überforderung: Die Mitarbeiter merken, wie sie von ihrem Job aufgefressen werden. Sie spüren, dass sie keineswegs über sich selbst als ganze Person bestimmen können. „Die neuen Managementformen leben von der Besinnungslosigkeit", glaubt Glißmann: „Man soll nicht begreifen, was mit einem passiert; Besinnung ist deshalb die härteste Aktionsform." Die von ihm angestoßenen Kampagnen setzten bewusst bei scheinbar privaten Problemen an. Individuell empfundene Schwierigkeiten wurden zum Fokus gemeinsamer Interessen. „IBM – Ich besinne mich" oder „Ich nehme mir Zeit" stand auf den Plakaten, die „der Arbeit wieder ein Maß" geben sollten (Glißmann 2001, ebd.).

Gestresste Arbeitnehmer haben häufig geradezu verlernt, sich gegen die wachsenden Belastungen zu schützen. Der Widerstand gegen einen Leistungsdruck, der in alle Lebensbereiche eindringt, kann die unterschiedlichsten Formen annehmen. Das verbindende Motto lautet: Es gibt nichts, was ich nicht auch morgen erledigen kann. Eine US-Studie berichtet, dass genervte Angestellte absichtlich die Akkus ihrer Handys leer laufen ließen, um sich den dauernden beruflichen Anrufen zu Hause zu entziehen (Finkemeier 1999). Personalberater empfehlen das „konstruktive Neinsagen", wenn die Arbeit mal wieder auszuufern droht. Wer sich überlastet fühlt, sollte „dem Chef ruhig in Erinnerung rufen, welche anderen Projekte man noch in Arbeit hat, und eine Reihenfolge vorschlagen, welches Projekt zuerst und welches zuletzt fertig werden muss" (Sonnenberg 2000).

Solche Ratschläge zielen auf eine individuelle Lösung von Problemen, hinter denen meist betriebliche Ursachen stecken. Die so genannten „Überlastgespräche" im Konzept der Vertrauensarbeitszeit delegieren die Beweisführung einseitig an die Mitarbeiter. Traditionelle Instrumente der Gegenwehr wie das Pochen auf Tarifverträge oder festgeschriebene Arbeitszeiten funktionieren immer weniger. Um dem „Arbeiten ohne Ende" etwas entgegen setzen zu können, brauchen Betriebsräte und Beschäftigte auch Einfluss auf unternehmerische Zielvorgaben, auf die Personalbemessung und auf die Art der Arbeitsorganisation – mithin auf Themen, die sich ihren gesetzlich garantierten Mitsprachemöglichkeiten weitgehend entziehen.

3.2.3 Entgrenzung: Die Vermischung von Erwerbsarbeit und Privatleben

Die Managementfloskel von der „Work-Life-Balance" hat wenig daran geändert, dass gerade die mittlere Führungsebene ein fast ausschließlich an beruflichen Zielen orientiertes Leben führt. „Erst der Kunde, dann die Firma und alles andere zuletzt" heißt die fragwürdige Maxime. Arbeit bis in die Abendstunden, dauerndes Unterwegssein und regelmäßige Termine auch am Wochenende sind die Folge. Das Gleichgewicht von Erwerbswelt und privater Sphäre ist gestört. Nick Kratzer und Dieter Sauer vom Münchner Institut für Sozialwissenschaftliche Forschung charakterisieren diesen Trend als „Entgrenzung von Arbeit" (2002).

In einer Gesellschaft, deren zentrale Kategorie die Erwerbstätigkeit ist, definiert sich das sonstige Leben als eine Art Rest. Die erste Phase der Industriegeschichte löste die aus der Agrarwirtschaft stammenden Zeitstrukturen auf. Die Manufaktur trennte den Arbeitsort vom privaten Lebensraum – und die Arbeitszeit von der Frei-Zeit. Mechanisch eingeteilte Takte ersetzten von nun an den nach natürlichen und zeremoniellen Rhythmen geordneten Jahresablauf. Wo sie bestanden hatte, zerfiel auch die Einheit von Arbeit und Spiel. Horst Opaschowski berichtet von italienischen Bergbauern, die bis heute ihre Arbeit nicht von ihrer Freizeit unterscheiden: Sie „arbeiteten sechzehn Stunden am Tag oder sie arbeiteten überhaupt nicht. Sie melkten Kühe, mähten Wiesen, erzählten ihren Enkeln Geschichten, spielten Akkordeon für Freunde. Und auf die Frage, was sie denn gern tun würden, wenn sie mehr Zeit zur Verfügung hätten, kam die Antwort: Kühe melken, Wiesen mähen, Geschichten erzählen, Akkordeon spielen" (1998, S. 44).

Man mag diese ländliche Idylle, die dem Grundsatz „Ich tue, was ich will" folgt, belächeln. Doch aufmerksame Personalchefs haben längst registriert, dass Beruf und Privatleben harmonieren müssen, um die Leistungsfähigkeit auf Dauer zu erhalten. Familienförderung betrachten sie nicht mehr als soziale Tat, sondern als betriebswirtschaftliche Notwendigkeit. Wenn die Mitarbeiter zufriedener sind, steigt die Produktivität, lautet die simple Gleichung, die Konzepten einer „individualisierten Personalentwicklung" zugrunde liegt. Jenseits der Balance-Rhetorik ist die Arbeitswelt allerdings keineswegs darauf eingestellt, dass Eltern besondere private Verpflichtungen haben. Eine gezielte Arbeitszeitpolitik für die „Mitte des Lebens" – die Zeit, in der Kinder großgezogen werden – existiert nur in wenigen Betrieben. Gerade in der digitalen Ökonomie mit ihrer Turbo-Mentalität kollidieren die beruflichen Anforderungen massiv mit privaten Interessen.

Vor diesem Hintergrund entstand in den Vereinigten Staaten in den neunziger Jahren der so genannte „Family friendly index". Ein umfangreicher Kriterienkatalog testete seither die Familienfreundlichkeit tausender amerikanischer Firmen unterschiedlichster Größe. Im Auftrag der Gemeinnützigen Hertie-Stiftung hat eine Münchner Beratungsfirma ein auf deutsche Verhältnisse zugeschnittenes „Audit Beruf und Familie" entwickelt. Dieses Instrument der Organisationsentwicklung will zu einer höheren Sensibilität vor allem unter männlichen Führungskräften beitragen. Das Audit soll als freiwillige Selbstverpflichtung funktionieren und so zu einer familienfreundlichen Arbeitswelt beitragen. Doch die von den Initiatoren herausgestellten Beispiele zeichnen allerdings ein etwas schön gefärbtes Bild. In vielen Vorstandsetagen ist hinter vorgehaltener Hand wie eh und je von „Sozialklimbim" die Rede. Wenn gutwillige Führungszirkel über das „familienfreundliche" Unternehmen diskutieren, setzen sie dieses Wort gedanklich meist mit „mütterfreundlich" gleich. Aus gönnerhaftem Paternalismus wollen sie Frauen mit Kindern bessere Chancen im Beruf einräumen und sind dabei gelegentlich auch zu organisatorischen Kompromissen bereit. Die Betriebe richten eine Art „Mutti-Ecke" ein und vermarkten sie imagefördernd, während die Arbeitsbedingungen anderer Mitarbeiter ein gelungenes Gleichgewicht zwischen den verschiedenen Lebensbereichen kaum zulassen.

Die Auszeichnung solcher Unternehmen in Zertifizierungsverfahren oder ministerialen Wettbewerben ist mithin fragwürdig. Die Initiatoren sehen ihre Aufgabe in einer eher langfristigen Klimaveränderung. Sie wollen jene ermuntern und unterstützen, die auf den Führungsebenen überhaupt ansprechbar sind. Es geht weniger darum, etwas zu loben, was schon umgesetzt oder dauerhaft erprobt ist. Unter Managern soll sich herumsprechen, dass Mitarbeiter Spielräume für das Privatleben und die Familie brauchen, dass eine gewisse Distanz der beruflichen Leistung nicht schadet, sondern sogar gut tut. Doch viele Karrierejobs verlangen ein Maß an beruflicher Mobilität, das auf private Bindungen und Freundschaften absolut kontraproduktiv wirkt.

Hyperbeweglichen Politikern oder Managern ist es bei Betriebsverlagerungen vielleicht egal, an welchem geografischen Ort sie sich ihrem Job verschreiben. Vielen ihrer Untergebenen aber muten sie damit Probleme zu, deren Lösung einen enormen persönlichen Preis hat. Telearbeit soll eine harmonische Balance zwischen Broterwerb und privaten Verpflichtungen ermöglichen: Forciert durch die erheblich gesunkenen Kommunikationskosten, kehrt eine Arbeitsform zurück, die in der Vergangenheit Künstlern oder Handwerkern vorbehalten war. Die Verlagerung (von Teilen) des Arbeitsplatzes in die Privatwohnung enthält aber auch das Risiko, dass die Grenzen zwischen Job und Freizeit noch mehr verschwimmen. Eine schlichte Verlagerung von „Vereinbarkeitsstress" fürchtet die Sozialwissenschaftlerin Gabriele Winker: Es lasse sich „kaum mehr sagen, wann die Erwerbsarbeit aufhört und die Hausarbeit anfängt und andersherum. Während Betrieb und KollegInnen weit entfernt sind, ist die Familie stets präsent". Gerade Frauen falle es schwer, sich im heimischen Tohuwabu abzugrenzen und „eine ruhige Arbeitsatmosphäre zu schaffen" (2001, S. 19).

„Twenty four – seven" propagieren US-Unternehmensberater als neues Arbeitsprinzip: stets zu Diensten, 24 Stunden täglich, sieben Tage die Woche. Das Prinzip beliebiger Verfügbarkeit macht es noch komplizierter, abzuschalten und einen klaren Strich zu ziehen. Spielräume für die Familie oder für Freunde, für Hobbys oder andere außerberufliche Aktivitäten können sich nur ergeben, wenn das Privatleben nicht zum Restposten verkommt, der sich der bezahlten Tätigkeit unterordnen muss. Nur jenseits einer Ökonomie „rund um die Uhr" finden Menschen die Gelegenheit, sich um andere zu kümmern oder unentgeltlich „bürgerschaftlich" zu engagieren.

Längst ist Teleheimarbeit nicht mehr Sekretärinnen oder Büroassistentinnen mit „Vereinbarkeitsproblemen" vorbehalten. Sie ist zur interessanten Alternative für hochspezialisierte Akademiker geworden, die so die Möglichkeit erhalten, über ihr Zeitbudget frei verfügen zu können. Sie brauchen nicht mehr unbedingt hinaus ins feindliche Leben; die (Erwerbs)Arbeit kommt zu ihnen. Die Online-Vernetzung macht es zunehmend beliebig, ob der Schreibtisch eines Mitarbeiters im Unternehmen, in einer Subfirma oder in einem Privathaus steht. Die körperliche Präsenz an einem festen Ort verliert an Bedeutung. Mein virtuelles Büro ist überall dort, wo ich mich gerade aufhalte, wo ich mit Handy oder Laptop erreichbar bin, verkünden die Telearbeiter. Der alte Dreiklang Kinder-Küche-Computer aus den achtziger Jahren – das Klischee der jungen Mutter, die mit dem Säugling auf dem Arm vor ihrem Heim-PC saß – weist längst in die falsche Richtung. Üblicher ist der Wechsel zwischen Betrieb und Privatwohnung, die elektronische Kommunikation im Zug oder auf dem Flughafen, die phasenweise Tätigkeit beim Kunden, aber auch im eigenen Unternehmen oder eben zu Hause. Konnten sich Menschen einst nach getaner Arbeit zurücklehnen nach dem Motto „Was ich nicht weiß, macht mich nicht heiß", so haben sie nun stets alles zu wissen. Es erscheint ja auf ihrem Display – und schreit nach sofortiger Antwort. Noch ein Anruf, noch eine dringende Mail. „Die gute Nachricht: Man kann jetzt überall und jederzeit arbeiten. Die schlechte Nachricht: Man kann jetzt überall und jederzeit arbeiten", formulieren ironisch Jan Engelmann und Michael Wiedemeyer (2000).

„Das Büro der Zukunft hat eine peinliche Eigenschaft: Morgens um sieben macht es den Eindruck, als hätte darin noch nie ein Mensch gearbeitet. Keine Aktenberge wachsen gegen die Decke, kein Gummibaum serbelt dem Licht entgegen, weder Frau noch Hund warten gerahmt am vorderen Pultrand darauf, dass der Ernährer die Arbeit aufnimmt." So beschreibt Reto U. Schneider (2000) die Bürolandschaft der dvg Datenverarbeitungsgesellschaft in Hannover. „Später am Morgen setzt ein seltsames Treiben ein: Die Mitarbeiter nehmen kleine Rollkoffer aus ihrem Garderobenfach und bahnen sich damit den Weg durch das Büro. Die einen steuern zielstrebig auf einen bestimmten Schreibtisch zu, andere bleiben kurz stehen und spähen in alle Richtungen, bevor ihr Rollkoffer wieder Fahrt aufnimmt und sie einen Arbeitsplatz finden – einen Arbeitsplatz wohlverstanden, nicht ihren Arbeitsplatz."

Pionier dieses so genannten „Shared desk"-Prinzips war in Deutschland IBM. Der Konzern bietet schon seit Anfang der neunziger Jahre auf freiwilliger Basis Telearbeit an. Über 4000 Mitarbeiter und damit ein Fünftel der Belegschaft verbringen inzwischen mindestens die Hälfte ihrer Arbeitszeit außerhalb der Firma. Nicht mitgezählt wird, wer nur gelegentlich Fernverbindung zum Unternehmen aufnimmt. 2000 Beschäftigte praktizieren mobile Telearbeit im Vertrieb, 1700 gehören zum technischen Außendienst, knapp 600 sind stationäre Arbeiter in der eigenen Wohnung. Alle drei Gruppen verfügen über Online-Verbindungen zum Unternehmen; die Kosten für tragbare Computer und Übermittlungskosten übernimmt der Arbeitgeber. Für den rechnet sich die Auslagerung trotzdem, weil er teuren, zentral gelegenen Büroraum und Kosten für die betriebliche Infrastruktur einspart. Die Angestellten sollen sich aber zumindest hin und wieder im Büro blicken lassen.

Denn hier, in Teamprozessen mit Kollegen, wird weiterhin der Kern der kreativen und strategischen Arbeit geleistet. Lediglich personenbezogene und klar umrissene Tätigkeiten können isoliert erledigt werden. Nur noch zu Hause arbeiten ist ausdrücklich unerwünscht; gelegentliche Präsenz im Unternehmen, an einem der gemeinsam genutzten Schreibtische, wird erwartet.

Das Stuttgarter Fraunhofer-Institut hat sich ein eigenes Experimentierfeld geschaffen. Für das Zukunftsprojekt „Office 21" wurden persönlich reservierte Arbeitsplätze gar nicht erst eingerichtet. Jeder Mitarbeiter schiebt auf einem fahrbaren Container seine Unterlagen, das mobile Telefon und einen per Funk vernetzten Rechner vor sich her. Für 35 Angestellte reichen auf diese Weise 18 Plätze, die jeden Tag neu verteilt werden. Die anderen Teammitglieder sind beruflich unterwegs, machen Urlaub oder arbeiten zu Hause. Die Propheten der Beraterzunft denken noch einen Schritt weiter: Im „Hotel"-Konzept melden sich die Mitarbeiter bei der virtuellen Rezeption ihres Unternehmens, buchen für ein paar Stunden einen Büroraum und verschwinden nach kurzer Sesshaftigkeit wieder (Herden 2000). Das nonterritoriale Büro, dessen Nutzer ständig wechseln, habe absichtlich keinen individuellen Charakter mehr, glaubt Richard Sennett (2001): Die Architektur „flexibler Formen" garantierte „eine physische Umgebung, die sich jederzeit umgestalten lässt". Diese standardisierte Einheitlichkeit lässt niemanden mehr Wurzeln schlagen. Die Menschen sollen sich gar nicht erst an einen festen Arbeitsplatz gewöhnen. Heimat ist woanders oder nirgendwo.

Das Büro als reines Computerterminal zum gelegentlichen Einloggen: Ob sich dieses Konzept je massenhaft durchsetzen wird, scheint zweifelhaft. Amerikanische Firmen haben sich vom „Desk sharing" teilweise schon wieder verabschiedet. Zwar experimentieren relativ viele Unternehmen der Informationswirtschaft mit Telearbeit, doch nur wenige fordern die Belegschaft auf, ständig die Pulte zu tauschen. Die meisten Angestellten haben keine Lust, jeden Tag um ihr Territorium kämpfen. Sie brauchen ein eigenes Revier, das sie weder dauernd aufräumen noch stets proper hinterlassen wollen. Das Foto der Liebsten, die Kitschpostkarten aus dem Urlaub, die Urkunde vom Segeltörn und der selbst gemalte Kalender der Jüngsten gehören einfach nicht in ein Schließfach; sie schaffen Verbundenheit gerade durch ihren festen Ort. Allerdings scheinen die Zeiten vorbei, „als sich aus der Fläche des Schreibtisches zuverlässig der Lohn hochrechnen ließ und die Autorität des Chefs ihren Ausdruck in zwei Zentnern Eiche fand" (Schneider 2000). Festungsartige Büros mit dicken Teppichen und Vorzimmerdame haben ausgedient; zumindest im mittleren Management entsteht Autorität nicht mehr im Ambiente protziger Ledersessel. Neue Kommunikationsstile und permanentes Stühlerücken sind Ausdruck einer gewissen Demokratisierung im Betrieb: Vorgesetzte teilen sich den Arbeitsplatz mit ihren Mitarbeitern – und können sich nicht einmal mehr räumlich ihrer Position sicher sein.

Das überspitzte Szenario von den Schreibtisch-Nomaden symbolisiert den zwiespältigen Verlust alter Sicherheiten in der Arbeitswelt. Negativ betrachtet tritt prekäre und wechselnde Beschäftigung an die Stelle stabiler Erwerbsbiografien. Durch die positive Brille gesehen ersetzen Autonomie und Selbstbestimmung Gängelei und Reglementierung. Doch wer erst morgens um drei den PC ausschaltet, kann weder seine Freunde anrufen noch mit dem Sohn auf den Spielplatz gehen. Ungewöhnliche Arbeitszeiten können zur sozialen Einsiedelei führen. Am Dienstagmorgen und jeden zweiten Donnerstag frei zu haben, das ist nicht vergleichbar mit einem freien Wochenende, an dem kulturelle oder sportliche Veranstaltungen stattfinden und Familienmitglieder oder Bekannte ebenfalls ohne beruflichen Verpflichtungen sind.

Der Takt der Arbeit und der Takt der Gesellschaft stimmen immer weniger überein. Der unberechenbare Rhythmus der bezahlten Jobs droht die anderen Lebensbereiche zu dominieren. Auch familiäre „Kernzeiten" wie der späte Nachmittag und der frühe Abend geraten in den Sog betrieblicher Flexibilisierung. Das elementare Interesse etwa von Eltern und Kindern an sicheren sozialen Beziehungen muss sich den Anforderungen der Unternehmen unterordnen. Die neuen Freiheiten im Grenzbereich zwischen Arbeit und Privatsphäre zeigen ihr janusköpfiges Gesicht. Die versprochene Zeitsouveränität entpuppt sich als Danaergeschenk. Trotz aller Selbstbestimmung ist der „Dienst" an der Firma eigentlich nie zu Ende.

Exkurs: Die Computerbranche als Männerdomäne

Omnipotenzphantasien, Machbarkeitswahn und ein absoluter Wahrheitsanspruch kennzeichneten die Entstehung der neuzeitlichen Naturwissenschaften. Ihre Erkenntnisse verbanden Männer von jeher mit Heilserwartungen und Heilsversprechungen. Auch wenn Einsteins Relativitätstheorie oder Heisenbergs Entdeckung der Unschärferelation die Grenzen der Newtonschen Physik aufzeigten, galten technische Erfindungen stets als Königsweg zum Paradies. In der optimierten Welt der Ingenieure waren so genannte „Restrisiken" zu vernachlässigen, sie durfte es eigentlich gar nicht mehr geben. Männer bezogen Identität aus einem klaren Standpunkt und dessen souveräner Behauptung.

Die Industrialisierung transformierte Natur und Gesellschaft „zu einer kontinuierlich ablaufenden, gleichförmigen Maschinenwelt", schreibt der Technikkritiker Otto Ullrich (2001, S. 11): „Tendenziell wird alles berechenbar und kontrollierbar gemacht, begradigt, standardisiert, generalisiert." Ganz in dieser Tradition ist die Computerlogik eine dezidiert männliche Logik. Sie folgt dem Eins-Null-System, dem Ja-Nein-Schema: eine geordnete Welt ohne Unschärfen und mit eindeutigen Lösungen. Die Informationstechnologie sei „so tief und fest mit Männlichkeit verbunden, dass eine Auseinandersetzung mit dieser Technik für Frauen heißt, dass sie ihre weibliche Geschlechtsidentität in Frage stellen müssen", glaubt die Sozialwissenschaftlerin und Informatik-Spezialistin Gabriele Winker (2001, S. 10).

Männer sind die unbestrittenen Vorreiter einer elektronischen Welt, deren Entwicklung wie vieles andere ursprünglich auf militärischer Forschung beruhte. Die Computerwirtschaft, so resümieren die Autoren Alexander Meschnig und Mathias Stuhr (2001, S. 60) ihre eigenen Erfahrungen in einer Gründerfirma, sei „eine rein männliche Veranstaltung", weit mehr als andere Industriezweige: „Während in deren großen Konzernen Projekt- und Arbeitsgruppen gebildet, Frauenbeauftragte benannt werden, versucht die New Economy nicht einmal einen Anschein von Emanzipation zu erwecken." Obwohl die absolute Zahl der dort beschäftigten Frauen recht hoch sei, erreiche ihr Anteil auf der Ebene der Gründer nicht einmal ein Prozent: „In den Vorständen und Aufsichtsräten sieht es nicht besser aus. Die New Economy und hier besonders die Start-ups sind Patriarchat pur, eine echte Brüderhorde." (ebd.).

Kümmerliche 14 Prozent der Informatikstudenten sind weiblichen Geschlechts – vor zwanzig Jahren war es immerhin ein Fünftel. Anfangs ein Orchideenfach für Neugierige, drängen jetzt verstärkt Männer in eine inzwischen hoch angesehene und als lukrativ geltende Studienrichtung. Auch in den Ausbildungsberufen der Informationstechnik dümpelt der Frauenanteil trotz besserer Schulabschlüsse bei durchschnittlich 14 Prozent (Winker 2001, S. 10ff.). Die Versuche von Wirtschaft und Politik, mehr Mädchen für solche Jobs zu gewinnen, sind eine zähe Angelegenheit. Dem Stereotyp zufolge sehen Frauen im Computer eher ein Werkzeug als ein Spielzeug – ein reines Arbeitsinstrument, das ansonsten Langeweile ausstrahlt. Der männliche Technikfetischismus bleibt ihnen weitgehend fremd. Sie können sich kaum erwärmen für die fragwürdigen Innovationen, die die Hersteller Monat für Monat ohne konkrete Notwendigkeit an den Mann zu bringen suchen.

Computerarbeit ist meist eine isolierte Angelegenheit, verbunden mit der Abkapselung von anderen. Das elektronische „Herunterladen" von Information verspricht zwar Kontakt und Nähe, bleibt aber eine zerstreuende Freizeitbeschäftigung ohne sozialen Kontext. Per Computersimulation erreicht Mann spielerisch, woran er früher trotz mühsamster Fabrikmaloche oder gar militärischer Gewalt gescheitert ist: Er verändert die Welt. Vom heimischen Bildschirm aus dirigiert er Flugzeuge und überwindet spielerisch die gewaltigsten Hindernisse. Die digitalen Helden steuern die Dinge, ohne auf realen Widerstand zu treffen, ohne sinnlich mit ihnen konfrontiert zu sein. Sie halten sich die wirkliche Welt vom Leibe, folgen der Logik der Maschine. „Nicht die Liebe zu sich selber, sondern die Liebe zur überlegenen Funktionsmacht treibt sie voran", schreibt der Psychologe Wolfgang Bergmann (2000, S. 35).

In seinem Roman „Mikrosklaven" beschreibt der kanadische Autor Douglas Coupland (1999) die spezifische Arbeitskultur der „Nerds": von kontaktarmen Männern, die so versunken sind in ihre Tätigkeit als Programmierer, dass sie ihre reale Umgebung kaum noch wahrnehmen. Coupland quartierte sich eigens für ein paar Wochen bei Microsoft in Seattle ein, um das (Arbeits)Leben dieser Sonderlinge zu beobachten. Er tauchte in das Leben von Leuten ein, die „ein erschreckend derangiertes Verhältnis zu ihren Körpern, Emotionen und Familien haben, aber dafür umso müheloser zwischen Programmiersprachen und den Codes der Popkultur hin- und herwechseln", analysiert Tom Holert. In einer von Nerd-Prinzipien geprägten Ökonomie sei „Erwachsenwerden hinderlich, weil mit Ansprüchen verbunden, die von der Arbeit ablenken. Nur die systematische Erweiterung der Jugend erlaubt es, bis ins hohe Alter ohne Reue in einem Kontinuum von Programmieraktivität, Fertiggerichtmahlzeiten und fernsehquizmäßigen Gesprächen über Soap-Darsteller, Videospiele oder Lego zu leben" (2001, S. 56).

Schon das Phänomen der „Computer-Kids" in den achtziger Jahre war männlich. Fast ausschließlich Jungen lungerten in den Kaufhäusern herum und begeisterten sich für elektronische Spiele. Später prägten sie die Startup-Kultur um die Jahrtausendwende, die neue männliche Erfolgsmythen entstehen ließ. Auf die „Krise der Kerle" in den alten Industrien folgten die Tellerwäscherkarrieren in der Computerbranche. Auch wenn viele dieser vermeintlichen Erfolgsgeschichten schon kurze Zeit später scheiterten: Die faktische männliche Hegemonie über alle Bereiche, die mit den neuen Techniken zu tun haben, lässt die These vom „Auslaufmodell Mann" (Tiger 2000) oder vom „betrogenen Geschlecht" (Faludi 2001) fragwürdig erscheinen. Das seien „Absichtserklärungen mit schlechter Prognose", glaubt Wolfgang Bergmann, der die Gegenthese aufstellt: „Unsere Gesellschaft und Kultur befindet sich auf dem Weg in eine männlich dominierte Zukunft." Er hält die Präsenz des Weiblichen lediglich für ein Medienphänomen, für einen Tribut an die Freizeit- und Werbekultur: „Was nicht Bild ist, attraktives Bild, wird nicht recht zur Kenntnis genommen". Männer, so Bergmann, seien zwar „medial kaum zu gebrauchen", aber weiterhin „für das Funktionale und Abstrakte" zuständig (S. 14). Nahezu uneingeschränkt regieren sie nicht nur Finanzmärkte und Vorstandsetagen, sondern auch und erst recht die Welt der Informatiker, Ingenieure und Maschinenbauer. Die Schlüsseltechnologien rund um Computer und Cyberspace sind fest in männlicher Hand.

Bergmann zeichnet eine nahezu ungetrübte männliche Erfolgsgeschichte. Für ihn hat sich die Zukunft „in einer dreitausendjährigen Männerkultur" angedeutet. „Von Plato bis Hegel, von Pythagoras bis Konrad Zuse war dies Antrieb des männlichen Geistes und der männlichen Spiritualität: Männer wollten im Weltlauf sich selber erkennen und bespiegeln, sich und ihr Geschlecht in Macht verklären, immer unzufrieden mit dem Wirklichen und auf der Suche nach dem reinen Ideal" (S. 19). Die Phase des Feminismus interpretiert der Psychologe als vorübergehendes Zwischenstadium, der es den Männern ermöglichte, aus einer kulturhistorischen Sackgasse herauszufinden. In der Industriegesellschaft habe sich ein Typus von Männlichkeit entwickelt, der „nicht überlebensfähig war: Der Mann im Körperpanzer, der Mann als Arbeiter und Soldat, diszipliniert, vernünftig und geistfern".

Jetzt aber, so Bergmann, kehre „der universale Mann der Renaissance" zurück: „Wenn wir von digitaler Technologie, von Simulationen und Vermehrung der Maschinenkompetenzen bis hin zur künstlichen Intelligenz oder künstlichem Leben sprechen, dann sprechen wir von einer Männervision, einer Männerarbeit, einer Männerzukunft" (S. 28). Die schönen Bilder auf Fernseh- oder Computerbildschirmen mögen von noch so vielen Frauen bevölkert sein – die technischen Grundlagen für ihre Präsenz haben fast immer Männer gelegt. Frauen bleibt nur eine Nebenrolle, wenn auch mit emanzipatorischen Anteilen: „Niemand will das Feminine wieder unterdrücken, wie es das Patriarchat aus Furcht vor sich selber tat." Doch angesichts eines wieder ungebrochen dominierenden männlichen Geistes, „der sich auf eine große, ambivalente Tradition stützt", werde das weibliche Lebensgefühl „zu einem Randphänomen" (S. 22).

Man mag dieser pathetisch vorgetragenen Prognose ungläubig bis skeptisch gegenüberstehen – frappierend jedenfalls ist die Differenz zur einschlägigen Managementliteratur, die zu gänzlich anderen Ergebnissen kommt. Danach schreitet die Feminisierung der Chefetagen der Wirtschaft unaufhaltsam voran. Hahnenkämpfe, Gockelei und das eifersüchtige Horten von Herrschaftswissen sollen ein Ende haben. Einfühlungsvermögen, Kontaktfreude, Teamfähigkeit und soziale Kompetenz gelten als zentrale Elemente des gefragten Qualifikationsprofils. Dass Frauen in allen diesen Punkten irgendwie tüchtiger sind als Männer, gehört im Zeitalter des Postfeminismus fast schon zum Allgemeingut. Der Erwerb der neuen Tugenden ist zentrales Thema in betrieblichen Trainings und Weiterbildungsveranstaltungen. In „Integrations-Workshops" oder „Change Management"-Seminaren werden Männer „weiblich nachsozialisiert" (vgl. Döge 2000).

Statt der Fähigkeit, formalisierte Tätigkeiten abzuarbeiten, zählen in der Informationswirtschaft angeblich eher Werte wie Vertrauen, Renommee, Loyalität und Beziehungen. „Riesige Zukunftschancen" warten dort „auf Frauenpower", verlautbart die Bundesregierung, die mit dem Spruch „Die Zukunft ist wwweiblich" wirbt. „Die virtuelle Welt lebt von gemischter Energie", behauptet die Unternehmensberaterin Gertrud Höhler (2000): Der verengte männliche „Tunnelblick" benötige dringend die Ergänzung und Bereicherung um den weiten, angeblich für Frauen typischen „Panoramablick".

Die narzisstischen Eigenschaften des Computerspezialisten erscheinen so besehen äußerst defizitär. Dem schlichten Klischee zufolge ist er eben kein „Kümmerer", der für andere da ist, sondern hat sich zurückgezogen, bleibt distanziert und unverbindlich. Am liebsten hält er sich isoliert im Cyberspace auf, folgt der schematischen Logik einer Symbolwelt, in der er ungestört seinen Phantasien nachhängen kann. Für Jobs in Vertrieb und Beratung mag das Charakterprofil des einsamen, körperlosen PC-Freaks in der Tat völlig ungeeignet sein. Auf dem Kerngebiet der Technik aber, bei der Programmierung, feiert trotz aller düsteren Beschreibungen die ganz unvermischte Energie des „universalen" Mannes seit Jahrzehnten erstaunliche Triumphe. Seine nach vorherrschender Meinung negativen Eigenschaften bringen, neben vielen sinnlosen Dingen und selbstverliebten Spielereien, immer wieder auch Produktives, ja Umwälzendes hervor. Für manche Erfindungen ist es offenbar besser, gar nicht alles zu überblicken und sich lieber auf Details zu konzentrieren, Phänomene in handhabbare Pakete zu zerlegen. Statt des Panoramas genügt ein schmaler Lichtschein am Ende der Tunnelröhre.

Frauen sind vorrangig in den kreativen Berufsfeldern der IT-Branche vertreten, die nicht so viel mit Technik zu tun haben: im „Support", beim Webdesign oder auch im Management. Sie kommen gut voran, wenn es ihnen gelingt, mit den „Spielkindern" im Unternehmen einen guten Kontakt herzustellen. Sie schätzen die eigenwilligen Wege und Zugänge der überwiegend männlichen Erfinder – und akzeptieren deren bisweilen nomadenhafte, orts- und bindungslose Denkweise. Wer als Führungskraft in der digitalen Wirtschaft nicht weiß, wie seine technischen Entwickler ticken, bekommt Probleme. Bei der kommunikativen Arbeit vor Ort, beim Kunden sind Computerspezialistinnen durchaus gefragt – wenn es etwa darum geht, Reibungsverluste beim Einrichten von neuer Software aufzufangen, Programme auf spezifische betriebliche Bedürfnisse zuzuschneiden oder die Anwenderinnen fortzubilden. Beim Kern der Programmiertätigkeit aber ist der kaum von persönlichem Austausch geprägte, manchmal geradezu autistisch anmutende Lebensstil männlicher Software-Entwickler ein geschlechtsspezifisches Erfolgsrezept geblieben.

4 Auswirkungen auf Geschlechterverhältnis und private Haushaltsführung

4.1 Unterschiedliche Erwerbsorientierung von Männern und Frauen

4.1.1 Veränderung der Geschlechterrollen: Gleichstellungsrhetorik und tatsächliches Verhalten

Konnte die Benachteiligung von Frauen im Erwerbsleben einst mit ihrer mangelnden Ausbildung erklärt werden, so gehen diese Argumente mittlerweile weitgehend ins Leere. Untersuchungen zum Bildungsstand junger Frauen stellen fest, dass sich die Qualifikationen der Geschlechter weitgehend angeglichen haben. Mädchen gelten als die „modernen Kinder", sie sind motiviert und lernfähig, sie machen die besseren Abschlüsse an den Schulen, stellen über die Hälfte der AbiturientInnen. 33 Prozent der weiblichen, aber nur 27 Prozent der männlichen Bundesbürger unter 30 Jahre haben die Hochschul- oder Fachhochschulreife (Engelbrech/Jungkunst 2000).

Männer, die an eingeübten Rollenkonzepten festhalten wollen, betonen heute deshalb mehr denn je die Wichtigkeit der Mutterrolle. „Die Frauenfrage zur Kinderfrage zu machen, das ist die stabilste Bastion gegen die Gleichstellung der Frau", so kommentierten Sigrid Metz-Göckel und Ursula Müller schon in den achtziger Jahren die Ergebnisse ihrer empirischen Studie „Der Mann" (1986, S. 28). Für die Väter ist die Vereinbarkeit von Karriere und Kindern kein Problem, wenn sie eine „Frau zu Hause" haben. Die darf ruhig „hinzuverdienen" – solange das keine Schwierigkeiten bei der Kinderbetreuung aufwirft. Männer vereinbaren Familie und Beruf, indem sie Vollzeit arbeiten, den überwiegenden Teil des gemeinsamen Einkommens erwirtschaften und sich zu Hause als „Helfer" bei der Erziehung ihrer Kinder definieren (Fthenakis 2001). Das Berufsleben ist in seiner ganzen Struktur auf den männlichen Haupternährer zugeschnitten, der sich um seine privaten Dinge nur am Rande zu kümmern hat. Sobald Nachwuchs zu versorgen ist, lässt sich das übliche Muster männlich geprägter Erwerbstätigkeit nicht mehr für beide Geschlechter durchhalten. Männliche Normalarbeit und Hausfrauendasein erfordern einander und stützen sich gegenseitig.

Wäre es möglich, aus Einstellungsuntersuchungen auf das praktische Alltagshandeln der Menschen zu schließen, müsste man annehmen, dass sich die meisten Männer sehr engagiert um ihre privaten Verhältnisse bemühten.

Über die Hälfte der deutschen Väter kann sich zum Beispiel vorstellen, in Elternzeit zu gehen und ihr Kind vom ersten Tag an intensiv zu erleben (Zulehner/Volz 1998). Aber nur rund zwei Prozent von ihnen realisieren diesen Wunsch. Rund ein Drittel der erwerbstätigen Männer gibt an, dass sie gerne ihre Stelle reduzieren würden; die männliche Teilzeitquote aber liegt nur bei gut fünf Prozent (Statistisches Bundesamt 2001). In der Altersgruppe der 30- bis 50-Jährigen haben sogar nur knapp zwei Prozent der männlichen Arbeitnehmer eine Teilzeitstelle. In der biografischen Phase, in der Kinder groß gezogen werden, erledigen nahezu ausschließlich Mütter die „Arbeit des Alltags" (Meier 2001).

Familienstrukturen, die es beiden Partnern ermöglichen, Familie und Beruf miteinander zu verbinden, haben sich längst durchgesetzt – in den Köpfen. Es gehört heute zum pädagogischen Allgemeingut, dass Kinder nicht nur zur Mutter, sondern auch zum Vater einen guten Kontakt brauchen (vgl. Fthenakis schon 1985). Quer durch alle Schichten sind Vorstellungen von Partnerschaftlichkeit in der Familie, von aktiver Vaterschaft und von Chancen für Frauen im Berufsleben zu verbindlichen gesellschaftlichen Leitbildern geworden. Das Ideal einer gleichberechtigten Teilhabe beider Geschlechter sowohl am Erwerbs- wie am Privatleben wird aber letztlich nur von einer verschwindend kleinen Minderheit realisiert.

Selbst voll erwerbstätige Frauen ziehen sich selten so aus ihren Familienaufgaben heraus, wie das viele Männer mit Verweis auf ihren Job tun. Unausgesprochen richten sich Mütter immer noch nach einem Gesetz, das es seit der Ehe- und Familienrechtsreform von 1976 gar nicht mehr gibt. Bis dahin war Frauen eine Berufstätigkeit nur dann gestattet, wenn sich dies mit ihren „Pflichten in Ehe und Familie" vereinbaren ließ – alles andere galt als Scheidungsgrund. Vor 1957 hatten Männer gar das Recht, ein Arbeitsverhältnis ihrer Frau eigenmächtig zu kündigen, wenn es ihnen nicht passte. Die Zeiten der Entmündigung durch die Ehe sind vorbei; doch es gibt nach wie vor eine hohe weibliche Bereitschaft, zurückzustecken. Die Mütter bleiben zu Hause, wenn im Kindergarten Masern oder Mumps grassieren. Sie sprechen mit dem Lehrer, wenn der Sohn beim Klauen im Supermarkt erwischt worden ist. Sie springen ein, wenn die Babysitterin anruft und ihre Dienste in letzter Minute absagt. Und später pflegen sie die Schwiegermutter, um deren Abschiebung in ein Altenheim zu vermeiden.

So stößt das berufliche Engagement vieler Frauen nicht nur an von außen bestimmte, sondern auch an selbst gewählte Grenzen. Sie räumen der Erwerbsarbeit des männlichen Hauptemährers Vorrang ein und stellen ihn von lästigen Alltagssorgen frei. Mit einem Partner zusammenzuleben, dessen gemeinsam festgelegte Kernaufgabe die finanzielle Grundversorgung der Familie ist, hat seinen Preis. Frauen ziehen mit Kind und Kegel um, wenn von ihren Männern Mobilität verlangt wird und ein Wohnortwechsel ansteht. Sie verzichten nicht nur auf die eigene Karriere, sondern opfern auch mühsam aufgebaute private Netzwerke gegenseitiger Hilfe unter Nachbarn oder Freundinnen. Der lukrative Job des Partners hat oberste Priorität. Es sind überwiegend Männer, die lange Strecken berufspendeln; Frauen nehmen in Kauf, dass ihr Partner zwei Stunden täglich auf der Autobahn verbringt und deswegen noch später nach Hause kommt. Sie selbst würden in weiter Entfernung von ihrer Wohnung nie eine Stelle antreten. Sie geben sich mit einem dürftig entlohnten Job im Dorf, im Stadtteil oder in der Nähe der Kindertagesstätte zufrieden, der sich dafür mit den Familienaufgaben „vereinbaren" lässt.

Zwar gibt es eine Menge junger Paare, die von geteilter Elternschaft träumen. Von den guten Vorsätzen bleibt, bei Männern wie Frauen, meist wenig übrig: Nur eine ganz kleine Minderheit hält an diesem Modell über einen längeren Zeitraum fest. Es überwiegt ganz eindeutig das gewohnte, vielleicht mit Emanzipationszugeständnissen angereicherte Ehearrangement. Den Widerspruch zwischen Theorie und Praxis charakterisiert der Soziologe Ulrich Beck als „verbale Aufgeschlossenheit bei weitgehender Verhaltensstarre" (1990, S. 31).

Der Rhetorik der Gleichstellung steht eine verblüffende Kontinuität in den tatsächlichen Lebenslagen der Geschlechter gegenüber. Dem Wunsch vieler Frauen an Teilhabe im Beruf fehlt das private Äquivalent. Für Männer heißt Gleichstellung etwas völlig anderes als für Frauen: Aus ihrer Sicht warten zu Hause stumpfsinnige, sich ständig wiederholende Tätigkeiten wie Putzen, Aufräumen oder Waschen – notwendige Dinge, die aber wenig produktiv sind und deren gesellschaftliche Anerkennung gegen Null geht (vgl. Meier 2001). Was den einen mehr berufliche Möglichkeiten eröffnen soll, bedeutet für die anderen zuallererst Verzicht: Verzicht auf Karriere, auf mehr Ansehen im Beruf, auf den Aufstieg in der betrieblichen Hierarchie.

„Sind Sie berufstätig?" fragen sich Mütter gegenseitig auf dem Spielplatz oder beim Abholen ihrer Kinder auf dem Schulhof. Ein Gespräch über die schwierige Balance zwischen Arbeit und Liebe kommt in Gang, wie es unter Vätern selten stattfindet – und das auf keinen Fall so beginnen würde. Männer erkundigen sich nicht bei anderen Männern, ob die „berufstätig" sind. Das ist eine vollkommen sinnlose Frage. Männer haben (Erwerbs)Arbeit, oder sie sind arbeitslos. Eine andere Option, ihr Leben zu gestalten, ist gesellschaftlich nicht vorgesehen. Nur für Frauen ist eine Lebenssituation ohne Beruf vorstellbar und gesellschaftlich akzeptiert: die Rolle der Mutter. An dieser Arbeitsteilung in der Familie sind beide Partner beteiligt – auch die Frauen. Mutterschaft bietet manchen von ihnen eine einleuchtende Begründung, um aus der Arbeitswelt aussteigen zu können: Sie ziehen das Daheimbleiben einer (womöglich auch noch schlecht bezahlten) Berufstätigkeit vor.

Für fast alle Frauen markiert die Geburt von Kindern einen Bruchpunkt in ihrer Erwerbsbiografie. Nur sechzehn Prozent der Mütter von Schulkindern arbeiten in Deutschland voll, bei Müttern von Kleinkindern sind es gerade mal sechs Prozent. Jedes Jahr gehen 400 000 Frauen in die Elternzeit, nur jede zweite kehrt an ihren Arbeitsplatz zurück (Statistisches Bundesamt 2001). An der althergebrachten Arbeitsteilung halten Mütter nicht nur für einen überschaubaren Zeitraum, sondern häufig ein Jahrzehnt und länger fest. Trotz anfangs nahezu gleichem Ausbildungsniveau geht die berufliche Schere zwischen Männern und Frauen schnell auseinander – nicht nur weil immer noch ein Lohngefälle besteht, sondern auch weil die weibliche Haltung zum Beruf Unterbrechungen der Erwerbstätigkeit von Anfang an mitdenkt und einplant. „Die jungen Frauen haben oft schon bei der Berufswahl die Schere im Kopf", zitiert Gunhild Gutschmidt (1995) eine Beraterin des Arbeitsamtes: „Viele suchen ihren Beruf von Anfang an so aus, dass sie darin später einmal halbtags oder sogar zu Hause arbeiten können." Das pessimistische Fazit der Arbeitsberaterin: „Unter Partnerschaft verstehen junge Frauen höchstens Hilfe beim Abwasch, oder dass der Mann mal mit den Kindern spielt" (ebd.).

Frauen konzipieren ihren Lebensentwurf frühzeitig als Patchwork. Auf die zu Beginn volle Stelle folgen Mutterschutz und Babypause, später vielleicht Teilzeitarbeit oder auch Totalausstieg. Eine solche Erwerbsbiografie bringt fast zwangsläufig berufliche Nachteile mit sich. Die Rückkehr an den früheren Arbeitsplatz nach längerer Pause ist häufig nur zu schlechteren Bedingungen möglich: Die alte Stelle ist längst wieder besetzt, die Abteilung wurde umstrukturiert, die geforderten Qualifikationen haben sich verändert. Erwerbsarbeit und Familie nicht nebeneinander, sondern nacheinander betreiben zu wollen, ist eine gefährliche Strategie, die den beruflichen Erfolg einschränkt.

Die Unternehmensleiter alter Schule, die in Frauen ein personalwirtschaftliches Risiko sehen, sind keineswegs ausgestorben. Nach wie vor spekulieren sie bei Bewerbungen von Frauen über mögliche Schwangerschaften – und darüber, dass eine Mutter nach dem beruflichen Wiedereinstieg nur bedingt einsatzbereit wäre. Wenn dagegen Männer auf Jobsuche ihren Familienstand als „verheiratet" angeben, gilt das als Pluspunkt. Es signalisiert zwischen den Zeilen: Ob ich Kinder habe oder nicht, spielt im Beruf keine Rolle – denn ich lebe zusammen mit einer Hausfrau oder wenig belasteten Zuverdienerin, die sich um alles kümmert, was mich vom Arbeiten abhalten könnte.

Fast alle Stellenprofile sind auf den männlichen Alleinverdiener zugeschnitten, der sich private Belastungen mit Hilfe seiner nicht oder kaum berufstätigen Ehegattin vom Hals hält. „Bei einem Mann weiß man, woran man ist", glaubt der Personalchef einer mittelgroßen Firma: „Der nimmt keinen Erziehungsurlaub und bleibt nicht zu Hause, wenn die Kinder krank sind" (Gutschmidt 1995). Frauen, die Karriere machen wollen, entscheiden sich aus diesem Grund überwiegend gegen die Gründung einer Familie: 62 Prozent der weiblichen, aber nur 16 Prozent der männlichen Führungskräfte leben ohne Kinder (ebd.). Mütter sehen sich am Arbeitsplatz einer mittelbaren Form der Diskriminierung ausgesetzt: Wegen ihrer geschlechtsspezifischen „Doppelbelastung" können sie den Anforderungen an Mobilität, Flexibilität oder Verfügbarkeit nicht in gleichem Maße gerecht werden wie ihre männlichen Kollegen, die das Hausfrauenmodell praktizieren. Die Form der privaten Arbeitsteilung entpuppt sich als entscheidende Barriere der Frauenförderung – daran können auch Quoten und Gleichstellungspläne wenig ändern.

Männer kennen die Gefahren einer beruflichen Laufbahn, die von Brüchen geprägt ist, sehr genau – und versuchen sie zu vermeiden. Erwerbsarbeit prägt ihre Lebensgeschichte und strukturiert ihre Zeit; die männliche Berufsvorstellung ist auf Kontinuität ausgerichtet, auf Vollzeitbeschäftigung ohne Pause. Nur gegen starken Widerstand lassen Männer einen zentralen Bestandteil ihrer eigenen Identität zum Flickwerk werden. Alle Versuche, die bei Frauen schon immer üblichen Arbeitsbiografien auf sie zu übertragen – oder sie auch nur von einem „Karriereverzicht auf Zeit" zu überzeugen – sind bisher fehlgeschlagen. „Auch die Arbeitgeber wissen natürlich, dass sie sich nach wie vor auf die Vollzeit-Verfügbarkeit der Männer verlassen können. Und solange dies so ist, wird es in der Arbeitswelt keine Gleichbehandlung von Mann und Frau geben", resümiert der Berliner Arbeitszeitberater Andreas Hoff (1991, S. 7).

„Lückenlose Tätigkeitsnachweise", wie sie in der Regel nur Männer anbringen können, sind in den Augen der meisten Personalchefs nach wie vor ein Pluspunkt. Mehr Chancen im Beruf haben Frauen so besehen erst dann, wenn auch die männliche Erwerbsbiografie zum „Patchwork" wird; wenn die berufliche Laufbahn ihrer Kollegen weniger gradlinig verläuft und private Interessen und Anforderungen widerspiegelt. Aus der Sicht der Unternehmen betrachtet, ist dieses Szenario alles andere als erwünscht.

4.1.2 „Doppelte Lebensplanung" von Frauen

Die selbstverständliche Möglichkeit von Frauen zur Teilhabe an der Welt der bezahlten Arbeit ist der größte gesellschaftliche Wandel seit der Industrialisierung – eine kulturelle Revolution, die gewichtiger ist als alle technischen Neuerungen. „Der Lohn einzelstehender Frauenzimmer muss zu ihrem Unterhalt ausreichen, braucht aber nicht darüber hinaus zu gehen", schrieb John Stuart Mill 1864. So deutlich wie zu Zeiten des englischen Nationalökonomen fällt das Einkommensgefälle zwischen den Geschlechtern heute nicht mehr aus. Doch immer noch verdienen westdeutsche Frauen im Schnitt 23 Prozent weniger als ihre männlichen Kollegen; im Osten beträgt die Differenz gut 10 Prozent (Statistisches Bundesamt 2000).

Der Blick in eine beliebige Führungsetage zeigt, dass Frauen dort eine (meist kleine) Minderheit bilden. Ihr angeblich unaufhörlicher Vormarsch in der Wirtschaft findet, wenn überhaupt, dann in Randbereichen statt. Im oberen Management beträgt der weibliche Anteil nur rund sechs Prozent; am wenigsten sind sie in Großunternehmen, noch am häufigsten im öffentlichen Dienst vertreten. Mindestens zwei Drittel der besseren Positionen besetzen nach wie vor die Männer; mit höherem Alter steigt ihr Anteil drastisch. Lediglich bei den unter 30-Jährigen gibt es so etwas wie Gleichstellung: Zu je sieben Prozent haben Männer und Frauen schon in dieser Altersgruppe einen Job an der Spitze der Hierarchie, auch die Unterschiede in der Bezahlung sind gering (ebd.).

Die Emanzipation ist auf halbem Wege steckengeblieben. Liegt das nur an den hartnäckig verteidigten betrieblichen Bastionen, an männlichen Netzwerken, die sich die bedrohliche weibliche Konkurrenz erfolgreich vom Halse halten? Sind die gleich guten Chancen für beide Geschlechter vor der

Elternphase im mittleren Erwachsenenalter nur eine trügerische Illusion? Verweigern sich Frauen dem betrieblichen Hamsterrädchen, wollen sie eine andere Art von Karriere, die sie in den von alten Haudegen beherrschten Unternehmensstrukturen nicht umsetzen können? Blockieren sie sich vor allem gegenseitig? Oder begnügen sie sich gar freiwillig mit einer subalternen Position, weil ihnen andere Dinge einfach wichtiger sind?

Einen Hinweis liefern die Berufswege junger Akademikerinnen. Junge Frauen schreiben sich genau so zahlreich wie junge Männer an den Universitäten ein. Allerdings suchen sie sich, wie professionelle Frauenförderinnen beklagen, notorisch die „falschen" Fächer aus. Sie wählen Kunstgeschichte oder Romanistik statt Bauingenieurwesen und Informatik. Nach wenigen Semestern kippt der Trend endgültig. Deutlich mehr Frauen brechen ihr Studium ab; bei den Abschlüssen (57 Prozent) und erst recht bei Dissertation (67 Prozent) und Habilitation (82 Prozent) sind die männlichen Absolventen wie eh und je in der Mehrheit (Engelbrech/Jungkunst 2000).

Was passiert in dieser entscheidenden biografischen Phase? Zu Beginn ihres beruflichen Weges unterscheiden sich die Geschlechter in ihrem Status kaum noch. Mit zunehmendem Alter aber wachsen die Unterschiede, Männer dominieren immer stärker die leitenden Positionen. Offenbar gewinnen spätestens im Alter zwischen 30 und 35 andere, eher traditionelle weibliche Lebensziele gegenüber einer ausschließlich professionellen Orientierung die Oberhand: Partnerschaft, Familiengründung, Kinderwunsch. Die Bielefelder Soziologin Birgit Geissler spricht in diesem Zusammenhang von der „doppelten Lebensplanung" junger Frauen (1998, S. 109). Zwar werden nur relativ wenige Akademikerinnen bereits in der Ausbildung schwanger, und rund ein Drittel der Frauen bleibt inzwischen ohnehin kinderlos. Bedeutsam ist aber, dass fast alle Frauen die Perspektive Thema Mutterschaft in ihre beruflichen Überlegungen miteinbeziehen. Damit wächst das Risiko, für die eigene Karriere strategische Fehlentscheidungen zu treffen.

Wenn junge Mütter sich an Küchentischen, auf Spielplätzen oder in Krabbelgruppen untereinander austauschen, sprechen sie entgegen gängiger Klischees keineswegs pausenlos über ihren Nachwuchs. Ein ganz wichtiges Gesprächsthema bildet die Arbeit – der Beruf, den Frauen ausgeübt haben, bevor sie (ausschließlich) Mutter wurden. Viele dieser Geschichten berichten vom Scheitern, von der vergeblichen Anstrengung, zwischen Job und Familie zu jonglieren. Die Rede ist von fiebrigen Kindern, von wenig einfühlsamen Chefs und von nervenaufreibenden Autofahrten auf den letzten

Drücker. „Es war einfach zu stressig", heißt es dann mit einem gewissen Bedauern. Nur noch wenige Frauen wollen sich ein Leben lang aus dem Erwerbsleben verabschieden. „Vorläufig", so betonen sie, wollen sie pausieren; „vielleicht" in ein paar Jahren können sie sich vorstellen, wieder „rauszukommen" und „berufstätig" zu sein – wenn, ja wenn „der Kleine erst mal in die Schule kommt" oder „die Große mal zwei Stunden allein zu Hause bleiben kann".

Hinter solchen Formulierungen steckt viel Unsicherheit und Unentschiedenheit. Nicht mehr der männliche Alleinernährer der fünfziger und sechziger Jahre, sondern der „Hauptverdiener" ist im gesellschaftlichen Mainstream das vorherrschende Modell einer angeblich „partnerschaftlichen" Arbeitsteilung. Ehefrauen fragen zumindest nach Teilzeitjobs, begnügen sich allerdings überwiegend mit weniger als zwanzig Wochenstunden. Die Familienforscherin Gisela Erler (2000, S. 46) beschreibt die „diffusen Lebenspläne der Mütter" ironisch so: Erwerbsarbeit müsse „nach ihren Wünschen so flexibel sein, dass die Familie, die Schule und der Kindergarten nichts bemerken außer dem erhöhten Einkommen". Die weibliche Unschlüssigkeit im Beruf basiere auf dem Bild einer „extrem schutzbedürftigen Familie, deren Mitglieder beim leisesten Wind von außen Schaden nehmen" (ebd.).

Der Anteil der erwerbstätigen Mütter ist in Deutschland während der neunziger Jahre von 52,5 auf 59,6 Prozent gestiegen (Engelbrech/Jungkunst 2000), liegt aber im europäischen Vergleich nur im Mittelfeld. Frauen haben in den letzten beiden Jahrzehnten zwei Drittel der insgesamt 2,2 Millionen neu geschaffenen Stellen besetzt. Vom Personalabbau in Krisenbranchen wie Kohle, Stahl und Bau waren dagegen vor allem Männer betroffen. Die Arbeitslosigkeit der Männer wuchs in den neunziger Jahren um knapp 60 Prozent, die der Frauen nur um 24 Prozent. Die Differenz fiele noch deutlicher aus, wenn nach der deutschen Vereinigung nicht besonders viele Frauenjobs in den neuen Bundesländern ersatzlos gestrichen worden wären (ebd.).

Die langfristige Projektion des Instituts für Arbeitsmarkt- und Berufsforschung (Engelbrech/Jungkunst 2000) sieht Frauen als eindeutige Gewinnerinnen des Strukturwandels: Sie profitieren vom anhaltenden Trend zur Dienstleistung, während männerdominierte Industriearbeitsplätze wegfallen. Den Prognosen zufolge steigt die Zahl der erwerbstätigen Frauen in Westdeutschland bis zum Jahre 2010 auf 12,1 Millionen (1995: 11,1 Millionen). Im gleichen Zeitraum soll die Zahl der Stellen für Männer auf 15 Millionen sinken (1995: 16,2 Millionen). Diese Zahlen zeichnen ein etwas verzerrtes

Bild, weil nicht zwischen Vollzeit und Teilzeit unterschieden wird. Nur fünf Prozent der Männer, aber 42 Prozent der Frauen arbeiten unterhalb der gängigen Norm. Neun von zehn Teilzeit-Arbeiterinnen sind weiblich (ebd.). Zwar suchen auch sie eine langfristige berufliche Perspektive; sie entscheiden sich aber, nicht zuletzt vor dem Hintergrund der völlig unzureichenden öffentlichen Kinderbetreuung in Deutschland, für einen (organisatorisch wie persönlich tragbaren) Kompromiss zwischen beruflichen und privaten Interessen.

Arbeitsmarktexperten haben einen Begriff geprägt, der die traditionelle weibliche Einstellung zur Erwerbsarbeit treffend beschreibt: Frauen sind die „stille Reserve". Wie eh und je haben sich Millionen von Hausfrauen – und eine Mehrheit von ihnen durchaus freiwillig – ins Private zurückgezogen. Als „Familienmanagerin", wie sie sich selbst gerne definieren, kümmern sie sich um Erziehung und Haushalt, in den besseren Kreisen auch um Eigenheim und Garten. Gesellschaftlich war diese Bereichsteilung lange Zeit ein äußerst funktionales Arrangement: Die Mütter sorgten mit ihrer privaten Fürsorgearbeit einst indirekt für die Vollbeschäftigung im Wirtschaftswunder. Als „nicht Berufstätige" fielen sie heraus aus dem Wettbewerb um bezahlte Jobs – und entlasteten auf diese Weise die Erwerbslosen-Statistik.

Konservative Wirtschaftswissenschaftler und Politiker beobachten seit langem mit Sorge, dass die Frauen sich nicht mehr mit ihrer subalternen Rolle zufrieden geben wollen. Der CDU-nahe Ökonom Meinhard Miegel rechnete schon 1996 für Westdeutschland vor, dass es rund drei Millionen Erwerbspersonen weniger gäbe, wenn die Gruppe der berufsorientierten Frauen im Vergleich zu den sechziger Jahren nicht deutlich gestiegen wäre. Im Klartext: Würden die Mütter wie früher zu Hause bleiben, verschwänden rein statistisch zwei Drittel der Arbeitslosen. Von solcher Stammtisch-Arithmetik distanzieren sich aufgeklärte Konservative. Ihnen ist klar, dass das Recht von Frauen auf eine eigenständige Berufsbiografie nicht einfach rückgängig gemacht werden kann. Die rechtspopulistische Forderung „Frauen zurück an den Herd" ist selbst innerhalb der CDU zur Minderheitenposition geworden.

Gerade was die Frauenbeschäftigung angeht, sind Ost- und Westdeutschland vollkommen verschieden. Die Arbeitslosenquote der Ost-Frauen lag nach der deutschen Vereinigung deutlich über der der Männer; erst in jüngster Zeit haben sich beide Quoten auf hohem Niveau angeglichen. Die weiblichen Erwerbslosen in den neuen Bundesländern suchen (meist vergeblich) eine Vollzeitstelle. Im Westen, wo sich das Gros der Frauen mit Teilzeitarbeit oder geringfügiger Beschäftigung zufrieden gibt, sind vor allem in den florierenden Dienstleistungszentren mit ihren vielfältigen Bürojobs deutlich weniger Frauen arbeitslos gemeldet als Männer. 73,3 Prozent der Ost-Mütter gingen im Jahr 2000 einer Erwerbstätigkeit nach – 1991 waren es sogar 83 Prozent (Engelbrech/Jungkunst 2000). Die ehemaligen DDR-Bürgerinnen haben schlicht eine andere Einstellung zur bezahlten Arbeit. Sie wollen ganz selbstverständlich Geldverdienen und Kindererziehung kombinieren – und scheitern dabei an den verschlechterten Rahmenbedingungen. Die im Osten einst ausgezeichnete Versorgung mit Krippen- und Hortplätzen gleicht sich schleichend den dürftigen Verhältnissen der alten Bundesrepublik an.

Die West-Mütter steigen einfach aus, wenn die Belastungen zu groß werden – zumindest in jenen Familien, die sich diesen „Luxus" leisten können. Dies als patriarchalische Zuweisung unbezahlter Hausarbeit an die Frauen zu werten, nimmt lediglich „die repressiven und knechtenden Aspekte" des üblichen Arrangements wahr, betont Brigitte Stolz-Willig (1999, S. 103). Zugleich sei mit dem westdeutschen Wohlfahrtsmodell aber eine „spezifisch weibliche Kultur des Alltagslebens" entstanden, „die nicht nur Beschränkung und Abhängigkeit", sondern auch Freiheit vom „Berufsleid" und ein hohes Konsumniveau „zumindest für den Teil der Frauen bedeutet, die mit besserverdienenden Ehemännern verheiratet sind" (ebd.). Auch deshalb ist die Mehrheit der Frauen weiterhin nicht in die männlich dominierte Normalarbeit im Sinne einer Vollzeitstelle integriert.

Viele Frauen weigern sich aus gutem Grund, das kräftezehrende Rattenrennen in männerdominierten Strukturen mitzumachen. Sie zeigen eine starke Abwehr dagegen, sich von der bezahlten Arbeit vereinnahmen zu lassen. Vorausschauend wählen sie andere Berufe – und bezahlen den Preis, dass diese ein geringes Sozialprestige haben, wenig Aufstiegschancen bieten und schlecht honoriert werden. Mütter, die nach einer Familienpause in den Beruf zurückkehren, fragen in den Unternehmen häufig nach reduzierter Arbeitszeit. Wie die noch kleine Gruppe der engagierten Väter suchen sie nach Freiräumen für ihre Kinder im beruflichen Alltag. Wichtiger als die Karriere ist ihnen, dass Jobs zeitlich flexibel gestaltet sind. Personalverantwortliche, die gut qualifizierte Mitarbeiterinnen nicht an den heimischen Kochtopf verlieren möchten, betreiben deshalb nach amerikanischem Vorbild „Diversity management". Zumindest rhetorisch verfolgen sie das Ziel, Männer und Frauen entsprechend ihrer unterschiedlichen Lebenssituationen und Fähigkeiten zu entwickeln – und statt einer normierten Arbeitskultur individuell zugeschnittene Bedingungen zu schaffen.

Frauen werden in Deutschland auch durch politisch gesetzte Regularien weitgehend auf einen bestimmten Lebensentwurf festgelegt. Bei den meisten unserer europäischen Nachbarn hat sich dagegen das „Adult worker model" durchgesetzt: Jeder Erwachsene soll unabhängig von seinem Geschlecht die Möglichkeit haben, durch Erwerbsarbeit den eigenen Lebensunterhalt zu bestreiten. Eltern finden meist erheblich bessere Rahmenbedingungen vor, um Beruf und Familie in ein Gleichgewicht zu bringen. Das gilt nicht nur für die in diesem Zusammenhang stets angeführten skandinavischen Länder, sondern zum Beispiel auch für Frankreich oder Belgien. In diesen katholisch geprägten Staaten, in denen traditionelle Familienwerte eine größere Rolle spielen als bei uns, sind öffentliche Ganztagsangebote für Kinder aller Altersgruppen eine Selbstverständlichkeit. So haben Französinnen erheblich bessere Karrierechancen als deutsche Frauen, sind häufiger in Spitzenpositionen vertreten und bekommen dennoch mehr Kinder (vgl. Stolz-Willig/Veil 1999).

In (West)Deutschland wird mit großer Zähigkeit an einer kulturellen Tradition festgehalten, die Frauen ihre Bestimmung in der Familie zuweist. Das hat tief sitzende Ursachen, die weniger politischer als ideologischer Natur sind. Die Literaturwissenschaftlerin Barbara Vinken hat dem „langen Schatten eines Mythos" nachgespürt. Die Vorstellung von der Unersetzbarkeit der Mutter betrachtet sie als entscheidendes Bollwerk gegen die Gleichheit von Frauen und Männern: „Auf dass dies so bleibe, wird in Deutschland viel getan; es wird zum Beispiel viel unterlassen, was möglich wäre, weil es symbolisch inakzeptabel ist" (2001, S. 37). Dass die Bundesrepublik den anderswo vorherrschenden Trends entgegensteuert, werde im Vergleich mit der DDR besonders deutlich: Dieser habe man „ausgerechnet als unakzeptable Mitgift" angelastet, „was diese mit den westeuropäischen Nachbarn verband, nämlich eine effektive Gleichstellungspolitik" (S. 8).

Der Kult um die Mütterlichkeit behindert die weibliche Emanzipation im Beruf. Das „aufgeklärt auftretende Bewusstsein von Gleichberechtigung", glaubt Vinken, gehe einher mit der „genügsamen Einwilligung in deren praktisches Gegenteil". Die Frauen nehmen ihren vorübergehenden oder gar dauerhaften Ausstieg aus der Arbeitswelt mit seinen schwer wiegenden Konsequenzen ohne großen Widerspruch hin. Die Politik gerät aber kaum unter Druck, weil sich die Hauptakteurinnen mit der Situation arrangiert haben und im wesentlichen mit ihr einverstanden sind. Mütter bewerten im Gegensatz zu ihren Partnern ihre privaten Verpflichtungen mindestens ebenso hoch wie berufliche Ziele – und bremsen so eigenhändig ihren Karriereweg in der mittleren Lebensphase. Birgit Geissler (1998) beschreibt in ihren empirischen Studien, wie der weibliche Bezug zur Erwerbsarbeit mit der Geburt eines Kindes deutlich nachlässt; die private Fürsorgearbeit rückt in dieser Lebenssituation stark in den Vordergrund. Frauen bezahlen für ihr Verhalten mit geringeren Chancen am Arbeitsmarkt, nehmen sich aber dennoch „auch in der Familienphase als eine Frau mit einem Beruf wahr, nicht als Hausfrau" (S. 123).

Selbstwahrnehmung und tatsächliches Verhalten liegen weit auseinander. Die seit fünfzig Jahren im Kern unveränderten familienpolitischen Regelsysteme der Adenauer-Zeit bringen die Frauen in die Bredouille; sie zwingen die Mütter fast dazu, für Jahre aus ihrem Beruf auszusteigen und danach nur halbherzig wieder einzusteigen. Beharrlich hält sich aber auch in den Köpfen der Frauen selbst das alte weibliche Ideal, zumindest in der Kleinkindphase „nicht arbeiten zu gehen" – nur so hat der Nachwuchs angeblich optimale Entwicklungschancen. Nur halbherzig nutzen Mütter die Gelegenheiten, die der Umbruch in der Arbeitswelt ihnen bietet. In den ersten Jahren wollen sie überwiegend ganztags bei ihren Kindern sein, sie nicht „abschieben" und „in fremde Hände geben". Wo das traute Heim zur alleinigen Quelle des Heils erklärt wird, kann „Fremdbetreuung" nur zweite Wahl sein – ein Notbehelf, den karrierefixierte Rabenmütter und sozial minderbemittelte Schichten in Anspruch nehmen. „Die Skepsis der deutschen Mutter gegenüber der Kinderkrippe ist grenzenlos, und nur eine verschwindende Minderheit glaubt, dass die Betreuung in einem Ganztagskindergarten positive Impuls geben kann", stellt Barbara Vinken fest. Sie fragt süffisant, warum „französische, dänische und italienische Kinder als Erwachsene so schrecklich normal und nicht allesamt als krippengeschädigte Bindungsunfähige herumlaufen" (S. 19).

Dass der Nachwuchs am optimalsten nicht im öffentlichen Raum, sondern in der Privatheit der eigenen vier Wände gedeiht, ist eine spezifisch deutsche Vorstellung. Die „ecole maternelle" als staatliches Angebot der Kinderbetreuung ist in Frankreich quer durch alle sozialen Milieus akzeptiert. Am intensivsten, darauf weist Vinken hin, werden die Krippen „von den privilegierten Schichten im Pariser Raum", also von hochqualifizierten Eltern genutzt. Diese glauben offenbar nicht, dass „das Glück der Welt in einer mindestens dreijährigen, durch nichts zu störenden Mutter-Kind-Symbiose liegt, die idealerweise bis zum sechsten Jahr mindestens ausgedehnt werden sollte". Der öffentliche Hort hat jenseits des Rheins keineswegs das negative Stigma eines Ortes, „an dem die Kinder von wenig liebenden und sozial unterprivilegierten Müttern abgestellt werden" (S. 59f.). Die einst gegen die Staatsidee der Französischen Revolution gerichtete deutsche Ideologie der Mütterlichkeit liegt nicht in der Natur der Sache, sondern ist historisch gewachsen. Die Vorstellung, weibliche Erwerbsarbeit könnte dem Nachwuchs schaden, wird auch deshalb zunehmend fragwürdig, weil im Vergleich zu früheren Generationen viel weniger Kinder pro Familie zu erziehen sind. Parallel dazu ist die weibliche Lebenserwartung immer weiter gestiegen: Noch im Jahre 1900 verstarben die meisten Mütter, bevor ihr letztes Kind in die Pubertät kam. Heute lebt eine durchschnittliche Frau nach der Erziehungsphase noch gut 30 Jahre ohne ihren Nachwuchs. Muttersein ist keine lebenslange Aufgabe mehr.

Alternative Modelle von geteilter Elternschaft, die Paare über einen längeren Zeitraum praktizieren, bleiben bislang Experimente von Minoritäten. Dass insgesamt von einer Rollenumkehr keine Rede sein kann, liegt nicht nur an den unwilligen Vätern. Männer stehen der öffentlichen Betreuung und Erziehung meist aufgeschlossener gegenüber als ihre Partnerinnen. Wo nur die deutsche Mutter weiß, was ihrem Kind wirklich gut tut, ist eine ernsthafte Beteiligung von Vätern an der Familienarbeit ebenso wenig erwünscht wie die Delegation von Versorgungsaufgaben an Dritte oder außerhäusige Institutionen. So spiegelt sich der Wandel in der Arbeitswelt, der theoretisch zu einem weiblichen Gewinn an Status- und Einkommen führen könnte, in der Praxis des Erwerbslebens nur abgeschwächt wider.

4.2 Die zentrale Bedeutung kürzerer Arbeitszeiten

4.2.1 Teilzeit als männliches Tabu

Voll-Beschäftigung im Sinne männlicher Normalarbeit hat es für beide Geschlechter (zumindest im alten Bundesgebiet) nie gegeben – und das wird in absehbarer Zeit auch so bleiben. Nur die Umverteilung von Arbeit, einst gewerkschaftliche Praxis, heute meist Lippenbekenntnis, kann dieses Dilemma auf dem Arbeitsmarkt lösen. Auf eine simple Formel gebracht: Frauen können nur dann mehr arbeiten, wenn Männer weniger arbeiten. So besehen ist Arbeitszeitverkürzung keine verstaubte Parole, sondern ein sehr modernes Konzept – zum Abbau von Arbeitslosigkeit, aber auch zur Herstellung von mehr Geschlechtergerechtigkeit.

Die volkswirtschaftliche Rechnung scheint einfach: Würde man die vorhandene Arbeit auf alle Arbeitsuchenden verteilen, wäre das Ergebnis die 32-Stunden-Woche. Theoretisch existiert ein beträchtliches Potential, Arbeit anders zu organisieren. Nahezu ungebrochen wirkt aber das Dogma, dass die Erwerbsgesellschaft nur mit überengagierten Vielarbeitern funktioniert. Die sich in jüngster Zeit auch in Gewerkschaftskreisen häufenden Appelle an „Gutverdiener", freiwillig auf ein bestimmtes Quantum an Erwerbsarbeit zu verzichten, sind bisher auf wenig Resonanz gestoßen – schon deshalb, weil Unternehmen auf solche Angebote in der Vergangenheit selten mit Neueinstellungen, aber umso häufiger mit weiterem Personalabbau reagiert haben.

Reduzierte Arbeitszeiten sind gerade für männliche Arbeitnehmer ein Tabu. Das beginnt schon bei der Abwehr von Begriffen: „Teilzeit" gilt als unmännlich, das Wort klingt in Männerohren nach halber Portion, Frauenarbeit, Versagertum und Ausstieg (Döge 2000, S. 21). Unternehmenberater haben den negativ besetzten Ausdruck durch „Wahlarbeitszeit" ersetzt; die Arbeitsämter sprechen von „Mobilzeit". Das assoziiert persönliche Souveränität und Gestaltungsspielräume, doch der selbst gewählte Umgang mit Zeit ist bisher nur eine Option für kleine Minderheiten unter den hochqualifizierten Arbeitnehmern. Fabrikarbeiter dagegen werden in Absatzkrisen ohne große Rücksprache auf eine geringere Stundenzahl gesetzt. In ihrer „Kurzarbeit" sehen die so hin und her Geschobenen keine persönliche oder gar gesellschaftliche Chance.

Formal ist jedes Arbeitsverhältnis unterhalb der tariflich geregelten 35 oder 38 Wochenstunden eine Beschäftigung in Teilzeit. Im öffentlichen

Dienst werden inzwischen viele Stellen auch mit reduzierter Stundenzahl angeboten. Mit aufwendigen Informationskampagnen wirbt die Bundesregierung seit langem dafür, dass auch private Unternehmen neue Konzepte ausprobieren. Halbtags-, Zweidrittel- und Dreiviertelstellen, Jobsharing, Zeitkonten, kürzere Lebensarbeitszeit, Erziehungspausen, Bildungsurlaub, gleitender Ruhestand: Modelle gibt es genug; in den Betrieben aber bewegt sich trotz einzelner positiver Beispiele relativ wenig.

„Es geht nicht an", schrieb der Berliner Wirtschaftswissenschaftler Burkhard Strümpel schon Ende der achtziger Jahre, „dass sich die Sozialpartner nur über die Größe der Standardpackung Arbeit und über ihren Preis verständigen. Die stummen Dritten, die Arbeitslosen und Überbeschäftigten, sind an der Aufschnürung des Pakets interessiert. Ihre Interessen sind mitzuverhandeln" (Strümpel 1988). Aufschnüren wollen das Paket vor allem jene Frauen, die sich nicht mit der Rolle der Hausfrau und Mutter zufrieden geben möchten; festschnüren wollen es manche Personalchefs, aber auch Familienväter mit traditionellen Lebensentwürfen. Am Beispiel der Arbeitszeitpolitik im VW-Konzern wird dies im folgenden erläutert.

4.2.2 Das VW-Experiment als Laboratorium neuer Arbeits- und Lebensstile

Ein Modell des Volkswagen-Konzerns machte Mitte der neunziger Jahre in der Arbeitzeitpolitik Furore. Der Vorschlag des VW-Vorstands kam überraschend: Zuvor hatten die Arbeitgeber die von der Industriegewerkschaft Metall durchgesetzte 35-Stunden-Woche als „Jahrhundertfehler" angeprangert, Verbandsfunktionäre für die Rückkehr zu 40 Wochenstunden oder mehr getrommelt; Bundeskanzler Helmut Kohl sekundierte mit dem Unwort vom „kollektiven Freizeitpark". Plötzlich aber brachte das Management eines großen deutschen Unternehmens die Vier-Tage-Woche ins Gespräch; in eine festgefahrene Debatte kam Bewegung.

Auslöser waren die ökonomischen Probleme der Automobilindustrie: VW litt unter massiven Absatzproblemen. 30 000 Mitarbeiter, fast ein Drittel der Belegschaft, schienen wegen der schwachen Nachfrage nach Autos eigentlich überflüssig. Statt sie zu entlassen, führte Volkswagen in allen deutschen Werken 1994 die 28,8-Stunden-Woche ein. Die Arbeitszeit wurde um 20, der Lohn um gut 10 Prozent gekürzt. Mehr Zeit, aber auch weniger Geld, lautete die Quintessenz der zwischen Betriebsrat und Konzernvorstand ausgehandelten Vereinbarung. Noch wenige Jahre früher wäre eine solche Regelung undenkbar gewesen. Gewerkschafter lösten sich von ihrem starren Dogma, reduzierte Arbeitszeiten nur bei gleichbleibendem Lohn zuzulassen. Umgekehrt gestanden zumindest Vorreiter wie die VW-Manager zu, dass Teilzeitmodelle Arbeitslosigkeit vermeiden können – eine Tatsache, die die meisten Unternehmer bis heute leugnen.

In der gewerkschaftlichen Debatte über Fragen der Arbeitszeit steht in der Regel der Aspekt der „Beschäftigungssicherung" im Vordergrund. Die wissenschaftliche Auswertung des „VW-Modells" hat indes gezeigt, dass es um viel mehr geht: um Elemente eines anderen Lebensstils, der sich den Anforderungen der Erwerbsarbeit nicht hundertprozentig unterwirft, sondern eigenwillige Akzente setzt. Wie in einem Laboratorium ließen sich vor allem in der „Company Town" Wolfsburg, aber auch an den anderen VW-Standorten wie Emden, Hannover, Braunschweig und Kassel die Folgen kürzerer Arbeitszeiten auf den Alltag studieren (vgl. dazu vor allem Jürgens/Reinecke 1998).

Nie zuvor hatte ein Großunternehmen Arbeitszeit so drastisch gekürzt und in einem solchen Ausmaß umverteilt wie Volkswagen. Die Beschäftigten ließen sich auf Arbeitszeitverkürzung mit nur teilweisem Lohnausgleich ein, obwohl diese Idee für Gewerkschafter und Betriebsräte jahrzehntelang ein Tabu darstellte. Am Brutto-Monatslohn eines VW-Montagearbeiters von damals gut 4000 Mark änderte sich nichts; die Arbeitnehmer verzichteten auf Sonderzahlungen und zusätzliche Urlaubsgelder. Vergleichbare Extras, die als Verhandlungsmasse dienen könnten, existieren bei anderen Firmen allerdings in erheblich geringerem Ausmaß – ein Faktor, der die Übertragbarkeit der so genannten „Volkswagen-Lösung" (Hartz 1994) auf andere Betriebe und Branchen oder gar auf die ganze Gesellschaft fragwürdig erscheinen lässt.

Dennoch stieß das VW-Modell auf große öffentliche Resonanz: Immerhin war es gelungen, in einer schwierigen wirtschaftlichen Lage Entlassungen zu vermeiden und stattdessen eine konsensfähige Alternative auszuhandeln. Ein Novum war zudem, dass der Betriebsrat die Zeitreduktion als positive Strategie verkaufte – obwohl die Mehrheit der eigenen Klientel sie als Degradierung empfand. Die Utopie einer anderen Arbeitsteilung zwischen den Geschlechtern allerdings lag den Verhandlungsführern fern. Die kürzeren Arbeitszeiten interpretierten sie als Krisenmanagement ohne emanzipatorischen Hintergrund. Knapp 29 Wochenstunden bedeuteten zwar den Abschied vom Dogma der Normalarbeit, doch es ging bei ihrer Durchsetzung zunächst nicht um neue Partnerarrangements im Privatleben. Sie sind, wenn überhaupt, Begleiterscheinungen, unverhoffte Konsequenzen eines Notprogramms.

Die griffige Formel von der Vier-Tage-Woche war dabei nur eine von zahlreichen Varianten. Anfangs existierten bei VW bis zu 150 verschiedene Modelle, die Arbeitszeit anteilig zu reduzieren. Die Mehrheit der VW-Angestellten zum Beispiel kam tatsächlich nur noch an vier Tagen pro Woche ins Werk; sieben Stunden und zwölf Minuten betrug die tägliche Arbeitszeit. Um die Präsenz des Unternehmens im Umgang mit Lieferanten oder Vertriebsniederlassungen nicht zu gefährden, wechselten sich die Arbeitnehmer bei den freien Tagen ab; auch am Freitag herrschte deshalb in den Büros keine gähnende Leere. Die rund 25 000 Mitarbeiter in der Wolfsburger Autoproduktion kamen weiterhin fünfmal wöchentlich ins Werk. Für sie verkürzte sich dafür die tägliche Arbeitsdauer auf fünf Stunden und 46 Minuten. Die Randzeiten wurden gestrichen: Statt um halb sechs begann etwa die Kabelstrangfertigung erst um sieben Uhr morgens, die Spätschicht endet um 19 Uhr und nicht mehr um 20 Uhr 30.

So mancher VW-Beschäftigte hetzte früher mitten in der Nacht an seinen Arbeitsplatz. Berufspendler, die um drei Uhr morgens aufstehen mussten, um rechtzeitig zum Beginn der Frühschicht um 4 Uhr 20 präsent zu sein, waren im ländlichen Ostniedersachsen keine Seltenheit. Bis kurz vor fünf „auszuschlafen", entsprach für viele Arbeitnehmer fast schon dem „biologischen Rhythmus". Sie fühlten sich tagsüber körperlich fitter und erlebten ein Stück neue Lebensqualität. Ebenso erlebten Familien als spürbare Verbesserung, dass sie plötzlich abends zusammen essen konnten, weil die Spätschicht früher zu Ende war. Kinder, die ihren Vater bisher fast nur am Wochenende kannten, erlebten ihn jetzt auch an Werktagen. Die Soziologin Kerstin Jürgens hebt solche positiven Auswirkungen der neuen Zeitregelungen auf den privaten Lebensstil hervor. Die Forschungsergebnisse zeigen für sie, „dass erst die Erfahrung mit einer verlässlich kürzeren Arbeitszeit, deren Lage die Präferenzen der Beschäftigten berücksichtigt, die anfängliche Skepsis gegenüber der Vier-Tage-Woche ablöste und Freizeit und Erwerbsarbeit in ein neues Verhältnis rückte" (Jürgens 2002, S. 114).

Diese positive wissenschaftliche Interpretation leugnet nicht die Widerstände vor allem männlicher Arbeitnehmer gegen das VW-Modell. Für die meisten Beschäftigten stand im Vordergrund, nicht entlassen zu werden;

zugleich aber spürten sie auch den Einkommensverlust. Schon bald nach der Einführung der verkürzten Arbeitszeiten schrieben regionale Zeitungen über eine Zunahme der Schwarzarbeit in der Umgebung der Volkswagen-Werke: Autoarbeiter würden sich zu Dumpinglöhnen verdingen oder Kollegen bei der Renovierung ihres Eigenheims helfen. Die aufgebauschten Medienberichte machten Stimmung gegen die solidarische Lösung einer Arbeitsumverteilung, sie waren aber dennoch symptomatisch für die Stimmung eines Teils der Belegschaft, der möglichst schnell zur Vollzeitstelle zurückkehren wollte (vgl. ausführlich Jürgens/Reinecke 1998).

4.2.3 Blockaden

Der gesellschaftliche Druck, konform mit traditionellen Rollen zu leben, ist nach wie vor enorm. Es braucht viel Selbstbewusstsein, in der männlichen Arbeitskultur abweichendes Verhalten zu zeigen. Wer nicht richtig funktioniert, keine Überstunden macht oder demonstrativ früher geht, gilt schnell als Außenseiter. Gerade männliche Arbeitnehmer scheuen die Risiken, die damit verbunden sind, im Unternehmen eine ausgeprägte private Orientierung offen zu vertreten. Viele Vorgesetzte messen Leistung immer noch an betrieblicher Präsenz und weniger an Arbeitsergebnissen. „Karrieren werden nach 17 Uhr entschieden" kriegt zu hören, wer genau dann endlich gehen will. Wer freiwillig auf einen (über)vollen Job und das entsprechende Gehalt verzichtet, macht sich verdächtig. Untersuchungsergebnisse, die Teilzeit-Mitarbeiter für besonders leistungsfähig erklären, werden schlicht ignoriert. Im Kern geht es nicht um Betriebswirtschaft, sondern um Psychologie: Die Unternehmensleiter betrachten es fast als erzieherische Aufgabe, ihre Erwerbsorientierung als Kern persönlicher Identität an die jüngere Generation weiterzugeben (vgl. Dellekönig 1995).

Vor allem unter den leitenden Mitarbeitern ist die Versuchung nach wie vor groß, Leistung an der Zahl der Stunden zu messen, die die Füße unter dem Schreibtisch ruhen. Kürzere Arbeitszeiten und Teilzeitmodelle lösen bei ihnen das Gefühl aus, ersetzbar zu sein – sie sehen sich in ihrer beruflichen Kompetenz bedroht. Vor allem bei den außertariflich bezahlten Jobs gilt ungebrochen die Devise: Hauptsache, bei mir brennt abends noch Licht, Hauptsache, ich bin länger als die anderen im Büro. Die Verdiener in den höheren Gehaltsgruppen werten kürzere Arbeitszeiten als sozialen Abstieg und Karriereknick. Wer freiwillig seine Arbeitszeit reduzieren will, ist ein

Verweigerer, im günstigeren Fall ein belächelter Exot. Vorgesetzte erwarten von ihren führenden Mitarbeitern vollen Einsatz. Wer sich seine Position durch überlange Arbeitszeiten mühsam erkämpft hat, stellt hohe Ansprüche an die Anwesenheitsdisziplin seiner Untergebenen. Überstunden gelten als Zeichen von Unentbehrlichkeit, Loyalität und Identifikation mit dem Unternehmen. Neider schließen Teilarbeiter bewusst oder unbewusst aus betriebsinternen Netzen und Kommunikationszirkeln aus. Manchen Personalmanagern ist kein Argument zu billig, um es nicht gegen persönliche Zeitsouveränität einzusetzen: Mehr Verwaltungsaufwand in den hauseigenen Computerprogrammen, zusätzliche Schreibtische oder Kantinenessen, mehr Firmenparkplätze oder gar mehr Toiletten führt er als gravierende Hindernisse an.

Die Deutschen müssten nicht weniger, sondern mehr arbeiten, wiederholen die Sprecher der Industrieverbände seit Jahren. Die Erfahrungen bei Volkswagen haben dieses Argument zeitweise entkräftet – auch wenn das „VW-Modell" mittlerweile in flexible Konzepte einer „atmenden Fabrik" (Hartz 1994) integriert wurde und für viele Arbeitnehmer zu wieder längeren Arbeitszeiten geführt hat. Immerhin wurde in Wolfsburg und anderswo der Nachweis geführt, dass durch kürzere Arbeitszeiten Stellen erhalten bleiben können. Die Firmenchefs aber träumen weiter von „Olympiamannschaften", wie sie im Gewerkschafterjargon ironisch genannt werden: von verkleinerten Belegschaften mit jungen Leuten, die möglichst lange schuften wollen. Die Manager ignorieren die eindeutigen Ergebnisse von Untersuchungen, die nachgewiesen haben, dass Teilzeitbeschäftigte besser ausgeruht und deshalb leistungsfähiger sind (Dellekönig 1995). Die Firmen haben wenig Interesse an neuen Zeitmodellen, mit denen sie lediglich den individuellen Wünschen ihrer Beschäftigten entgegenkommen. Denn daraus ergeben sich keine profitablen Vorteile, im Gegenteil: Es entstehen, so wird zumindest argumentiert, zusätzliche Belastungen.

Die platte These, Teilzeit wäre teurer, lässt sich im Detail meist widerlegen. In der Erprobungsphase eines neuen Modells mögen tatsächlich höhere Kosten für das Umschreiben von Stellenplänen oder die Entwicklung neuer Schichtdienste anfallen. Höherer Raumbedarf, zusätzliche Sozialversicherungsbeiträge, Fahrtkostenbeihilfen und betriebliche Zusatzleistungen sind weitere Punkte, die Unternehmen in diesem Zusammenhang anführen. Vorgesetzte verstecken sich hinter organisatorischen Problemen: Gibt es überhaupt einen Kollegen mit vergleichbarem Aufgabengebiet, der seine Stundenzahl ebenfalls vermindern will? Braucht jeder Teilzeitarbeiter einen eigenen Schreibtisch? An welchem Wochentag, zu welcher Stunde kann überhaupt noch eine Bürokonferenz stattfinden? Trotz begrenzter Anwesenheit lassen sich Reibungsverluste durchaus vermeiden. Zwei Arbeitsplatzpartner können zum Beispiel verpflichtet werden, an bestimmten Terminen oder Wochentagen gemeinsam präsent zu sein, damit der gegenseitige Informationsaustausch gesichert ist. Die Bildung kleiner Teams ist eine weitere Möglichkeit: Aus zwei Jobs lassen sich auf diese Weise drei machen, aus drei Stellen vier.

Selbst wenn die Verfechter der Unentbehrlichkeit es nicht wahr haben wollen: Auch Leitungspositionen sind mit etwas Fantasie durchaus teilbar und reduzierbar. „Halbe Chefs" müssen nicht zwangsläufig zu „halben Portionen" degradiert werden, zeitfressende Sitzungs- und Abstimmungsrituale lassen sich auch anders organisieren. Anwesenheitswahn, stundenlange Arbeitsessen und Zeitabsitzen bis in die Abendstunden hinein sind wenig effektiv. Aussagen wie „Diese Stelle ist nicht teilbar" sind das Ergebnis eingefahrener Denkmuster. Natürlich entstehen manchmal Kommunikationsschwierigkeiten – etwa, wenn ein Arbeitnehmer morgens jemanden anruft, darüber keine Notiz macht und seine Kollegin am Nachmittag dem verwunderten Gesprächspartner die gleiche Bitte noch mal vorträgt. Modelle wie Job-Sharing erfordern zusätzliche Abstimmungsarbeit, sind aber auch nicht so kompliziert wie immer behauptet wird. Die Terminkoordination zwischen Teilzeitlern in Leitungspositionen kann mühsam werden, stellt aber kein grundsätzliches Hindernis dar. Anderswo mag es technische Barrieren geben, etwa wenn sich langwierige Versuchsanordnungen in der chemischen Industrie nicht mit dem Vier-Stunden-Tag der Laborantin vereinbaren lassen – Blockteilzeit, also die Arbeitszeit etwa von Montag bis Mittwoch, kann dann eine Lösung sein. Auch die eigentliche Produktion, ob Vollkonti-Arbeitsplatz oder Fließbandjob, lässt sich zeitlich umstrukturieren. Wenn es alle Beteiligten wirklich wollen, dann werden aus drei Schichten mit acht Stunden eben vier Schichten mit sechs Stunden.

Dass manche Unternehmer am liebsten wie in frühindustriellen Zeiten jeden Mitarbeiter 60 Stunden oder mehr schuften ließen, mag noch verständlich sein. Woher aber kommen die Blockaden auf Seiten der Arbeitnehmer? Auch die Gewerkschaften bevorzugten in der Vergangenheit starre Modelle. Sie ließen in Sachen Arbeitszeit lange nur zwei Varianten zu: die allgemeine Verkürzung bei vollem Lohnausgleich und die Teilzeitarbeit für „hinzuverdienende" Frauen. Freiwilliger Einkommensverzicht zugunsten von Zeitwohlstand blieb den Arbeitnehmerorganisationen fremd. Dies, so hieß es lange Zeit, höhle mühsam erkämpfte kollektive Schutzrechte aus und untergrabe die Solidarität der Beschäftigten untereinander. Gewerkschafter assoziieren mit unkonventionellen Arbeitszeitmodellen gerade in Krisenzeiten Druck von oben. Schließlich ist es die Firmenspitze, die Kurzarbeit, und damit nichts anderes als eine subventionierte Form der Arbeitszeitverkürzung ohne Lohnausgleich verordnet. Die Führungsetage ist es auch, die Müttern eine Abfindung anbietet, damit sie auf ihre Rückkehrgarantie verzichten. Oder das Management offeriert gar einen Monat oder auch ein ganzes Jahr süßes Nichtstun – ohne Lohn, versteht sich. Manche Betriebsräte oder Vertrauensleute sind so darauf fixiert, ihre Belegschaft vor derartigen Formen unternehmerischer Willkür zu schützen, dass sie die Chancen neuer Zeitmodelle für den einzelnen Arbeitnehmer aus dem Blick verlieren.

Die Sozialwissenschaftlerin Ingrid Kurz-Scherf (1994) fordert schon lange eine „Reform des Normalarbeitsverhältnisses". Sie schlägt vor, das Prinzip der individuellen Zeitsouveränität in Tarifverträgen zu verankern. Ähnlich argumentierte bereits in den achtziger Jahren Helmut Wiesenthal (1985, S. 19), der dem einzelnen Arbeitnehmer ein „Recht auf selbstbestimmte Wenigerarbeit" verschaffen wollte: „Das wäre sozusagen ein Pendant zu den so selbstverständlichen Ansprüchen des Arbeitgebers auf Mehrarbeit." Der Soziologe sah Wünsche nach flexiblen Arbeitszeiten „falsch interpretiert, wenn man in ihnen eine dauerhafte, im Lebenslauf stabil bleibende Neigung erblickt, unter jedweden Umständen weniger als 'normal' zu arbeiten" (ebd.)

Das Teilzeitgesetz der rotgrünen Bundesregierung aus dem Jahre 2001 hat die Möglichkeiten des einzelnen Arbeitnehmers, seine Stundenzahl zu variieren, verbessert. Allerdings beschränkt sich die neue Regelung auf Unternehmen mit mehr als 15 Beschäftigten. Unter dem Druck betrieblicher Frauenförderprogramme haben sich in den letzten Jahren deutlich mehr Firmen zu Teilzeitangeboten durchgerungen. Aber fast nur weibliche Beschäftigte nehmen sie auch in Anspruch; Männer interessieren sich selten für die Möglichkeit freiwilliger Arbeitszeitverkürzung, wenn diese zugleich mit Lohnverzicht verbunden ist. Die solidarische Umverteilung von Arbeit hat bei VW offenbar nur deshalb funktioniert, weil sie zwangsweise verordnet wurde. Ihre Übertragung auf die ganze Gesellschaft scheint vorerst Illusion.

4.2.4 Zeitpioniere und „Müßiggangster"

Als die jüdische Philosophin Hannah Arendt Ende der vierziger Jahre das Land bereiste, das sie einst vertrieben hatte, fiel ihr der „deutsche Zwang" auf, „dauernd beschäftigt zu sein". In ihrem 1958 erschienenen Klassiker „Vita activa" beschreibt sie das „gierige Verlangen, pausenlos an etwas zu hantieren". Leute, die gegen Bezahlung arbeiten, heißen auf deutsch Beschäftigte; wer voll beschäftigt ist, kommt nicht auf abwegige Gedanken. Voll-Beschäftigte tummeln sich nicht im „kollektiven Freizeitpark", den der frühere Bundeskanzler Helmut Kohl einst als Schreckensbild bemühte, um vor kürzeren Arbeitszeiten zu warnen. Aber auch sein Nachfolger Gerhard Schröder wandte sich gegen „Glückliche Arbeitslose" (Paoli 2002) und betonte mit drohendem Unterton, dass es kein „Recht auf Faulheit" gebe.

Klagen über fehlende Leistungsbereitschaft gehören seit langem zum Standardrepertoire von Verlautbarungen der Unternehmer. Konservative Leitartikler orakeln über den Verfall der Arbeitsmoral in Deutschland. Als Ursache haben sie den Wertewandel in der „Erbengeneration" ausgemacht: Vor allem ein Teil der jüngeren Generation artikuliert parallel zu höheren Ansprüche an Inhalte und Bedingungen ihrer bezahlten Tätigkeit auch ihre nicht materiellen Interessen. In den Unternehmen tauchen, wenn auch bisher nur vereinzelt, Störenfriede auf, die sich im bewussten Bruch mit der althergebrachten industriellen Arbeitsethik zeitliche Freiräume verschaffen wollen. Sie setzen alles daran, zumindest für sich persönlich flexible und vor allem kurze Arbeitszeiten durchzusetzen.

Ernsthafte Sorgen brauchen sich die Kommentatoren der Wirtschaftsblätter allerdings nicht zu machen. Die Appelle, männliche Arbeitnehmer auf freiwilliger Basis von geringeren Arbeitszeiten (bei entsprechend niedriger Entlohnung) zu überzeugen, haben bisher wenig gefruchtet. Nahezu unverändert gilt die Feststellung, die Wolfgang Prenzel von der Forschungsstelle Sozialökonomik der Freien Universität Berlin schon vor über zehn Jahren machte: „Es sind vor allem jüngere, im tertiären Sektor und im öffentlichen Dienst beschäftigte Männer mit relativ hohem Bildungsstand, die zu einer Abkehr von der traditionellen männlichen Berufszentriertheit bereit sind" (Prenzel 1990, S. 106).

Unter dem Titel „Zeitpioniere: Flexible Arbeitszeiten – neuer Lebensstil" legte ein Soziologenteam an der Technischen Universität Aachen zur gleichen Zeit eine wegweisende Untersuchung vor. Die Studie befragte Männer und Frauen, die sich bewusst dem gesellschaftlich vorherrschenden Normalarbeitsverhältnis verweigern. Die Interviewten erlebten ihre Erwerbsarbeit keineswegs nur als notwendiges Übel, sondern bewältigten sie motiviert, leistungsbereit und engagiert. „Zu schnell werden von der Gegenwartsdiagnose die Menschen aus der Arbeits- und Leistungsgesellschaft verabschiedet, der sie doch gar nicht den Rücken kehren, sondern die sie 'nur' anders wollen", schreiben die Autoren (Karl-H. Hörning u.a. 1990, S. 8).

Die untersuchten „Zeitpioniere" legten Wert darauf, sich nicht nur von Vollerwerbstätigen, sondern auch von herkömmlichen Teilzeitbeschäftigten abzugrenzen. Die Aachener Studie spricht von „Zeitkonventionalisten", wenn es leicht fällt, den Anlass für ihre Halbtagsstelle in knapper Form zu schildern: „Ich habe eine kleine Tochter, und dann ist es meiner Meinung nach auch nötig, weniger zu arbeiten." Das Motiv kann kurz und bündig benannt werden, weil auf gesellschaftlich anerkannte und plausible Begründungsmuster zurückgegriffen wird (S. 61). Anders sind die Beweggründe der Zeitpioniere: Sie wenden sich grundsätzlich dagegen, dass die berufliche Tätigkeit ihr Leben vollkommen strukturiert: Der Zeitpionier reduziert nicht, weil er andere Pflichten außerhalb seiner Erwerbsarbeit übernehmen will oder muss. Vielmehr werden seine Erfahrungen mit der Norm, mit einer von Arbeit vollgestopften Woche und deren Folgen für die Lebensgestaltung selbst zum Motiv: „Ich wollte einfach mehr Zeit für mich haben. Persönlich habe ich mehr davon, wenn ich weniger arbeite." (ebd.).

Als Vertreter einer „Gleichgewichtsethik" charakterisiert die Berliner Untersuchung die freiwilligen Teilzeit-Männer: Es handelt sich um „Leute, für die materielle Bestrebungen wie 'Beruflichen Erfolg haben', 'Ein eigenes Haus haben', 'Sich etwas leisten können' fast ohne Bedeutung sind" (Prenzel 1990, S. 107). Den Zeitpionieren geht es nicht nur um eine andere Arbeitsteilung zwischen Männern und Frauen, Müttern und Vätern, sondern um eine Neubewertung von bezahlter Arbeit und freier, unverplanter Zeit. Das Motiv für verkürzte Berufstätigkeit kann eben auch sein, einfach dem Müßiggang zu frönen. An den meisten Arbeitsplätzen stößt diese hedonistische Haltung auf Hindernisse und Ressentiments. Von Missgunst und Skepsis unter den Kollegen berichten die Befragten in beiden Studien. Kurze Arbeitszeiten und ausgeprägte Freizeitorientierung, so die einhellige Schilderung, wirken provozierend und lösen bei den Arbeitskollegen bisweilen Aggressionen aus. In der Auseinandersetzung um kürzere Arbeitszeiten prallen Lebenskonzepte aneinander, es entwickelt sich ein kultureller Konflikt. Gerade den Männern gelingt es selten, eine glaubwürdige Begründung zu liefern, warum sie weniger arbeiten. Im Gegensatz zu Frauen mit kürzeren Arbeitszeiten fehlen ihnen gesellschaftlich anerkannte Rollenzuweisungen für die erwerbsarbeitsfreie Zeit.

Die Einstellung zur Erwerbsarbeit ist in vielen Unternehmen ein wichtiger Bestandteil des heimlichen Lehrplans. Viele Vorgesetzte interpretieren den Wunsch, weniger zu arbeiten, als Ausdruck von Unzufriedenheit oder mangelnden Engagements: Mitarbeiter, die sich nicht voll auf ihre Arbeit einlassen, die signalisieren, dass ihnen andere Lebensbereiche wichtiger sind, werden misstrauisch beäugt. Häufig geht es bei den konkreten Auseinandersetzungen im Betrieb nur am Rande um die praktischen Probleme einer geringeren Präsenz am Arbeitsplatz. Viel bedrohlicher scheint die demonstrative Distanz zur bezahlten Tätigkeit, das mögliche Aushöhlen einer strengen (Arbeits)Moral.

Zeitpioniere sind in der Regel besser bezahlte Arbeitnehmer. Sie beziehen ein mittleres oder höheres Einkommen und haben meist niemanden finanziell zu versorgen. Die Aachener Studie basiert mehrheitlich auf Interviewpartnern aus der Mittelschicht mit einem deutlichen Schwerpunkt bei den Dienstleistungsberufen. Die nicht repräsentative Stichprobe der Untersuchung ändert aber nichts an ihrem Stellenwert für die Analyse eines Wertewandels: „Wir sind der Meinung, dass sich im Lebensstil der Zeitpioniere weitreichende Umbrüche andeuten" (Hörning u.a. 1990, S. 11). Zeitsouveränität steht in diesem Kontext für eine andere Art zu leben, die sich den Ansprüchen der Erwerbsgesellschaft nicht bedingungslos unterwirft, sondern versucht, eigensinnige Akzente zu setzen. Indem sie den Acht-Stunden-Tag ablehnen und sich den festgelegten täglichen Zeitschemata widersetzen, durchlöchern die Zeitpioniere die seit der Frühindustrialisierung fast unumstrittene protestantische Leistungsethik.

Die sich neuerdings vor allem im Osten Deutschlands artikulierenden „Glücklichen Arbeitslosen" (Paoli 2002) gehen einen Schritt weiter. Ihre ironische Selbstdefinition als „Müßiggangster" knüpft an die Überlegungen des französischen Sozialisten Paul Lafargue an, der schon im 19. Jahrhundert ein „Recht auf Faulheit" proklamierte. „Wenn die Arbeiterklasse sich das Laster, welches sie beherrscht und ihre Natur herabwürdigt, gründlich aus dem Kopf schlagen und sich in ihrer furchtbaren Art erheben wird, nicht um das 'Recht auf Arbeit' zu proklamieren, das nur das Recht auf Elend ist, sondern um ein ehernes Gesetz zu schmieden, das jedermann verbietet, mehr als drei Stunden pro Tag zu arbeiten, so wird die alte Erde, zitternd vor Wonne, in ihrem Inneren eine neue Welt sich regen fühlen" (zitiert nach: Ernst Benz 1974).

Lafargues Vorschlag, nur wenige Stunden täglich zu arbeiten, erschien den sich schindenden Bergleuten oder Stahlkochern des frühen Industriezeitalters wie blanker Hohn. Erst heute, fast hundertfünfzig Jahre später, können sich gut bezahlte Minderheiten unter den Beschäftigten erlauben, zumindest teilweise aus der Erwerbsgesellschaft auszusteigen.

4.2.5 Wandel der Arbeitsethik?

Erst die Arbeit, dann das Vergnügen: Die Klage darüber, dass das protestantische Ethos zerbröselt, beschränkt sich keineswegs auf das konservative Milieu. So kritisiert der frühere SPD-Politiker Peter Glotz die „Haltung, dass junge Leute den Aufstieg verweigern, sich statt Gehaltserhöhung lieber für längere Freizeit entscheiden, ihre ganzen Stellen lieber in Zweidrittelstellen verwandeln und bewusst die Arbeitstugenden des Industrialismus abstreifen" (1999, S. 127). Eine wachsende Zahl von Menschen, seufzt Glotz, verweigere sich der „Nanosekunden-Kultur". Das führe zu heftigen Konflikten um die „richtige Lebensweise", zwischen Geschwindigkeitsfanatikern und hedonistischen Entschleunigern. Er selbst bekennt sich zur Beschleunigung, denn er kämpfe „nicht gern gegen Windmühlenflügel". Es sei sinnlos, „gegen ökonomische Gesetzlichkeiten anzugreinen" (S. 11).

Die These von der unversöhnlichen Gegensätzlichkeit der Lebensstile beruht auf einem Denkgebäude, das die Welt in schwarz und weiß einteilt. Doch es macht keinen Sinn, unfreiwillig Ausgegrenzte und freiwillige Aussteiger in einen Topf zu werfen. So eindeutig funktionieren nicht einmal die Gesetze der Ökonomie. Keineswegs zufällig macht in Managementzirkeln das amerikanische Schlagwort „Diversity" die Runde, das die eigenen Mitarbeiter als komplexe, eigensinnige und widersprüchliche Wesen begreift. Kulturelle Risse und Spannungen tun sich an ständig wechselnden Punkten auf, weil eine neue Vielfalt von Einstellungen, Wertorientierungen und Lebensweisen entsteht. Es wird möglich, dass Menschen einerseits die Langsamkeit für sich entdecken, zu anderen Zeiten aber perfekt auf der Klaviatur der schnellen Informationstechnik spielen. Wenn ein Webdesigner nicht vor Mittag an seinem Computer sitzt, weil er meist weit nach Mitternacht ins Bett geht, kann er dennoch äußerst produktiv sein. Auch wer weniger arbeitet als „normal", wer seine Hobbies pflegen oder seine Kinder häufiger sehen will, ist deshalb noch lange kein Verweigerer oder Dienst-nach-Vorschrift-Schieber.

Individualisierung und veränderte Unternehmenskulturen legen die Menschen nicht mehr dauerhaft auf ein bestimmtes Lebensmuster fest. Stabile Erwerbsorientierung und abnehmende Erwerbszentrierung widersprechen sich nicht (Mutz 2001). Es ist möglich, zur gleichen Zeit oder zumindest kurz hintereinander verschiedene Seiten der eigenen Persönlichkeit zu betonen. Man kann drinnen und draußen, schnell und langsam, hoch engagiert, aber auch mal desinteressiert sein. Es ist sogar erlaubt, ohne Arbeit glücklich zu sein – weil es keine allgemein verbindliche Arbeitsmoral mehr gibt. Die Entscheidung für oder gegen einen Job, für ein Leben mit oder ohne Familie, für ein Wohnen in der Großstadt oder in der Provinz, all das wird zum Ausdruck biografischer Phasen und persönlicher Situationen, die sich rasch ändern können. Das schwierige Kunststück besteht darin, trotz der vielen Bewegung die einzelnen Teile seines Lebens im Gleichgewicht zu halten.

Das Industriesystem hat zweihundert Jahre lang versucht, den Balanceakt durch eine klare geschlechtsspezifische Arbeitsteilung aufzufangen. Der Mann wurde auf seine Funktion als Ernährer festgelegt; diese Eindimensionalität bezahlte er mit seiner Randständigkeit im privaten Alltag. Die Erwerbsarbeit des Mannes bestimmte den Wohnort, der Verlauf seiner Berufslaufbahn und die Höhe seines Verdienstes im Idealfall den Zeitpunkt der Familiengründung und die Zahl seiner Kinder. Die Emanzipation der Frauen hat das Gleichgewicht ins Wanken gebracht. Viele Mütter sind nicht mehr ohne weiteres bereit, wegen der Karriere ihres Partners auf eigene beruflichen Interessen zu verzichten. Noch artikuliert nur eine wachsende Minderheit der Väter Unzufriedenheit mit der reinen Zahlpapa-Rolle. Während die klassische Zuschreibung den persönlichen Erfolg ausschließlich auf das Arbeitsleben bezog, wollen diese Männer das private Leben nicht mehr ausklammern: Sie möchten auch jenseits ihres Berufes zufrieden sein.

Mit ihrer Präsenzkultur und ihrem starren Zeitregiment konnten die herkömmlichen Fabrik- oder Bürojobs nur unzureichend auf den Wandel im Verhältnis der Geschlechter reagieren. In der Informationswirtschaft rücken Arbeit und Freizeit wieder stärker zusammen. Handwerkliche Strukturen, die Berufliches und Privates verzahnen, erleben eine Renaissance. Allerdings handelt es sich weiterhin um zwei grundverschieden strukturierte Lebenswelten. Das Tempo der Erwerbsarbeit hat sich in den letzten Jahren nochmals enorm beschleunigt; Fürsorgearbeit dagegen erfordert eine Gelassenheit, die im Job immer weniger zu finden ist. Das Flüchtige und Atemlose der elektronischen Kommunikation passt überhaupt nicht zu der Gründlichkeit und Geduld, die etwa die Pflege eines Säuglings erfordert. Kinder sind meist langsam und bedächtig, wenn sie ihren Interessen folgen; die aufgeregten Global Players aber haben keine Zeit zum Puzzeln oder Memoryspielen. Selbst wenn es den vernetzten Telearbeitern der digitalen Wirtschaft gelingt, öfter zu Hause zu sein: Ihre Sprösslinge spüren sehr genau, ob sie nur physisch anwesend sind.

Wenn Politiker oder Konzernmanager feierliche Ansprachen halten, wollen sie gerne alles miteinander versöhnen: Technikeinsatz und Menschlichkeit, Frauen und Männer, Ökologie und Ökonomie, Beruf und Familie. Sie betonen die Wichtigkeit sozialer Kompetenzen und verweisen auf nahe liegende Lösungen, bei denen angeblich jeder gewinnt. In der Wirklichkeit aber stehen sich Gewinnmaximierung und persönliche Interessen häufig als fundamentale Gegensätze gegenüber. Mit sozialer Kompetenz ist dann weniger ein ganzheitlich orientierter Führungsstil als die Fähigkeit zum aufopferungsvollen Dienen gemeint. Rein betriebswirtschaftlich betrachtet ist niemand so nützlich wie das fügsame Arbeitstier ohne eigene Interessen, das sich voll und ganz dem Wohle seiner Firma verschrieben hat. Jobanforderungen und private Verpflichtungen kollidieren – darüber können auch Vereinbarkeitsrhetorik oder das engagierte Bemühen um Frauenförderung nicht hinwegtäuschen. Elternfreundliche Arbeitszeiten zum Beispiel liegen keineswegs durchgehend im unternehmerischen Interesse: Wo umfassende Beratung und Service rund um die Uhr zu einem wichtigen Marketingfaktor werden, geraten persönliche Bedürfnisse und betriebliche Anforderungen in Widerspruch zueinander.

Trotz der Vielfalt der heutigen Lebensstile dominiert weiterhin eine tradierte Einstellung zur Arbeit, die diese möglichst hektisch abgewickelt wissen will. Schon in der Morgendämmerung sind Autobahnen und öffentliche Verkehrsmittel überfüllt. Direkt nach dem Aufstehen, oft ohne Frühstück, verlassen die meisten Arbeitnehmer das Haus – auch wenn sie nicht in feste Schichtpläne eingebunden sind. Manche Angestellte tauchen freiwillig um sieben Uhr früh in ihren Büros auf; „Gleitzeit" interpretieren sie so, dass sie ihren fremdbestimmten Arbeitsalltag dann schneller hinter sich bringen können. Nach der gleichen Logik werden Kinder in winterlicher Dunkelheit bei Minusgraden in die Schule geschickt – damit diese schon vor dem Mittagessen vorbei ist. Gymnasiasten, so die bildungspolitische Debatte, sollen unbedingt ein Jahr früher Abitur machen – damit sie später nicht abgehängt werden. Nach Jahrzehnten der Maloche will der Stahlkocher frühzeitig in Rente, damit die Plackerei definitiv vorbei ist. Ganz oder gar nicht, lautet seine (aus persönlicher Sicht durchaus verständliche) Devise. Was aber ist das für eine Gesellschaft, die Menschen mit Anfang oder Mitte 50 für unbrauchbar erklärt?

Volle Terminkalender und dichtgedrängte Tagesabläufe signalisieren Unentbehrlichkeit. Kürzere Arbeitszeiten ohne vollen Lohnausgleich sind auch deshalb nicht sonderlich populär, weil sie eine Reduzierung des privaten Konsums nach sich ziehen. Gerade hierzulande wollte nach der Erfahrung des Nationalsozialismus niemand mehr für höhere Zwecke darben. Der Traum vom guten Konsumentenleben zivilisierte die (West)Deutschen – und ließ sie nach amerikanischem Vorbild zu einem Volk von Shoppern werden. Wohlstand definierte sich nach dieser Logik über Geldverdienen und Geldausgeben; doch Unfreiheit, Stress und Arbeitsverdichtung im Erwerbsleben waren der zu zahlende Preis. Kritiker, die mit Priorität für berufliche Autonomie und Zeitsouveränität plädieren, hatten stets einen schweren Stand. „Gut leben statt viel haben" – so nannte es, etwas frömmelnd, die Studie „Zukunftsfähiges Deutschland" (1996), die Wissenschaftler des Wuppertal-Institutes für den Umweltverband BUND und für die katholische Hilfsorganisation Misereor verfasst haben.

Doch Armut hat nichts Nobles, sondern erniedrigt. Das Motto „Weniger ist mehr" kann nur ausgeben, wer das meiste schon hat oder es sich zumindest theoretisch leisten könnte. „Ich find, da ist was dran", schrieb schon Bertolt Brecht in den „Flüchtlingsgesprächen", „dass der sogenannte Materialismus in den besseren Kreisen in Verruf ist, man spricht gern von niedrigen materiellen Genüssen und rät den unteren Klassen ab, sich ihnen in die Arme zu werfen." Brecht fährt ironisch fort: „Ich hab mich oft gewundert, warum die linken Schriftsteller zum Aufhetzen nicht saftige Beschreibungen von den Genüssen anfertigen, die man hat, wenn man hat" (1967, S. 1393).

Die Utopie einer anderen Arbeitsethik und vom einfachen Leben hat stets vor allem die Menschen aus relativ reichen Schichten beschäftigt. Ausgerechnet auf übersättigten Wohlstandsinseln wie dem kalifornischen Silicon Valley haben sich „Kreise der Einfachheit" (simplicity circles) gebildet. Die Privilegierten können wirklich wählen zwischen Zeit und Geld; weil Konten und Portemonnaies gut gefüllt sind, sind sie eher bereit, weniger zu arbeiten und weniger zu verdienen. Das Wuppertal-Institut propagiert in seiner Untersuchung die so genannten „Economic under-achievers": Menschen, die wohlüberlegt unterhalb ihrer ökonomischen Möglichkeiten leben. Das Ideal der Genügsamkeit, der Traum von der Entschleunigung und von einer „Ökologie der Zeit" sind Elemente eines Lebensstils, den nur Minderheiten bereichernd finden – und den noch weniger Leute tatsächlich praktizieren.

Im Vergleich zu den einheitlichen Lebensmustern des Industriezeitalters enthalten die stärker individualisierten Arbeitskulturen der Informationswirtschaft ein Element der Emanzipation. Die neuen Strukturen der Erwerbswelt bieten im günstigen Fall Chancen auf ein besseres Leben; sie können aber auch die vorherrschenden kulturellen Muster verstärken. Wer sich seine Arbeitszeit aussuchen kann, bleibt vielleicht gerade deswegen bis Mitternacht in der Firma – und setzt so uneinholbare Maßstäbe für seine Kollegen, denen er die gleiche Arbeitseinstellung vorschreiben will. Ausgerechnet die gesellschaftlichen Funktionseliten können am wenigsten frei über ihre Zeit verfügen. Für jene Pioniere, die einen anderen Lebensstil praktizieren wollen, besteht stets die Gefahr, dass die alte puritanische Moral – jetzt verkleidet als ökonomische Notwendigkeit im Zuge der Globalisierung – neuen Druck ausübt.

4.3 Kulturelle Veränderungen der Vaterrolle

4.3.1 Ergebnisse der Familienforschung

Der beschriebene Wandel der Arbeitsethik, forciert durch den Umbruch von der Industriegesellschaft zur Informationsgesellschaft, scheint an einer gesellschaftlichen Teilgruppe weitgehend vorbei zu gehen: Männer im Alter zwischen 30 und 50 Jahren arbeiten besonders lange und folgen in ihrer privaten Arbeitsteilung weitgehend den althergebrachten gesellschaftlichen Rollenzuschreibungen (vgl. Fthenakis 2001). Dass die so genannten „neuen Väter" nur Zeitgeistgeschwätz oder gar eine Art „Vater Morgana" (Sauerborn 1992) seien, ist ein immer wieder zu hörender Vorwurf auf Veranstaltungen zur Frauen- und Familienpolitik. Männer gelten nach dieser Lesart als faule Taugenichtse und abwesende Drückeberger: Sie werden gewalttätig und zerstören die Familien, sie flüchten vor Kochtöpfen und Kleinkindern, sie sind schuld an der „vaterlosen Gesellschaft" (Matussek 1998). Sind Männer also eigentlich ganz zufrieden mit dem Status Quo, fehlt ihnen schlicht das Interesse am unbequemen Wandel? Ist ihre Rolle vergoldet, kassieren sie wie eh und je das, was der australische Männerforscher Robert Connell (2000) die „patriarchale Dividende" nennt? Sind sie qua Geschlecht privilegiert oder fühlen sich zumindest so?

Der ungeduldigen Kritik geht die Veränderung der Väter nicht schnell genug. Doch besonders bei den gut ausgebildeten jüngeren Männern macht sich ein Umschwung bemerkbar, wenn auch nicht als Massenphänomen. „Das Schlagwort von der vaterlosen Gesellschaft war empirisch niemals richtig – und heute stimmt es weniger denn je", stellt das Bamberger Familienforschungsteam Doris Rosenkranz, Harald Rost und Laszlo Vaskovics fest (1998, S. 61ff.). Männer nehmen danach „kontinuierlich mehr familiale Aufgaben wahr". Wer das Gehalt und wer die Betten bezieht, ist zumindest unter Akademiker-Eltern längst nicht mehr so klar geregelt wie früher.

Vor allem in den Großstädten entsteht eine neue Väter-Generation, die im Rahmen ihrer Möglichkeiten mit den tradierten Geschlechterrollen bricht. Eine repräsentative Untersuchung im Auftrag der beiden großen Kirchen (Zulehner/Volz 1998) hat gezeigt, dass die so genannten „neuen Männer" mit 19 Prozent der Interviewten durchaus keine unbedeutende Minderheit mehr darstellen. Eine gleich große, im Durchschnitt deutlich ältere Gruppe ist einem stark konservativen Männerbild verhaftet. 25 Prozent der Männer bezeichnen die Forscher als „pragmatisch", 37 Prozent als „verunsichert": Sie lehnen die alte Männerrolle ab, kommen mit der neuen aber nur teilweise zurecht.

Bis in die siebziger Jahre hinein waren Väter bei der Geburt ihrer Kinder nicht erwünscht. Nervös warteten sie auf Krankenhausfluren oder verschwanden gar in die Kneipe. Inzwischen haben Männer so selbstverständlich Zugang zu dem archaischen Geburtserlebnis, dass sich schon fast wieder der Gegentrend formiert, manche Frauen die Entbindung wieder als geschützte weibliche Welt inszenieren wollen. Dieser gewichtige kulturelle Bruch hat allerdings nicht zwangsläufig dazu geführt, dass Väter sich auch nach der Geburt Zeit für ihren Nachwuchs nehmen. Eine Studie, die an der Universität Bamberg im Auftrag des Bundesfamilienministeriums durchgeführt wurde, belegt sogar das Gegenteil: Viele Männer arbeiten eher länger, nachdem sie Väter geworden sind (Vaskovics/Rost 1999). Petra Beckmann (2001) kommt in einer Einstellungsuntersuchung der Bundesanstalt für Arbeit zu dem Ergebnis, dass „zwischen 10 und 40 Prozent der Väter nie ernsthaft darüber nachgedacht haben, überhaupt Erziehungsurlaub zu nehmen oder diesen kategorisch ablehnen" (S.11).

Schon die Nachricht „Du wirst Papa" löst bei Männern ein zwiespältiges Echo aus. Sie ist nicht nur Grund zur Freude, sondern auch zur Beunruhigung. Männer wissen, dass ein Kind alles verändert – und fühlen sich dadurch zunächst eher bedroht als bereichert. Sie fürchten um ihre Liebesbeziehung, um ihre Karriere; vor allem sind sie verunsichert beim Gedanken an die finanzielle und emotionale Belastung. Sie erleben „die Entscheidung für ein Kind als Entscheidung gegen ihre Freiheit", stellte der Pädagoge Hermann Bullinger schon 1983 (S. 40ff.) fest. Die neue Elternrolle lässt sich nicht so leicht in den Griff kriegen wie ein handfestes Projekt in der Firma. „Im Übergang zur Vaterschaft haben Männer häufig das Gefühl, die Kontrolle über ihr Leben zu verlieren", beobachtet der Münchner Familienforscher Wassilios Fthenakis (1999, S. 43ff.). Er hat 175 Paare in einer Langzeituntersuchung beobachtet und bei werdenden Vätern „negative Gefühle" festgestellt. Einige nennen die „finanzielle und emotionale Verantwortlichkeit", andere die „Zementierung einer nicht funktionierenden Beziehung" – auch wenn die meisten bei der Aussicht, Papa zu werden, „Befriedigung und Stolz zum Ausdruck bringen" (ebd.).

Frauen sind bei der Entscheidung für ein Kind meist „die treibende Kraft", glaubt Pädagoge Bullinger (1983, ebd.). Daran hat sich trotz aller

Debatten um die „neuen Väter" in den letzten zwei Jahrzehnten kaum etwas geändert. Schon weil die biologische Uhr tickt, ist das Thema Baby unter den 30- bis 35-jährigen Frauen äußerst präsent; ihre männlichen Altersgenossen verspüren keinen vergleichbaren Druck, sondern zögern. Schwangerschaft ist selten Zufall oder gar Unfall, äußere Zwänge und eigene Motive vermischen sich. Männer wissen Bescheid, auf was sie sich einlassen, wollen sich den Konsequenzen aber noch nicht so recht stellen. Während Frauen jeden Tag spüren, dass etwas Neues in ihnen entsteht, sie sich körperlich wie psychisch intensiv auf die Geburt vorbereiten, machen Männer sich eher intellektuell klar, dass sich demnächst etwas Wichtiges tut in ihrem Leben. In der Paarbeziehung sind sie mit diffusen Erwartungen konfrontiert. Aus der Perspektive ihrer Partnerinnen sollen die jungen Väter alles zugleich sein: energischer Kämpfer und verlässlicher Ernährer, aber auch einfühlsamer Partner und Versorger des Nachwuchses. Diese doppelten Botschaften verunsichern. Männer, so glaubt Forscher Fthenakis (1999, S. 43ff.), müssen in der Phase der Familiengründung „ihre persönliche Identität neu definieren". Zwar verstehen sich nur noch ein Drittel der deutschen Väter als „reine Brotverdiener", dafür aber drei Viertel als „Erzieher". Neben den materiellen ist also ein emotionaler Beitrag der Männer getreten; gleichzeitig erkennen sie aber „sehr früh, dass sie nur eine unterstützende Rolle bei der Kinderbetreuung haben" (ebd.).

Bestätigt wird dies durch Ergebnisse aus den Datenreports des Statistischen Bundesamtes. „Es ist für alle Beteiligten besser, wenn der Mann voll im Berufsleben steht und die Frau zu Hause bleibt und sich um den Haushalt und die Kinder kümmert": Diesem Satz stimmten noch 1997 in einer Befragung nicht nur 53 Prozent der (west)deutschen Männer, sondern auch 47 Prozent der Frauen zu. Fast die Hälfte des weiblichen Geschlechts akzeptiert danach die althergebrachten Rollenmuster. Nur jede sechste Mutter von Schulkindern hat in den alten Bundesländern eine volle Stelle, in Ostdeutschland liegen die Zahlen indes deutlich höher: Hier suchen die Frauen nach wie vor überwiegend einen „richtigen" Job – was ihnen Wissenschaftler und Politiker immer wieder indirekt zum Vorwurf machen, wenn sie die hohen Arbeitslosenzahlen in den neuen Bundesländern beklagen (Miegel 1996, Biedenkopf 1998).

Fast zwei Drittel der jungen Frauen wünschen sich in Befragungen, „dass es bei uns selbstverständlicher wird, dass auch Männer Erziehungsurlaub nehmen". In der Männer-Studie der Kirchen (Zulehner/Volz 1998) halten es mehr als ein Drittel der männlichen Interviewpartner „für eine Bereicherung, zur Betreuung eines kleinen Kindes in Erziehungsurlaub zu gehen". Der Untertitel der Expertise „Wie Deutschlands Männer sich selbst und wie Frauen sie sehen" deutet an, dass das Selbstbild vieler Männer mit ihrem Verhalten oft wenig gemein hat. Das gilt gerade für die Zeit direkt nach der Geburt – auch wenn seit der Neuregelung der „Elternzeit" im Jahr 2001 der Anteil der befristet aussteigenden oder mit reduzierter Stundenzahl arbeitenden Väter von unter zwei auf rund fünf Prozent gestiegen ist. Freundlich, aber folgenlos: So lässt sich die männliche Beteiligung an den Familienaufgaben in vielen Fällen noch immer beschreiben. Natürlich können auch Vollzeit arbeitende Väter gute Väter sein; doch die traditionelle Ernährerrolle, die Männer in der ersten Phase der Elternschaft oft alleine schultern müssen, fordert ihren Tribut. Allerdings artikulieren Männer sehr viel deutlicher als früher, dass sie unter dieser Situation leiden. Neben der finanziellen spüren sie eine soziale Verantwortung. Wie die Mütter wollen sie ihre mitmenschlichen Qualitäten und fürsorglichen Anteile ausleben – und sind deshalb unzufrieden damit, sich auf die Rolle eines zahlenden Zaungastes zu beschränken (Fthenakis 2001).

4.3.2 Betriebliche und politische Rahmenbedingungen von Elternschaft

Männer, die das Aufwachsen ihrer Kinder nicht nur randständig miterleben wollen, müssen sich am Arbeitsplatz mit massiven betrieblichen Hindernissen auseinander setzen. Dass auch Väter ein „Vereinbarkeitsproblem" zwischen Beruf und Familie haben könnten, hat sich bisher zu den wenigsten deutschen Personalchefs herumgesprochen. In extremen Fällen werden Väter gleich mit Kündigung bedroht, weil sie Überstunden verweigern oder versuchen, eine Babypause zu beantragen. In diesem Klima scheint es völlig undenkbar, die eigene Stelle zu reduzieren, ohne unkalkulierbare Risiken einzugehen. Schon Wünsche nach kürzeren Arbeitszeiten – oder auch nur nach Einhaltung der normalen, tariflich vereinbarten Stundenzahl – werten Unternehmensleiter als Verweigerungssignal und strafen sie entsprechend ab. Der seit 2001 bestehende Rechtsanspruch auf eine Teilzeittätigkeit, gegen den die Arbeitgeberverbände weiterhin Sturm laufen, hat die Situation zwar etwas verbessert. Doch betriebliche Hindernisse bleiben das klassische Argument von Männern, wenn sie ihr geringes Familienengagement erklären wollen.

Als Folge von Einschüchterung kommen Väter häufig gar nicht erst auf die Idee, sich zum Beispiel frei zu nehmen, wenn ihr Sohn krank wird. Dabei haben sie ebenso wie Mütter die gesetzliche Möglichkeit, fünf Arbeitstage im Jahr wegen der Krankheit eines Kindes zu fehlen – den anteiligen Lohn für diesen Zeitraum zahlt die Krankenkasse. Betriebsvereinbarungen gehen mancherorts sogar über diese Regelung hinaus, doch das bleiben lobenswerte Ausnahmen. Die meisten Väter müssen sich dem betrieblichen Druck beugen; zähneknirschend erscheinen sie zu der überraschend angesetzten Sitzung um 18 Uhr – auch wenn sie zu diesem Zeitpunkt eigentlich längst zu Hause sein wollten. Dass der Beruf oberste Priorität hat, bleibt nicht ohne Folgen in ihrem privaten Leben, und das spüren sie bisweilen schmerzlich.

Die Trennung von Arbeit und Privatleben in der Industriegesellschaft war in erster Linie stets eine Trennung der Väter von ihren Familien. Vor dem Hintergrund nahezu gleichwertiger Qualifikationen ihrer Partnerinnen wächst der Druck auf die Männer, sich an der Haus- und Erziehungsarbeit zu beteiligen. In der „Elternzeit" wird aber in Deutschland weiterhin keine Lohnersatzleistung gezahlt, sondern eine Art symbolisches Taschengeld, dessen dauerhafter Bezug zudem an Einkommensgrenzen stößt. Von den ersten Monaten abgesehen, steht das Erziehungsgeld nur Müttern aus den unteren Lohngruppen zu; für Frauen in gut bezahlten Jobs und erst recht für die meisten Männer stellt es keine Alternative dar. Die niedrigen Väterquoten sind deshalb wenig erstaunlich – zumal Männer keine individuellen Rechte eingeräumt bekommen, wie sie etwa in Skandinavien üblich sind. Schweden zum Beispiel hat schon Mitte der neunziger Jahre eine obligatorische – und mit drei Viertel des vorherigen Einkommens ausgestattete – Vaterschaftspause eingeführt. Der Anspruch auf die zwei „Papamonate" ist nicht auf die Partnerin übertragbar; er verfällt, wenn Männer ihn nicht nutzen. Diese Regelung wurde mit intensiver Informationsarbeit verknüpft und hat dazu geführt, dass mittlerweile fast 40 Prozent der Schweden eine Väter-Auszeit nehmen (Pettersson 2000).

Das Thema „Väter zwischen Kind und Karriere" ist heute viel präsenter als noch zu Beginn der neunziger Jahre: in den Köpfen der Männer, in der öffentlichen Diskussion, in der Politik. Selbst in die Unternehmen ist Bewegung gekommen – in jene Welt der ernsten Arbeit, wo intensive Vater-Kind-Beziehungen einst nicht vorgesehen waren oder zumindest in keiner Weise den betrieblichen Ablauf stören durften. Der wachsende Mangel an qualifizierten Arbeitnehmern lässt einen Teil der Unternehmen umdenken. Zwar gilt als idealer „High Potential" weiterhin der beliebig verfügbare und hochmotivierte 30-Jährige, der sich in seiner knapp bemessenen Freizeit eher im Kraftraum als im Kinderzimmer aufhält. Doch immer mehr jüngere Arbeitnehmer lassen sich nicht mehr allein mit Geld oder tollen Tagungshotels ködern; sie suchen ein berufliches Umfeld, das stabile Freiräume bietet für private Interessen. Zwar sind positive Beispiele in dieser Richtung immer noch mit der Lupe zu suchen; doch gerade kleinere Unternehmen erproben innovative Konzepte, die eine bessere Balance zwischen Familie und Beruf auch für Männer ermöglichen sollen.

Nach dem Regierungsantritt der rot-grünen Koalition 1998 forderten Publizisten, Gewerkschafter und Wissenschaftler in einem offenen Brief an die Familienministerin einen „Neuanfang in der Geschlechterpolitik": Die „gleiche Teilhabe" von Frauen am Arbeitsleben sei nur zu verwirklichen, wenn „Männern Wege aus ihrer eindimensionalen Ausrichtung auf die Erwerbsarbeit" ermöglicht werden. Die damals zuständige Ministerin Christine Bergmann reagierte mit einiger Verzögerung, bemühte sich aber dann, das Thema aufzuwerten und als eigenes Politikfeld zu etablieren. Analog zur Initiative „Frau und Beruf" startete sie 2001 eine Kampagne zu „Mann und Familie". Sahen die ursprünglichen Pläne vor, konkrete Projekte und ihre Begleitforschung zu fördern, so blieb am Ende die reine Werbeaktion „Mehr Spielraum für Väter" übrig, mit der die Bundesregierung auf die neuen Möglichkeiten der „Elternzeit" aufmerksam machen wollte. Der smarte Papa aus Pappe, der die Anzeigenseiten der deutschen Illustrierten füllte, schien allerdings eher einem Katalog für Herrenmode entsprungen zu sein. Mit adrettem Wollpullover und sauberen Bügelfalten stand er desorientiert in sterilen Einbauküchen oder düsteren Kinderzimmern herum, um sich zu fragen: „Wäre es nicht schön, wirklich dabei zu sein?"

Ungewollt verbreitete die Aktion eher Depression als Lust auf aktive Vaterschaft, erzielte aber dennoch ein beachtliches Medienecho. Erfolgreicher gestalteten sich die Versuche Bergmanns, mit der Industrie zu kooperieren. In Gesprächen mit (ausgesuchten) Personalleitern stellte sie eine „höhere Akzeptanz väterfreundlicher Arbeitszeiten" fest. Rund ein dutzend Unternehmen – darunter die Telekom, die Commerzbank, Volkswagen, BMW sowie IBM Deutschland – waren im Rahmen der Kampagne das Ziel eines ungewöhnlichen „Staffellaufes". Auf betrieblichen „Vatertagen" sollten männliche Beschäftigte ermuntert werden, eine Erziehungspause einzulegen oder langfristig Teilzeit zu arbeiten. Mit ihren persönlichen Auftritten auf

Veranstaltungen großer Konzerne gelang es Bergmann durchaus, vor Ort Diskussionen anzustoßen und die Durchsetzung anderer Leitbilder für Männer zu unterstützen. Insgesamt aber fielen die Erfolge der Väter-Aktion eher mager aus. „Die alte Familie, aus der Frauen schon lange entfliehen, lässt sich als heile Gegenwelt auch mit betulichen Väterkampagnen nicht einmal ideologisch retten, geschweige denn dass Männer auf dieses ausgedörrte Feld folgen wollten", kritisiert die Publizistin Mechtild Jansen (2001). Ähnliche Image-Bemühungen hatte es zuvor schon in Schleswig-Holstein und Nordrhein-Westfalen gegeben – mit Slogans wie „Verpass nicht die Rolle deines Lebens!" oder „Geteilte Zeit ist doppeltes Leben".

„Solange wir Fürsorge als weiblich und freiwillig definieren, stecken wir in einer Falle", glaubt der Familienforscher Hans Bertram. Das Dilemma sei nur zu lösen, wenn die Rolle der Väter umdefiniert werde: „Wir müssen die Männer zwingen, fürsorglich zu sein" (zitiert nach: Elisabeth von Thadden 2001). Väter brauchen aber kein Bestrafungs-, sondern ein Ermutigungsprogramm. Die deutsche Familienpolitik, von patriarchalischen Altlasten durchtränkt, belohnt immer noch die alten Rollenzuschreibungen. Zwar hat die Reform des Erziehungsgeldgesetzes die Rahmenbedingungen etwas verbessert – doch „neue Väterlichkeit" lässt sich nicht allein an der nach wie vor geringen Zahl männlicher „Elternzeitler" messen. Das skandinavische Konzept der auf Väter zugeschnittenen „Papa-Monate" ist ein wegweisender Ansatzpunkt.

Die Unternehmen könnten sich dann immer weniger auf die volle Verfügbarkeit ihrer männlichen Mitarbeiter verlassen. Aus der Sicht der Personalchefs würden Väter wie Mütter zu unsicheren Kantonisten, zu einem betriebswirtschaftlichen Risiko: eine neue Konstellation, die die Entscheidungsgrundlage bei Einstellungen oder Beförderungen grundlegend verändert. Zu Hause wiederum würden die Frauen ernsthafte Konkurrenz bekommen. Denn eine ausgedehnte Babypause für Männer geht zu Lasten des (zweifelhaften) Mütter-Privilegs, für gewisse Zeit aus dem Berufsleben auszusteigen. Individuelle Elternzeiten für Väter, die verfallen, wenn sie nicht in Anspruch genommen werden, sind für jede Beziehung ein interessanter Test. Paare können auf diese Weise herausfinden, wie ernst sie es mit der verbal immer wieder eingeforderten egalitären „Partnerschaft" in Haushalt und Erziehung wirklich meinen – und gemeinsam auf sie persönlich zugeschnittene Rollenmodelle entwickeln.

5 Politische Konsequenzen, Folgerungen für die Bildungsarbeit

5.1 Geschlechterpolitik

5.1.1 Gleichstellungspolitik in der Sackgasse

In Kommunen, Ländern, Verbänden und Parteien sind in den letzten beiden Jahrzehnten in mühseliger Kleinarbeit frauenpolitische Nischen entstanden. Dieser Erfolg des Feminismus erwies sich für die Männer entgegen ihrer anfänglichen Befürchtungen als recht komfortabel: So konnten sie das Thema Geschlechterbeziehungen in Sondergremien abschieben. Frauenausschüsse, Frauenministerinnen oder Frauenbeauftragte forderten ihre Positionen und Beschlüsse zwar immer wieder vehement ein, doch die politischen Konsequenzen blieben begrenzt. Als „interessengeleitete Nichtwahrnehmung" charakterisieren die Erziehungswissenschaftler Stephan Höyng und Ralf Puchert den männerbündischen Umgang mit dem Thema Gleichstellung. Am Beispiel einer Berliner Ministerialverwaltung zeigen sie in ihrer Untersuchung, dass Männer die Bemühungen um Frauenförderung keineswegs aktiv verhindern. Verbal geben sie sich meist sogar aufgeschlossen, sie bleiben aber einfach untätig (1998, S. 202ff.). Eine „gläserne Decke" unsichtbarer Mechanismen und informeller Kriterien verhindert den weiblichen Aufstieg nach ganz oben.

Im langfristigen Trend wächst die Zahl der berufstätigen Frauen und vor allem die der berufstätigen Mütter (Engelbrech/Jungkunst 2000). Junge Männer werden von ihren Partnerinnen mit Erwartungen an eine andere, engagierte Art von Elternschaft konfrontiert – und sind häufig auch aus eigener Motivation bereit, diese zu erfüllen. Die Frauenfrage ist damit immer stärker zur Kinder- und indirekt auch zur Väterfrage geworden. Männer brauchen, wie das Motto der Kampagne des Bundesfamilienministeriums im Kern richtig formuliert hat, „mehr Spielraum" für ihr privates Leben – übrigens unabhängig davon, ob sie sich um ihre Kinder kümmern oder anderen vom Beruf verdrängten Interessen nachgehen wollen. Umgekehrt scheitern Frauen nicht nur an betrieblichen Blockaden oder an der eigenen Unentschiedenheit, sondern auch am fehlenden privaten Engagement ihrer (Ehe)Männer.

Weil Versorgung und Erziehung hierzulande kaum als öffentliche Aufgabe betrachtet werden, ist es für die beruflichen Möglichkeiten von Müttern von großer Bedeutung, ob Männer bei der Arbeitsteilung im Privaten mitmachen und Verantwortung für ihre Kinder übernehmen. Eine Frau kann in ihrem Unternehmen nach allen Regeln der Gleichstellungspolitik gefördert werden. Wenn gleichzeitig von ihrem Lebenspartner an dessen Arbeitsplatz 150 Prozent Leistung und eine nahezu vollkommene Ausblendung privater Interessen ganz selbstverständlich erwartet werden, sind die Erfolgsaussichten dieser Frauenförderung eher gering – zumindest, wenn das Paar Kinder hat oder haben möchte. Weibliche Lebensentwürfe können sich nur dann verändern, wenn sich auch männliche Lebensentwürfe verändern. Wer Frauen beruflich fördern will, muss deshalb auch über Männer nachdenken, über deren Verhalten am Arbeitsplatz und in der Familie.

Ein Konzept von Frauengleichstellung, das sich darauf beschränkt, männliche Arbeit in ihrer herkömmlichen Form auch Frauen zugänglich zu machen, kann deshalb nur wenig Anziehungskraft entfalten. Der Arbeitsstil von Männern, der betrieblichen Belangen absoluten Vorrang einräumt, ist für die meisten Frauen kein lebenswertes Vorbild; auch deshalb verweigern sich viele von ihnen dem üblichen männlichen Karriereweg. Gleichstellungspolitik aber hat sich in der Vergangenheit weitgehend auf betriebliche Frauenförderung beschränkt. Sie bezog die Männer als den anderen Pol des Geschlechterverhältnisses gedanklich und strategisch nur wenig ein. Erst in jüngster Zeit beginnt sich das langsam zu ändern. „Geschlechterdemokratie" heißt das jetzt postulierte Ziel, das aber mehr sein muss als nur ein neues Etikett.

5.1.2 Gender Mainstreaming als neue geschlechterpolitische Strategie

Seit Ende der neunziger Jahre prägt das Wort „Gender Mainstreaming" mehr und mehr die geschlechterpolitische Debatte. In Abgrenzung zum englischen Wort „Sex" als dem biologischen Geschlecht meint „Gender" das sozial konstruierte, also gesellschaftlich bestimmte Geschlecht. Die Europäische Union spricht von „Gender Mainstreaming" als einem Verfahren, das alle Politikfelder, Projekte, Entscheidungen und Gesetze daraufhin überprüft, wie sie sich auf die unterschiedlichen Lebenssituationen von Frauen und Männern auswirken. Das Wort tauchte offiziell erstmals in den Beschlüssen der Pekinger Weltfrauenkonferenz 1995 auf; mit dem Amsterdamer Vertrag von 1997 haben sich die EU-Staaten auf das neue Prinzip verpflichtet.

Der inflationäre Gebrauch der komplizierten, unverständlichen und abschreckenden Vokabel „Gender Mainstreaming" hat überwiegend finanzielle Gründe. Denn die Europäische Union verknüpft ihre Fördergelder damit, ob die Antragsteller „Gender"-Kriterien berücksichtigen. Deutsche Ministerien erarbeiten auf Bundes- wie auf Länderebene entsprechende Umsetzungskonzepte; die Großgewerkschaft ver.di verankerte das Gender Mainstreaming schon bei ihrer Gründung in der Satzung. Die den Grünen nahestehende Heinrich-Böll-Stiftung hat sich bereits in der zweiten Hälfte der neunziger Jahre der „Gemeinschaftsaufgabe Geschlechterdemokratie" verpflichtet – und organisiert seither Bildungsveranstaltungen und „Gender Trainings" auch für andere Verbände und Institutionen.

Vor allem im Umfeld der Gleichstellungspolitik hat sich das neue Schlagwort durchgesetzt. Die karriereorientierten Frauen und ihre Netzwerke suchen einen neuen Ansatzpunkt, um ihre Interessen durchzusetzen. In Unternehmen und Verwaltungen wollen sie eine Art Geheimgang zur Frauenförderung finden. Gender Mainstreaming gilt ihnen als geeignetes Organisationsmodell, um geschlechterpolitische Veränderungen „top down", also von der Führungsebene aus, durchzusetzen. Sie bemühen sich dabei zwar um den Dialog mit dem anderen Geschlecht, verstehen sich aber weiterhin als Multiplikatorinnen weiblicher Interessen. „Geschlechterpolitik als Frauenpolitik verbaute sich mit dieser klaren Rollenzuweisung die Chance, das Geschlechterverhältnis im Ganzen zu gestalten und zu verändern", kritisieren die Männerforscher Peter Döge und Rainer Volz (2002, S 8f.). Es werde übersehen, dass „das Geschlechterverhältnis immer aus zwei Polen besteht, Geschlechterpolitik folglich an diesen beiden Polen ansetzen muss, ansonsten das Verhältnis in toto unverändert bleibt".

Immerhin hat mit dem Gender Mainstreaming ein neuer geschlechterpolitischer Dialog zwischen Männern und Frauen begonnen. Die Debatte krankt aber daran, dass „Gender" weniger das Motto einer politischen Bewegung als eine gen Brüssel gerichtete Antragsteller-Rhetorik darstellt. Ein Teil der frauenbewegten Aktivistinnen bewegt sich weiterhin in den gewohnten Bahnen und ist kaum bereit, die eigene Arbeit zu hinterfragen und zu verändern. Ungeduld oder gar Unmut kommt auf, wenn Männer auf geschlechterpolitischen Veranstaltungen eigene Interessen artikulieren. Wenn Männer die Nachteile und Zwänge der eigenen Rolle beklagen, wittern Frauen eine besonders perfide Spielart der Männerbündelei (Döge/Volz 2002, ebd.).

Der traditionelle „MachtMann", wie er in der Männerforschung genannt wird (Döge 2001, S. 44ff.) ist gerade deshalb erfolgreich, weil er die eigenen Normen als allgemein gültigen Maßstab setzt, strikt auf der Sachebene beharrt und sich weigert, über geschlechtsspezifische Rollen zu reflektieren. „Frauenprobleme" sind für diesen Männertypus nur eine unwesentliche Abweichung vom eigenen Wertekanon, die er „generös nur als kleine Besonderheit vor dem Eigentlichen, dem großen Geld und seiner Richtlinienkompetenz" betrachtet (Mechtild Jansen 2001). Dass Frauen sich an dieser traditionellen Form von Maskulinität seit Jahrzehnten abarbeiten, prägt indirekt auch die Debatte um Geschlechterpolitik und Gender Mainstreaming. So besteht die Gefahr, dass sich die Frauenförderung nur ein anderes Etikett verpasst, um ihre mühsam erkämpfen Nischen zu verteidigen, wirklich neue Akzente aber auf sich warten lassen.

Genau deshalb tut sich etwa die Männerforschung an den deutschen Universitäten so schwer. Jene Nachwuchswissenschaftler, die sich mit der Geschlechterforschung aus männlicher Perspektive eine berufliche Spezialisierung erarbeitet haben, schauen in keine allzu rosige Zukunft. Sie sitzen zwischen den Stühlen: zwischen der von ihnen akzeptierten Frauenforschung und dem normalen, von Männern geprägten Hochschulbetrieb, der sich fachorientiert und dabei stets geschlechtsneutral gibt. Von Kollegen werden sie gering geschätzt oder gar verspottet, von Kolleginnen als mögliche Konkurrenz misstrauisch beobachtet. Letztere fürchten die Kürzung ihrer ohnehin geringen Finanzmittel, wenn sich eine eigenständige Männerforschung etablieren würde.

In Deutschland gibt es an die hundert Professuren für Frauenforschung. „Gender studies" sind hierzulande bisher eindeutig Frauensache. Das Gastsemester des australischen Soziologen und Männerforschers Robert Connell an der Bochumer Ruhr-Universität 1999 ist die große Ausnahme geblieben. Die meisten feministischen Wissenschaftlerinnen versuchen, jene Reservate im akademischen Betrieb zu erhalten, die sie in jahrzehntelangen Auseinandersetzungen besetzt haben. Doch das hat absurde Folgen: Frauenforscherinnen veranstalten Seminare und ganze Kongresse über das trendige Gender-Thema, ohne einen einzigen männlichen Referenten einzuladen – und ohne, dass ihnen dieses Manko überhaupt auffällt. Unter den jungen Studierenden, die sich für das neue Fachgebiet interessieren und einen Ausweg aus der fest gefahrenen geschlechterpolitischen Debatte suchen, regt sich Unmut: Was bringt eine Geschlechterforschung, in der Männer so gut wie gar nicht vorkommen, die sich auf die weibliche Perspektive beschränkt, die ausschließlich von und über Frauen betrieben wird? Feministisch geprägte Projekte sorgen sich nicht ganz zu Unrecht um ihre Errungenschaften. Wenn (männlich dominierte) Stadträte oder Kreistage die Institution der Frauenbeauftragten mit der Begründung in Frage stellen, dieses Thema sei ja nun integraler Bestandteil aller Verwaltungsressorts, ist das eine Fehlinterpretation der Mainstreaming-Idee. Solcher Missbrauch sollte Frauen aber nicht dazu verleiten, die Initiativen veränderungsbereiter Männer auszubremsen: Diese brauchen eigenständige Foren und Finanzierungsquellen, um sich auf breiterer Basis etablieren zu können. Das gilt nicht nur in Forschung und Wissenschaft, sondern auch für Verbände und Institutionen. „Ein Blick auf die bisherige Geschlechterpolitik zeigt, dass Männer kaum ihr Gegenstand und ihre Bündnispartner waren", resümieren Döge und Volz (2002, S. 8).

Die Gender-Diskussion kann sich nicht damit begnügen, etwas geschickter als früher weibliche Interessen zu formulieren. Angesichts der Rivalitäten um knappe Gelder ist die Verlockung groß, einfach alte Fraueninhalte mit einem neuen Label zu versehen. Die Gender-Formel dient dann nur als Tarnkappenbegriff, der inhaltlich unbestimmt bleibt und unter anderer Überschrift die unklare Perspektive der Frauenförderung kaschiert. Wenn geschlechterpolitische Bündnisse mehr erreichen wollen als reine Frauenpolitik, müssen sie sich gegen die traditionellen Normen der Entscheidungsträger in Politik und Wirtschaft wenden. Wer zum Beispiel die Aufstiegsmöglichkeiten von Müttern in Unternehmen verbessern will, kommt nicht umhin, die männlich dominierte Habituskultur von Organisationen grundsätzlich in Frage zu stellen. Wenn Arbeitsplätze angeblich per se nicht teilbar sind; wenn – bei aller Familienfreundlichkeit für die einfachen (weiblichen) Angestellten – Karriere eben doch nur machen kann, wer sich mit Leib und Seele dem Unternehmen verschrieben hat; wenn die lukrativen Jobs nach Konkurrenz- und Kampfmustern vergeben werden; wenn Leitung automatisch 60-Stunden-Woche bedeutet, dann kann Gleichstellungspolitik nicht erfolgreich funktionieren.

Erwerbsarbeit und Privatsphäre sind komplementäre Seiten einer Medaille. Die beruflichen Chancen von Frauen stehen in einem direktem Zusammenhang mit der Beteiligung von Männern am Familien- und Beziehungsleben. Perspektiven im Job eröffnen sich vorrangig denjenigen, für die private Verpflichtungen am Arbeitsplatz keine Rolle spielen. Als Ausweg aus dem

Vereinbarkeitsdilemma überwiegen je nach Geschlecht unterschiedliche Lösungen: Männer tun sich meist mit einer Hausfrau oder geringfügigen Hinzuverdienerin zusammen; professionell ambitionierte Frauen engagieren entweder ein Dienstmädchen oder entscheiden sich ganz gegen die Gründung einer Familie. Neben dem Verzicht auf Kinder zahlen sie auch den Preis einer weitgehenden Anpassung an die vorgefundenen Werte und Verhältnisse. Um für Frauen (und für eine wachsende Minderheit von „neuen" Männern) attraktiver zu werden, müssten sich die Führungspositionen selbst wandeln. Die Jobs an der Spitze dürften keine „Eineinhalb-Personen-Berufe" mehr sein, die eine (fast immer weibliche) Karrierebegleitung im Privaten voraussetzen.

Es war stets eine Illusion, dass Frauen per se die besseren Menschen seien und nur zahlreicher vertreten sein müssten, um Organisationen zu verändern. Die einfache weibliche Kopie männlicher Einstellungen zum Beruf führt nicht zu Strukturveränderungen, sondern bestätigt lediglich die vorherrschenden Muster. Richtig ist deshalb ein Kerngedanke im Konzept des Gender Mainstreaming: Die Institutionen sollen sich den Menschen anpassen, nicht die Menschen den Institutionen. Es reicht nicht, Frauen eine Kultur zugänglich zu machen, die mit ihren Anforderungen an Arbeitszeit, Verfügbarkeit und Mobilität ungebrochen männliche Werte und Orientierungen diktiert. Wenn sich dagegen kooperative und sozial kompetente Leitungsstile durchsetzen und die alten Hackordnungen an Einfluss verlieren, dann könnte Gleichstellungspolitik auch für männliche Beschäftigte an Akzeptanz gewinnen.

5.2 Gewerkschaftspolitik

5.2.1 Gewerkschaftliche Traditionen als männliche Lobbybünde

Die Arbeiterbewegung war immer eine Männerbewegung. Sie hat das selten offen ausgesprochen, sondern ihre sozialen und gesellschaftspolitischen Ziele stets allgemein und scheinbar geschlechtsneutral formuliert. Über hundert Jahre lang ging es den Gewerkschaften vorrangig darum, die materielle Situation ihrer wichtigsten Klientel zu verbessern: Der Verdienst eines männlichen Facharbeiters sollte ausreichen, um seine Familie allein ernähren zu können. Das bürgerliche Ideal, die eigene Partnerin als Hausfrau von der Erwerbsarbeit freizustellen, blieb für die meisten Gewerkschaftsmitglieder lange eine unerreichbare Wunschvorstellung. Weibliche Berufstätigkeit war im Arbeitermilieu stets Zwang; es gab keine Wahlmöglichkeit zwischen Familie und Beruf. Im Kern hat sich daran bis heute wenig geändert.

Die Tarifpolitik der Gewerkschaften orientiert sich seit Generationen am Leitbild des männlichen Alleinverdieners, für den die Erwerbsarbeit im Zentrum des Lebens steht. Der Ernährer ist, wenn auch nicht immer klar benannt, der Maßstab bei Tarifverhandlungen: Erst sein „Familienlohn" ermöglicht seinen „Angehörigen" ein besseres Leben. Impulse für ein anderes Verhältnis zwischen den Geschlechtern gingen vom „Arbeitnehmerpatriarchat" (Kurz-Scherf 1994) in der Vergangenheit kaum aus. Aufgrund ihrer historischen Erfahrungen verständlich, verteidigten die Gewerkschaften das männliche Normalarbeitsverhältnis, das in der Vergangenheit Schutz vor der Willkür kapitalistischer Dienstherren bot. Der geregelte Arbeitstag, durch Verträge und Gesetze garantiert, eröffnete den Arbeitnehmern einst überhaupt erst den zeitlichen Spielraum für ein Privatleben, das diesen Namen verdiente. Seine Durchsetzung galt zu Recht als Fortschritt und als Erfolg der Gewerkschaftsbewegung. Unausgesprochene Bedingung war aber immer ein Lebenskonzept, das auf der traditionellen Trennung der Geschlechterrollen basierte: Männerwelt Beruf, Frauenwelt Familie.

Im Kampf um kürzere Arbeitszeiten haben die Gewerkschaften stets auf das Prinzip des Normalarbeitstages gesetzt. Geringere Stundenzahlen kamen für sie immer nur bei vollem Lohnausgleich in Frage. Konzepte einer Arbeitszeitverkürzung in großen Schritten, verbunden mit Einkommenseinbußen, galten als Abweichung vom Prinzip der männlichen Normalarbeit und waren nie mehrheitsfähig. Im Kampf um die 35-Stunden-Woche in den achtziger Jahren zum Beispiel konnten die DGB-Frauen nur mit Mühe ihrem Konzept Gehör verschaffen: Sie verlangten die Aufteilung der kürzeren Arbeitszeit auf einen familienfreundlichen Sechs-Stunden-Tag, während die meisten Männer Freischichtmodelle oder einen Zeitausgleich durch zusätzlichen Urlaub bevorzugten.

Ingrid Kurz-Scherf (1994, S. 441) erinnert daran, dass sich die Funktionäre schlicht weigerten, über Perspektiven der Arbeitszeitpolitik „jenseits des Horizonts der 35-Stunden-Woche" zu diskutieren. Der gewerkschaftliche Arbeitsbegriff sei einseitig fixiert auf Erwerbsarbeit und ignoriere die von Frauen in den Privathaushalten geleistete unbezahlte Arbeit. Mit dem Normalarbeitsverhältnis als gewerkschaftlichem Leitbild werde die geschlechtshierarchische Arbeitsteilung zum Programm erhoben: „Die gleichbleibende Vollzeitbeschäftigung vom Abschluss der Ausbildung bis zur Rente der Männer setzt ein davon abweichendes Lebensmuster der Frauen voraus, da anderenfalls die generative und soziale Reproduktion der Gesellschaft nicht gewährleistet werden könnte" (ebd., S. 440).

Die von den Gewerkschaften verteidigte Normalarbeit ist Männerarbeit. Sobald eine Familie gegründet wird, ist sie untrennbar mit einer gebrochenen weiblichen Berufsbiographie verbunden. Normalarbeit lässt sich mit der Versorgung von Kindern nur dann vereinbaren, wenn Frauen auf Erwerbstätigkeit verzichten oder sich in der Welt der bezahlten Arbeit mit einer Randstellung zufrieden geben. Dass die Gewerkschaften die Wünsche vor allem weiblicher Beschäftigter nach Teilzeitarbeit lange ignoriert haben, hat mit ihrer einseitigen Fixierung auf diese Form der Männerarbeit zu tun. Die Idee einer anderen Zeitgestaltung wurde mit dem Hinweis auf ihre schlechte Umsetzung diskreditiert. Für die männlichen Tarifexperten handelte es sich schlicht um eine Grauzone, die von der Normalarbeit abwich. Die Zeitmodelle, mit denen Frauen mühsam Familie und Beruf unter einen Hut zu kriegen versuchten, betrachteten sie bestenfalls als notwendiges Übel. Solche Argumentationsmuster beruhen auf der Befürchtung, dass Arbeit keinen zentralen Stellenwert mehr im Lebensentwurf der eigenen Klientel einnehmen könnte – und damit auch die Bedeutung der Gewerkschaften als Lobbyorganisation zur Verbesserung der Arbeitsbedingungen gefährdet wäre.

Die Arbeitszeitdebatte wird im DGB erst in jüngster Zeit unter dem Gesichtspunkt veränderter Geschlechterrollen geführt. Vier-Tage-Wochen mit begrenztem Lohnausgleich, wie im VW-Modell praktiziert, konnten sich die Funktionäre in den neunziger Jahren nur als Notstrategie gegen Entlassungen und Arbeitslosigkeit vorstellen. Die privaten Optionen solcher Modelle werden oft gar nicht als solche erkannt. Die Diskussion bei Volkswagen war symptomatisch: Kaum jemand sprach vom Zeitgewinn der Beschäftigten. Dass ein freier Tag mehr in der Woche mehr Zeit für das Privatleben, für Hobbys, für die Familie bedeutet, interessierte nur am Rande. Die Möglichkeit, dass der männliche VW-Arbeiter freitags (oder zu jedem anderen ausgehandelten Zeitpunkt) seine Kinder versorgen könnte, spielte weder im männlich geprägten Betriebsrat noch im aus Männern bestehenden Unternehmensvorstand eine Rolle. Für Ingrid Kurz-Scherf ist die Gewerkschaftspolitik von „patriarchaler Blindheit" geprägt. Die einseitige Perspektive aus Männersicht habe eine defensive „Frontstellung gegenüber jeder Form der Arbeitszeitflexibilisierung" erzeugt. Die Gewerkschaften, so die Wissenschaftlerin, hätten sich „zum Teil selbst in die Position hineinmanövriert, aus der heraus sie heute der rationalisierungspolitisch motivierten Arbeitszeitpolitik der Arbeitgeber und der Bundesregierung nur noch hinterher hecheln können" (1994, S. 441).

Gewerkschafter verweisen in diesem Zusammenhang manchmal (und häufig zu Recht) auf ein unwilliges Management, das die praktische Umsetzung neuer Ideen blockiert. In jenen Unternehmen, die zum Beispiel familienfreundliche Arbeitszeitmodelle anbieten, zeigt sich allerdings, dass die persönlichen Blockaden bei den männlichen Arbeitnehmern manchmal größer sind als die Unbeweglichkeit der Personalchefs. So gab es bei der Einführung der von der IG Metall bekämpften Samstagsschichten bei BMW Wartelisten männlicher Mitarbeiter, die sich die lukrativen Wochenendzuschläge nicht entgehen lassen wollten. Es muss schon der dicke Knüppel kommen wie 30 000 angedrohte Entlassungen bei VW, ehe über kürzere Arbeitszeiten überhaupt nachgedacht wird. Und nur in einer solchen Krisensituation haben Betriebsräte eine Chance, Modelle kürzerer Arbeitszeiten im Konsens mit ihrer Belegschaft durchzusetzen.

Aber auch viele Arbeitnehmervertreter wollen keine komplizierten Zeitsysteme, sondern sich auf eindeutige Vereinbarungen berufen können. Der Sozialwissenschaftler Markus Promberger (1993, S. 71) zitiert einen bayerischen Betriebsrat mit den Worten: „Ich bin dafür, dass es da wieder einen Tarifvertrag gibt, wo alles drinsteht, die Arbeitszeit, für alle gleich, in jeder Woche und an jedem Tag. Und da haben wir dann nichts damit zu tun, das ist einfach so, und damit gehen wir dann zur Geschäftsleitung und sagen: So, da steht es schwarz auf weiß, und nicht so ein Wischiwaschi." Darin drückt sich das Dilemma der Gewerkschaften bei der Umsetzung von Arbeitszeitmodellen aus: Es reicht nicht, auf dem standardisierten Normalarbeitsverhältnis zu beharren. Die vielfältigen Arbeits- und Lebensstile in einer individualisierten Gesellschaft können Gewerkschafter nicht nur als lästige Abweichung von der Norm ihrer männlichen Klientel betrachten. Zu den biografischen Zäsuren im Leben gehören eben nicht nur Krankheit oder Arbeitslosigkeit, sondern zum Beispiel auch der Kinderwunsch und seine Vereinbarkeit mit der eigenen Erwerbstätigkeit.

Das Hattinger Forum, ein Zusammenschluss von dem DGB nahestehenden Hochschullehrern, fordert zum Umdenken auf. In ihrem Gutachten „Jenseits der Beschlusslage" verlangten die Kritiker schon vor über zehn Jahren den Abschied von „männlich dominierten Organisationsformen" (Jürgen Hoffmann u.a. 1990, S. 31). Sie machten ein „neues kulturelles Modell" unter jungen Männern wie Frauen aus, das sie durch Schlagworte wie Individualismus, Verständigungsorientierung oder herrschaftsfreie Kommunikation kennzeichneten. Traditionelles gewerkschaftliches Handeln, so die These der Wissenschaftler, sei „auf der Basis der alten Formel Gleichheit-Einheit-Solidarität" immer schwerer zu organisieren (ebd.). Solchen kritischen Stimmen zum Trotz hält sich im Traditionsmilieu gerade der alten Industriegewerkschaften beharrlich der alte proletarische Antifeminismus. Die durchaus vorhandene gewerkschaftliche Frauenbewegung bildet dabei kein echtes Gegengewicht zum männlichen Arbeitsverständnis. Sie versucht eher, die männlich geprägten Strukturen auch weiblichen Mitarbeitern zugänglich zu machen. Im Mittelpunkt der traditionellen betrieblichen Frauenpolitik steht die Berufstätige ohne Kinder, die wie ihre männlichen Kollegen Vollzeit arbeitet. Die Frage der privaten Arbeitsteilung, die den Kern indirekter Diskriminierung von Frauen am Arbeitsplatz bildet, wird dabei meist nur am Rande gestreift (vgl. Sauerborn 1997).

Die Forderungen von Frauen haben in den Gewerkschaften sicherlich mehr Gehör als in vielen anderen gesellschaftlichen Gruppen oder Verbänden gefunden. Entsprechende Gremien wie die sogenannten DGB-Frauenausschüsse werden allerdings als Spielwiese ausgegrenzt; unterschwellig haftet ihnen nach wie vor ein minderwertiger Sonderstatus an. Nur zögernd beginnen die Gewerkschaften, den direkten Zusammenhang zwischen männlicher Vollzeit-Erwerbstätigkeit und weiblicher Unterstützung im Privaten wahrzunehmen. Feministisches Gedankengut ist zwar in die Gewerkschaftsbewegung vorgedrungen, wird aber weiter marginalisiert; faktisch handelt es sich um eine Männerorganisation unter dem Deckmantel der Geschlechtsneutralität.

Nur wenn die Gewerkschaften für ein Männerbild stehen, das nicht ausschließlich um die Erwerbsarbeit kreist, haben Frauen im Beruf tatsächlich neue Chancen. Das Festhalten am Anker dessen, was hundert Jahre als „normal" galt, reicht nicht mehr aus. Das Modell des männlichen Lohnarbeiters, der sein ganzes Leben lang eine Familie allein ernähren muss, ist heute nur noch eine von mehreren biografischen Optionen. Die selbstverständliche Teilhabe der Frauen am Arbeitsmarkt hat ein neues Verhältnis der Geschlechter ins Blickfeld gerückt. Forciert durch die modische Formel des Gender Mainstreaming, entwickeln gewerkschaftliche Initiativen inzwischen innovative Beratungskonzepte, die Männer auch jenseits ihrer traditionellen beruflichen Rolle ansprechen sollen.

Vorreiter ist dabei die neue Dienstleistungsgewerkschaft ver.di, die direkt nach ihrer Gründung zwei „Gender"-Beauftragte (paritätisch männlich und weiblich besetzt) auf Bundesebene benannte und auch in Ressorts und Regionen die „Geschlechterdemokratie" zu ihrem Ziel erklärt hat. Ver.di unterstützte ein Forschungsprojekt des Berliner Politikwissenschaftlers Peter Döge, das die betrieblichen Hürden untersucht hat, die dem durchaus vorhandenen Wunsch nach einem männlichen Rollenwechsel entgegenstehen. Auch in anderen Gewerkschaften hat die Diskussion über geschlechterpolitische Fragen begonnen; im Vergleich zu den Lobbyisten aus den Arbeitgeberverbänden können die vielgeschmähten „Arbeitnehmerpatriarchen" fast schon als Experten in Sachen „Gender Mainstreaming" gelten. Selten sind es die Betriebsräte und fast immer Vorgesetzte oder Abteilungsleiter, die Teilzeitmodelle blockieren oder mit Sanktionen drohen, wenn vom vorherrschenden Arbeitshabitus abgewichen wird. Hier Unterstützung anzubieten, könnte eine sehr zeitgemäße Aufgabe für Gewerkschafter und Interessenvertreter werden. Langfristig hoffen die ver.di-Aktivisten auf druckvolle gewerkschaftliche oder gar gesellschaftliche Initiativen für einen neuen „Geschlechtervertrag", der nicht nur Frauen Chancen im Beruf, sondern auch Männern Chancen in der Familie einräumt.

5.2.2 Gewerkschaftliche Reaktionen auf die Differenzierung von Arbeitsformen und Lebensentwürfen

Als „E-Commerce" in Deutschland noch ein Fremdwort war, hatte sich der Internetbuchhandel „Amazon.com" aus Seattle im US-Bundesstaat Washington längst als internationaler Marktführer etabliert. Mit dem Ende des Börsenbooms wurde Amazon erneut zum Pionier, allerdings auf eher unfreiwillige Weise: Angestellte des Unternehmens kämpften für eine eigene Interessenvertretung – und brachen damit ein Tabu. Denn die Informationstechnologie-Branche gilt, zumindest in den USA, als ein Ort, an dem Gewerkschafter nichts zu melden haben.

Seine Mitarbeiter, so hatte Amazon-Gründer Jeff Bezos stets argumentiert, seien durch ihre Aktienoptionen zugleich Unternehmenseigentümer. Die klassischen Konflikte zwischen Arbeitgeber und Arbeitnehmer könnten deshalb gar nicht erst entstehen. Doch als die Kursnotierung von Amazon wie die anderer Firmen des Neuen Marktes absackte, kam Unmut auf. Über 80 Prozent ihres einstigen Wertes hatten die Papiere innerhalb eines Jahres verloren. Lager- wie Sachbearbeiter beschlich das Gefühl, ein Vermögen verspielt zu haben. Zugleich verschärfte sich wegen der angespannten wirtschaftlichen Lage der Arbeitsdruck im Betrieb. An die Stelle von frei wählbaren Arbeitszeiten traten zum Beispiel rigide Vorgaben – ohne dass sich an den mageren Stundenlöhnen etwas änderte.

„Amazon.com-Aktien sind zu Lotteriescheinen geworden, statt eine Versicherung auf die Zukunft zu sein", kommentierte Markus Courtney. Zusammen mit seinem Kollegen Mike Blaine gründete er schon Ende der neunziger Jahre die „Washington Alliance of Technology Workers", kurz WashTech genannt. Diese Unterorganisation der Gewerkschaft Communications Workers of America kümmert sich um die Hightech-Firmen in Großraum Seattle. WashTech versucht, in den örtlichen Großunternehmen wie Boeing und Microsoft Gewerkschaftsgruppen aufzubauen. Beim Online-Buchhändler Amazon verbuchten Courtney und Blaine einen ersten Erfolg: Mehrere hundert Mitarbeiter des Kundenservice-Centers kamen zusammen, um die Initiative „Day2@amazon.com" aus der Taufe zu heben. Der Name spielt auf Firmenchef Bezos an, der immer wieder betont, das Unternehmen stehe noch ganz am Anfang, am Tag eins – und daraus die fortwährende Bereitschaft zu höchstem Einsatz ableitet.

Die aufmüpfigen Angestellten wollten die Entsagungsparolen der Gründerzeit endlich hinter sich lassen. Die „Tag 2"-Gruppe forderte bessere Bezahlung, kürzere Arbeitszeiten und einen besseren Schutz vor Entlassungen, außerdem „Respekt, Aufstiegsmöglichkeiten, Weiterbildung und eine Vertretung". Das klang wie der Auszug aus einem Gewerkschaftsprogramm; die Firmenleitung reagierte mit Einschüchterung. Auf der internen Website machte sie die mittlere Führungsebene auf mögliche Anzeichen für die subversive Tätigkeit einer „betriebsfremden Agentur" im Unternehmen aufmerksam. Höchst verdächtig seien etwa „kleine Gruppen von Arbeitern, die zusammenstehen und schweigend auseinander gehen, wenn ein Aufseher kommt". Auch „Trödelei" in Kantinen oder Toiletten sowie eine „zunehmende Aggressivität" der Mitarbeiter im Umgang mit Vorgesetzten wurden als Alarmsignale gewertet.

Zwar darf das Management gewerkschaftliche Aktivitäten im Betrieb nicht behindern. Doch nach US-amerikanischem Gesetz muss mehr als die Hälfte der Belegschaft unterschreiben, um eine anerkannte Interessenvertretung zu bilden. Eine hohe Hürde: In den Vereinigten Staaten droht Mitarbeitern nach dem Prinzip „Hire and fire" schnell die Entlassung, wenn sie aufmüpfig werden. Im Vergleich zu den meisten europäischen Ländern sind die rechtlichen Bedingungen denkbar ungünstig. Daher war es kein Zufall, dass die deutsche Amazon-Dependance im hessischen Bad Hersfeld der Mutterfirma bei der Gründung eines offiziellen Betriebsrates zuvor kam. Bereits im Sommer 2000 wählten die Beschäftigten der zentralen Auslieferung mit Unterstützung der Gewerkschaft eine Interessenvertretung. Denn auch hierzulande ist es kein Privileg, bei Amazon zu schuften. Die Konditionen sind hart: lange Arbeitszeiten, wenig Urlaubstage, Löhne unter dem Branchendurchschnitt. Der Alltag der Lagerarbeiter in den riesigen Hallen unterscheidet sich kaum von den Arbeitsplätzen beim Otto-Versand, bei Neckermann oder Quelle.

Aber selbst dort, wo nicht nur Bestellungen ausgeführt, sondern tatsächlich neue Geschäftsideen geboren werden, ist die Stimmung umgeschlagen. Das US-amerikanische Managementkonzept des „Total well being", die totale Wohlfühlerei also, prägte anfangs auch in Deutschland die jungen Unternehmenskulturen in der Informations- und Medienbranche. „Der beste Betriebsrat ist der Chef", hieß es einst in den Internet-Buden; doch viele Mitarbeiter fühlen sich weniger wohl als vor einigen Jahren. Ein kostenloses Mittagessen und das Taxi, wenn es mal richtig spät wird, reichen ihnen nicht mehr als betriebliche Sozialleistung. Sie sind es leid, auf den Kontakt zu Freunden und überhaupt auf ein Privatleben jenseits ihres Jobs zu verzichten. Sie wollen nicht mehr dauernd abends oder am Wochenende arbeiten – noch dazu ohne garantierte Zuschläge, wie sie in anderen Wirtschaftszweigen üblich sind.

Kernzeitregelungen, mit denen Beschäftigte zu täglich elf oder gar zwölf Stunden Anwesenheit im Betrieb verpflichtet wurden, sind rein rechtlich betrachtet klare Verstöße gegen das Arbeitszeitgesetz. Auf solche Ungereimtheiten angesprochen, reagieren die Firmenchefs verblüfft bis unwirsch. „Davon höre ich zum ersten Mal", heißt es in ehrlichem Erstaunen – oder es wird gleich gekontert: „Schließlich haben wir hier hunderte von Jobs geschaffen." Nur wenige Mitarbeiter trauen sich, in dieser Atmosphäre ihre Unzufriedenheit offen zuzugeben. Es gilt als ungeschickt und riskant, Ängste vor Überforderung im Betrieb zu zeigen. Der Stress, es jeden Tag 180-prozentig machen zu müssen, wird meist verdrängt. Arbeitsschützer und Supervisoren berichten, dass sie in den Firmen manchmal „wie ein Detektiv" nachforschen müssen, um dem Thema Arbeitsüberlastung auf die Spur zu kommen.

In der Gründerzeit bemühten sich viele Unternehmen der digitalen Wirtschaft um ein besonders entspannendes Arbeitsklima. Der eigens engagierte Masseur, der die durch Dauer-Bildschirmarbeit gepiesackten Nacken kraulte, war allerdings stets ein Klischee und blieb die Ausnahme. Kern einer stärker an den Bedürfnissen der Mitarbeiter orientierten Unternehmenskultur war das „Commitment", die Verpflichtung auf eine gemeinsame Mission. Rigide Hierarchien sollten vermieden werden, Interessengegensätze gar nicht erst aufkommen, mögliche Konflikte schnell geklärt werden. „Wenn jemand unzufrieden ist, dann sprechen wir eben" so erläuterten junge Gründer ihre Unternehmensphilosophie. „Wir haben dafür den Peter" hieß es zum Beispiel lapidar bei der Essener BOV AG: Der EDV-Dienstleister leistete sich einen studierten Sozialpädagogen, der als fest angestellter Coach mögliche Schwierigkeiten managte – und damit einen Betriebsrat überflüssig machen sollte.

Die traditionelle Form der Mitbestimmung galt in der IT-Branche lange als überholtes Instrument der Industriegesellschaft. Die formalen Regularien herkömmlicher Betriebsratsarbeit erklärte man kurzerhand für unnötig. Die Angestellten seien ohnehin zugleich Anteilseigner und verfolgten daher keine gegensätzlichen, sondern ähnliche Interessen wie ihre Chefs. Die Idee, eine Arbeitnehmervertretung zu gründen, betrachteten die Firmengründer als Misstrauensbeweis oder gar als persönliche Niederlage, als Angriff auf ihren Leitungsstil. Attraktive berufliche Entwicklungsmöglichkeiten und selbst organisierte, kooperative Unternehmenskulturen standen im Mittelpunkt. Häufig wurden Mitarbeiter in der Tat umfassender an betrieblichen Entscheidungen beteiligt als dies in klassischen Unternehmen üblich ist. Verbesserungsvorschläge, aber auch Kritikpunkte kommunizierten sie in persönlichen Gesprächen oder via Intranet.

Mit dem Aufbau professioneller Strukturen und steigender Mitarbeiterzahl funktionierte das Rezept „mal eben sprechen" immer weniger. Aus gemütlichen Wohn- und Arbeitsgemeinschaften wurden mittelständische Betriebe, in denen sich Konflikte nicht mehr mit einem gemeinsamen Kinobesuch aus der Welt schaffen ließen. Individuelle Klagen verpufften bei den Vorgesetzten; je größer die Firmen wurden, desto schlechter funktionierte der direkte Austausch. Mit der Mitbestimmung in der digitalen Ökonomie sei es „wie mit den wilden Ehen: Die Formen des Zusammenseins werden lockerer, man vertraut vor allem sich selbst und braucht zumindest zu Anfang des noch jungen Glücks nichts und niemanden außer sich selbst". Diesen Vergleich nutzt Norbert Kluge: „Kommt die Beziehung in die Jahre, werden Verträge doch attraktiver, vielleicht gerade deshalb, weil man sich nun besser kennt. Aber vielleicht muss man heute selbst unter diesen Umständen nicht mehr unbedingt heiraten und kann versuchen, eigene Wege des Zusammenlebens zu gehen." (2001, S. 229).

Die Formen des Interessenausgleichs haben mit den gesetzlich verankerten Regelungen häufig immer noch wenig gemein. Der kulturelle Bruch drückt sich schon in der Sprache aus. Nicht nur die Kantine heißt neudeutsch Bistro, auch die Betriebsversammlung wird zum „All-hands-meeting", die Betriebsratssitzung zum „Round table". Die Rolle der Arbeitnehmervertreter charakterisieren Begriffe wie „Advokat" oder „Fellow". Von „Pulsmessern" und „Katalysatoren" ist die Rede, von einer Instanz, die für „Fairness und Transparenz" sorgt, oder gleich vom Betriebsrat als „Care Center". Beteiligung kann sehr Unterschiedliches bedeuten. Der Spektrum reicht von „radikaldemokratischer Selbstbestimmung" bis zum „sozialpartnerschaftlichen Mitunternehmertum". Viele der improvisierten runden Tische bildeten sich mit ausdrücklicher Unterstützung der Unternehmensgründer. Meist waren sie wenig abgesichert und hingen vom guten Willen des Managements ab. Anders als ein gewählter Betriebsrat mussten sie sich im alltäglichen Handeln immer wieder neu legitimieren. In der großen Ernüchterung nach dem Börsencrash am Neuen Markt entpuppten sie sich als Schönwetter-Einrichtungen. Sobald Jobs akut gefährdet waren oder gar die ganze Firma auf der Kippe stand, wurden die Schwächen der informellen Gremien sichtbar. Plötzlich avancierten Mitbestimmungsregelungen zu einem angesehenen Instrument.

Die Gewerkschaften, in der Branche lange ignoriert oder belächelt, stießen auf größeres Interesse. Inzwischen fragen verunsicherte IT-Mitarbeiter aus der Internet-Branche immer öfter bei der Gewerkschaft an. Der Beratungsbedarf ist groß: Wie lassen sich Aktienoptionen in Festgehälter umwandeln? Wie gründet sich eigentlich ein offizieller Betriebsrat? Wie lässt sich eine individuelle Arbeitsvereinbarung aushandeln und gestalten? Wo liegen die Fußangeln bei befristeten Werkverträgen? Was muss ein Hochschulabsolvent beachten, der bei seinem ersten Auftrag als freier Dienstleister nicht gleich übers Ohr gehauen werden will? Welche Rechte haben überhaupt Selbstständige, die Unternehmen „arbeitnehmerähnlich" zuarbeiten?

Enorme milieubedingte Hemmschwellen sind nach wie vor zu überwinden – auf beiden Seiten. So haben Gewerkschafter traditionell Vorbehalte gegenüber Freiberuflern, die sie früher eher dem Unternehmerlager zurechneten. Umgekehrt gilt der DGB und seine Organisationen den jungen Wissensarbeitern als fremdartiger, konservativer Tanker, als schwerfälliger und verknöcherter Lobbyverband männlicher Industriewerker. Das beharrliche Misstrauen „kleidet sich in das Zerrbild des ignoranten Betriebsrates, der im Projektbüro der Informatiker um 20 nach 9 das Licht ausdreht und derart die Lust an der Selbstausbeutung vergällt" (Kadritzke 2000, S. 797). Dass derart angestaubt wirkende Organisationen jetzt passgenaue Beratungsdienstleistungen für Kleinstunternehmer anbieten oder sich gar als „Empowerment-Agentur" profilieren wollen, klang zunächst wenig glaubwürdig. Doch tatsächlich hat ein Umdenken begonnen: Gewerkschafter bemühen sich, auf individuelle Lebensstile einzugehen, Einzelinteressen ernst zu nehmen und diese vor Übergriffen der Arbeitgeber zu schützen.

Projektarbeiter, ob freiberuflich oder festangestellt tätig, nehmen die engen Grenzen standardisierter Tarifverträge und Zeitstrukturen bisweilen eher als Hindernis wahr. Eine mehr oder weniger ausgeprägte Selbstausbeutungsmentalität erschwert die Wahrnehmung von Interessengegensätzen. Sie möchten nicht moralinsauer über die Notwendigkeit von Regulierung belehrt werden; sie wollen aber auch keine Aushilfsjobs, sondern Arbeit auf ihrem Niveau mit angemessener Bezahlung. Die Gewerkschaften haben weiterhin eine wichtige Aufgabe, wenn sich die Risiken der offener gewordenen Berufsbiografien häufen. Trotz aller Individualisierung der Lebenslagen und Erwerbsverhältnisse gibt es weiterhin Probleme, die im Kollektiv wirkungsvoller vertreten werden können. Die Arbeitnehmerverbände sind als organisierte Gegenmacht entstanden, als Zusammenschlüsse abhängig Beschäftigter, die ihre Lage nur durch gemeinsames Handeln verbessern konnten. Ihre Erfolgsgeschichte im letzten Jahrhundert beruhte auf der Erfahrung von Befreiung. Es war ein organisierter Kampf gegen unternehmerische Willkür, für bessere Bezahlung und für mehr Zeitsouveränität.

Im Kern hat sich an dieser Aufgabe nichts geändert: Denn nur wenige „Edelproletarier" unter den Selbstunternehmern können als Einzelkämpfer über Arbeitszeit oder Entlohnung verhandeln. Die meisten Freiberufler sind in irgendeiner Form „abhängig beschäftigt" und benötigen eine Absicherung gegen Übergriffe und unbegrenzte Ausbeutung. Profilierte Angebote in diese Richtung machen die Gewerkschaften vor allem in der Medienbranche. Mancher selbstständig Tätige sei „abhängiger und schutzbedürftiger als der Arbeitnehmer im Betrieb", hat Detlev Hensche (1997, S. 628) frühzeitig erkannt. Der letzte Chef der in der Großorganisation ver.di aufgegangenen IG Medien propagierte schon früh innovative Formen der „kollektiven Selbsthilfe" wie „das Angebot von Erfahrungsaustausch", die „Abstimmung über Verwertungsbedingungen und Honorare" sowie die „Unterstützung bei Vertragsverhandlungen" (ebd.).

Mit lokalen Veranstaltungen, Seminaren und eigenen Publikationen wollten bereits die ver.di-Vorläufer die angepeilte Zielgruppe ansprechen. Das war stets schwierig, denn viele Selbstständige sind wegen ihrer häufig wechselnden Arbeitsorte kaum erreichbar. Im ver.di-Verbund wurden die Aktivitäten für Projektarbeiter intensiviert. Das Projekt „connexx.av" avancierte dabei zum Symbol für eine neue Form der Gewerkschaftsarbeit: Eigentlich für Journalisten, Techniker oder Kameraleute der Film- und Fernsehwirtschaft entwickelt, etablierte sich das Dienstleistungsangebot schnell als umfassendes Informationsnetzwerk auch für die Mitarbeiter der Internet- und Multimediabranche. Interessierte erhalten Beratung, Rechtsschutz und die Möglichkeit, sich weiterzubilden. Honorarempfehlungen oder Musterentwürfe für verbindliche Geschäftsbedingungen sollen abhängige Pseudounternehmer im Umfeld von Produktionsfirmen oder Online-Diensten unterstützen. Der Service wird auch im Internet präsentiert und kann über das Callcenter „mediafon" ständig abgerufen werden: Gewerkschaft soll auch außerhalb der Betriebe in elektronischen Netzwerken erfahrbar sein. Die Übergänge zwischen der Unterstützung abhängig Beschäftigter und erfolgreicher Selbständiger sind fließend: Kann der freiberufliche Filmemacher, der gegen seinen früheren Kollegen einen Urheberstreit wegen Diebstahl geistigen Eigentums führt, von seiner Gewerkschaft Rechtsschutz erwarten? Kann eine Firma auf Unterstützung hoffen, die einem Newcomer verbieten will, unter ihrem eingeführten Namen öffentlich aufzutreten? Ist das ein Fall für den örtlichen DGB-Anwalt, der es eigentlich als seine Kernaufgabe ansieht, willkürlich gekündigte Arbeitnehmer zu vertreten? Die ver.di-Justitiare beantworten solche Fragen mit einem klaren Ja. Für sie werden auf diese Weise keineswegs sauer verdiente Mitgliederbeiträge an gut verdienende Freiberufler verteilt. Denn beileibe nicht alle Selbstständigen sind Erfolgsunternehmer ihrer eigenen Arbeitskraft. Unter ihnen finden sich auch die modernen Tagelöhner, die sich unter prekären Bedingungen anbieten müssen.

In der Informationsgesellschaft entstehen nur anders gelagerte Bedürfnisse nach Identifikation, Sicherheit, Kommunikation und sozialer Heimat. Es gibt ein großes Interesse, über die eigene Lebenssituation nachzudenken. „Das nomadenhafte Großstadt-Leben ist keineswegs nur so irre toll, wie uns jubelnde Artikel und Hurra-Interviews der neuen Berufseinsteiger-Magazine weismachen wollen", stellt Jan Engelhardt (1999, S. 635) von der Abteilung Jugend im IG Metall-Vorstand fest. Neben der Faszination für einen als weitgehend selbstbestimmten Arbeitsplatz schwingt immer auch die Angst vor Vereinzelung und dem Verlust stabiler Perspektiven mit: „Darüber kann weder das lässige Abhängen im Szene-Cafe am Nachmittag noch der Workaholic-Gestus morgens um ein Uhr am PC hinwegtäuschen." (ebd.).

Moderne gewerkschaftliche Interessenvertretung muss die Differenzierung persönlicher Lebensstile akzeptieren. Sie sollte keine Lösungen „mit dem Rasenmäher" propagieren, sondern individuelle Einzelinteressen ernst nehmen und diese versuchen zu schützen. Dabei kann auch die traditionelle Tarifpolitik helfen – etwa, wenn im Umfeld der „Vertrauensarbeitszeit" über das zu leistende Arbeitspensum verhandelt wird. Gewerkschaften sollten dabei nicht den Fehler machen, professionelles Engagement vorschnell in düsteres Arbeitsleid umzudeuten. Nicht nur die Mitgliederzahlen der Arbeitnehmerorganisationen sinken seit Jahren; auch der Anteil der Beschäftigten, die durch Betriebsräte vertreten werden, ist innerhalb von zwei Jahrzehnten von gut fünfzig auf deutlich unter vierzig Prozent geschrumpft. Ausnahmen wie der Online-Dienstleister AOL, in dessen Hamburger Zentrale schon 1998 eine offizielle Interessenvertretung etabliert wurde, bestätigen nur die Regel: Gewerkschafter sind in der Internet-Wirtschaft auch nach dem Ende des Börsenbooms keine Selbstverständlichkeit.

Zwar suchen inzwischen sogar Leute, die sich einst als Dotcom-Millionäre wähnten, gewerkschaftlichen Beistand. Mit Unterstützung von „connexx" haben Mitarbeiter bei Unternehmen wie Pixelpark einen „richtigen" Betriebsrat gegründet – meist in Krisensituationen, wenn Entlassungen anstanden. Das bedeutet aber nicht, dass die Gewerkschaften selbst massiven Zulauf hätten. Die in anderen Wirtschaftszweigen wie Metall oder Chemie fast naturwüchsige Verbindung zwischen Arbeitnehmervertretungen und Arbeitnehmerverbänden existiert in der IT-Branche nicht. Für die selbstbewussten Wissensarbeiter ist es ein langer Weg von der Unzufriedenheit mit dem eigener Arbeitssituation bis zum Gewerkschaftsbeitritt.

Wo sich angeblich jeder auf eigene Faust organisieren kann, fällt Gewerkschaften bestenfalls die Aufgabe zu, für verlässliche Rahmenbedingungen zu sorgen. „Der Sinn für Brüderlichkeit als gemeinsames Schicksal, als dauerhafter Bestand gemeinsamer Interessen, ist schwächer geworden", konstatiert Richard Sennett (2001). Die Garantie einer langfristigen Perspektive im Unternehmen, einst wichtige Aufgabe der Arbeitnehmerverbände, hat an Bedeutung verloren. Dauer- oder gar Lebensarbeitsverhältnisse werden häufig gar nicht erst angestrebt. „Lange Ausbildungswege und die Erfahrung relativer Freiheit in der Lebensführung" ermöglichen immer mehr Erwerbstätigen „eine erweiterte Selbstkontrolle, Selbstökonomisierung und ein alltagspraktisches Selbstmanagement", beobachtet die Bremer Sozialforscherin Karin Gottschall (1999, S. 650). Wer auf diese Weise ein klar umrissenes Kompetenzprofil entwickeln kann, den schreckt weniger die Befristung einer Stelle als die Perspektive einer endlosen Betriebszugehörigkeit.

Wo sich die Grenzen zwischen Arbeit und Freizeit auflösen, lassen sich Arbeitskulturen und private Lebensstile immer weniger voneinander trennen. Verbände wie die Gewerkschaften kreisen in den letzten Jahrzehnten fast ausschließlich um die Erwerbswelt. Sie benötigen einen erweiterten Blick, können dabei aber auf alte Traditionen zurückgreifen. Die Stärke der frühen Arbeiterbewegung lag gerade in ihrem ganzheitliches Konzept, das über betriebliche Aktivitäten hinaus reichte. Die Gewerkschaften entstanden als

Selbsthilfeorganisationen, die Gemeinschaft organisierten und tief im Alltagsleben ihrer Mitglieder verankert waren. Diese Vision auf moderne Weise aufzugreifen, bedeutet zum Beispiel, kürzere und stressfreie Arbeit als einen Gewinn an persönlicher Lebensqualität herauszustellen. Auch die jungen Projektarbeiter definieren sich keineswegs ausschließlich über ihren Beruf; daneben suchen sie kulturelle Identität und ein persönliches Gleichgewicht. Dazu gehört, auch scheinbar private Dinge wie die Arrangements zwischen den Geschlechtern zu thematisieren.

5.3 Sozial- und Familienpolitik

5.3.1 Abweichungen von der Normalarbeit als Bedrohung der Systeme sozialer Sicherung

Die in Kapitel 3 beschriebene Deregulierung von Erwerbsarbeit hat nicht zur Auflösung, aber doch zu einer schleichenden Erosion des Normalarbeitsverhältnisses geführt. Auf diesem aber beruht in Deutschland die soziale Sicherung. Verursacht schon die Massenarbeitslosigkeit massive Beitragsausfälle in der Kranken-; Renten- und Pflegeversicherung, so verschärfen geringfügige Beschäftigung und Verselbstständigung von Arbeitnehmern das Problem. Im Gegensatz zu immer wieder verbreiteten Deutungsmustern ist dagegen die demografische Entwicklung keineswegs die Hauptursache der Krise der Sozialsysteme. Vielmehr werde „die Angst vor der Entvölkerung bzw. der 'Vergreisung' benutzt, um den Betroffenen Leistungskürzungen plausibel zu machen", schreibt der Kölner Politikwissenschaftler Christoph Butterwegge (2001, S. 47): „Oft beschwören dieselben Personen, denen das Boot seinerzeit als zu voll erschienen war, das Schreckbild einer menschenleeren Bundesrepublik herauf, in der niemand die Renten der alten Leute aufbringt." (ebd.)

In einer sozial polarisierten Gesellschaft wächst die Zahl jener kleinen Minderheit, die nicht von Erwerbsarbeit, sondern von Besitz und akkumuliertem Kapital ihren Lebensunterhalt bestreitet. Geldanleger oder Wohnungsvermieter leisten indes keinen Beitrag zur Finanzierung der sozialen Sicherung. Ähnliches gilt auch für Beamte sowie für jene erfolgreichen Freiberufler, die sich eine lukrative private Zukunftsvorsorge finanziell erlauben können. „Der mangelnde Einbezug der Selbständigen in das deutsche Sozialversicherungssystem ist symptomatisch für dessen wohlfahrtsstaatlich pfadtypische Beschränkung auf abhängig Beschäftigte im 'männlichen' Normalarbeitsverhältnis", analysiert Sigrid Betzelt vom Zentrum für Sozialpolitik an der Universität Bremen (2002, S. 9): „Nur für einige Berufsgruppen der 'alten' Selbständigen wurden spezielle obligatorische Sondersysteme der sozialen Sicherung geschaffen, die somit nur eine kleine Minderheit der Selbständigen einbeziehen." (ebd.).

Wenig abgesichert bleibt die wachsende Gruppe jener prekär beschäftigten Freiberufler, die mit ihren Einkommen nach Steuern gerade mal den eigenen Lebensunterhalt bestreiten können. Im Kontext der von Outsourcing und Subunternehmertum geprägten Netzwerk-Wirtschaft ist zwar viel von Zeitautonomie und Unabhängigkeit die Rede, gleichzeitig aber bietet sie wenig materielle und regulative Verlässlichkeit. Auch die neuen, hoch flexibel arbeitenden Beschäftigten haben ein Bedürfnis nach sozialer Sicherheit. Keineswegs jeder kann seinen Job zur (bezahlten) Berufung machen, auch wenn bestimmte Spielregeln der künstlerischen Berufe sich auf andere Branchen ausdehnen. Arbeit wird stärker „selbstbestimmt und kompetitiv; wechselhafter in Art und Umfang des Beschäftigungsverhältnisses und im stärkeren Maße projekt- oder teamorientiert; zunehmend in Netzwerken und weniger in Betrieben integriert; mit vielfältigen und wechselnden Arbeitsaufgaben, die zu lebenslangem Lernen anspornen; aber auch mit schwankender Vergütung und kombiniert mit anderen Einkommensquellen oder unbezahlter Eigenarbeit" (Haak/Schmid 2001, S. 170).

Die Risiken der neuen Beschäftigungsformen werden durch die traditionellen Systeme der sozialen Sicherung nur zum Teil aufgefangen. Selbst jene, die ihre selbstständige Organisationsform frei gewählt haben, müssen sich mit vielen Unsicherheitsfaktoren auseinander setzen. Die Auftragslage von Solounternehmern in der Medienbranche zum Beispiel ist großen Schwankungen unterworfen. Nützlich für die Überbrückung von finanziellen Durststrecken ist eine Errungenschaft aus der Spätphase der sozialliberalen Koalition: In der durch Staat und Verlage bezuschussten Künstlersozialkasse (KSK) können sich Selbstständige in publizistischen Berufen seit Anfang der achtziger Jahre relativ preisgünstig kranken- und rentenversichern. Angesichts der rapide gestiegenen Nachfrage wird dieses Angebot zunehmend reglementiert und eingeschränkt. Das zugrunde liegende Prinzip einer Integration von Freiberuflern in die gesetzliche Sozialversicherung aber ist exemplarisch und wegweisend, weshalb im folgenden auf die KSK detaillierter eingegangen werden soll.

5.3.2 Das Modell der Künstlersozialversicherung

Entgegen der Erwartungen hat sich herausgestellt, dass die Selbstständigen in den Kulturberufen sehr interessiert sind an einem Zugang zu den gesetzlichen Sozialsystemen. Der Zufall wollte es, dass das Gesetz zur Künstlersozialversicherung wenige Monate nach der Bonner Wende zur CDU/FDP-Koalition in Kraft trat. Kanzler Helmut Kohl und sein Arbeitsminister Norbert Blüm hüteten sich in der Folgezeit aus gutem Grund, die in den eigenen Reihen umstrittene Regelung wieder rückgängig zu machen. Zu offensichtlich war die desolate Alterssicherung vieler freischaffenden Künstler und Publizisten. Die Integration dieser Gruppen in die Systeme der sozialen Sicherung - vorher standen diese nur den selbständigen Landwirten offen – galt als ein genuin sozialdemokratisches Projekt. Kohls Vorgänger Helmut Schmidt hatte sie einst den seine Partei unterstützenden Literaten, wie etwa Günter Grass, versprochen; vor allem der damalige SPD-Abgeordnete Dieter Lattmann, zugleich engagiert im Schriftstellerverband, engagierte sich hartnäckig für das „Jahrhundertwerk".

Die Künstlersozialkasse funktioniert vom Prinzip her wie die Sozialsysteme für Arbeitnehmer: 50 Prozent der Beiträge für Kranken-, Pflege- und Rentenversicherung zahlen die freiberuflichen Autoren oder Künstler selbst. Die zweite Hälfte, der Arbeitgeberanteil sozusagen, setzt sich zu gleichen Teilen aus einer pauschalen Sozialabgabe der Auftraggeber und einem staatlichen Zuschuss zusammen. Dieses Konzept war ein Kompromiss: Die Kulturunternehmen und Verwerter, also etwa Galeristen, Theaterdirektionen, Zeitungs- und Buchverleger, Radio- und Fernsehsender, Werbeagenturen oder Plattenfirmen, widersetzten sich anfangs der ihnen auferlegten Abgabepflicht. Sie erreichten schließlich einen Teilerfolg: Statt der ursprünglich vorgesehenen zwei Drittel müssen sie seit 1988 nur noch die Hälfte des „Arbeitgeberanteils" leisten; der Bundeszuschuss wurde entsprechend aufgestockt.

Seit ihrer Gründung im Januar 1983 hat sich die Zahl der KSK-Versicherten verzehnfacht und nimmt jährlich weiter um fünf Prozent zu (Betzelt 2002, S. 11). Ging man einst von langfristig maximal 30 000 Interessenten aus, so liegt die Mitgliederzahl mittlerweile bei 120 000. Der stetige Anstieg der Versichertenzahlen war Ausdruck des Booms in der Medienbranche: In den achtziger Jahren wurden private Anbieter in Funk und Fernsehen zugelassen, Ende der neunziger Jahren entstanden im Umfeld des Internet weitere Arbeitsfelder. Zwar hat sich die Zahl der herangezogenen Verwerter seit 1990 fast verdoppelt, zugleich aber stiegen die Kosten für den Bund um mehr als das Dreifache. Der staatliche Zuschuss wurde inzwischen von 25 auf 20 Prozent reduziert; zudem hat die KSK ihre Aufnahmekriterien verschärft. Vor allem Freiberufler in Multimedia-Berufen wie etwa Webdesigner haben Schwierigkeiten, wenn sie belegen sollen, dass sie als Freiberufler „publizistisch" tätig sind.

Der ungebrochene Zustrom zur Künstlersozialversicherung belegt die Attraktivität der gesetzlichen Systeme auch für Selbstständige. Gerade die prekär arbeitenden Freiberufler suchen eine staatlich garantierte soziale Absicherung. Sozialforscher werten die Künstlersozialkasse als soziale Errungenschaft und innovatorisches Modell (Gottschall/Schnell 2000). Es könnte Vorbild sein für andere Branchen, in denen ebenfalls Betriebsteile ausgelagert und Mitarbeiter verselbstständigt werden. Auch Berater oder Softwarespezialisten zum Beispiel sind in wachsendem Maße mit einer Berufslaufbahn konfrontiert, in der sich Phasen einer festen Anstellung mit einer (manchmal nicht freiwilligen) Tätigkeit auf eigene Rechnung abwechseln. Der Trend geht zum kleinstbetrieblichen Expertentum: Die Hälfte aller deutschen Unternehmen sind mittlerweile Ein-Personen-Betriebe (Bögenhold/Leicht 2000). Vor diesem Hintergrund ist die Entwicklung von Versicherungssystemen analog zur Künstlersozialkasse in anderen Berufsfeldern eine wegweisende sozialpolitische Reformperspektive.

Schon die Diskussion über die Einführung der KSK war von Kampagnen der Unternehmerverbände begleitet, die über höhere Abgaben klagten und mit dem Abbau von Arbeitsplätzen und Beschäftigung drohten. Änderungen im Sozialsystem, die die Arbeitgeber Geld kosten, sind heute erheblich schwerer durchzusetzen als im Reformklima der siebziger Jahre. Eine Übertragung der Prinzipien der Künstlersozialversicherung auf andere Branchen wäre ein konfliktträchtiges Vorhaben, aber ein wichtiger Schritt hin zu einem „universalisierten" System, das die Sozialversicherung auf eine breitere Grundlage stellen würde.

5.3.3 Alternativen zu den patriarchalen Regularien des Sozialstaats

„Gutsituierter Mediziner sucht kinderliebe Ehefrau aus gutem Hause", „Unternehmenserbe sehnt sich nach hübscher Partnerin mit Familiensinn" – hinter solchen Heiratsanzeigen verbirgt sich vielleicht der unerfüllte Wunsch nach der großen Liebe. Manchmal geht es aber auch um ganz Profanes. Denn die Gattin daheim kommt billiger als jede festangestellte Haushälterin. Der Gang zum Standesamt lässt an den Privilegien teilhaben, die das deutsche Steuerrecht für Ehepaare bereithält. Wer sein Einkommen mit einer nicht oder nur geringfügig erwerbstätigen Partnerin „splittet", führt deutlich weniger an das Finanzamt ab. Die Einkünfte werden zusammengerechnet

und dann durch zwei geteilt, was den Steuersatz wegen der steigenden Progression erheblich reduziert.
Rein rechtlich gelten die Splitting-Bestimmungen für beide Geschlechter. Männer wie Frauen können die Arbeitskraft ihres Partners oder ihrer Partnerin für die Hausarbeit freistellen und sich diesen Dienstboten vom Finanzamt subventionieren lassen. In der Praxis aber profitiert vor allem der Mann als Allein- oder Hauptverdiener: Seine Position als Ernährer wird gestärkt; der Staat honoriert mit diesem System die traditionelle Rollenverteilung. Die höchsten Splittingeffekte ergeben sich, wenn der Mann gut verdient und die Frau zu Hause bleibt. Je mehr sich die Einkommen der beiden Ehepartner annähern, desto geringer wird die Steuerersparnis. Für Paare mit annähernd gleichem Verdienst fällt die Kosten-Nutzen-Bilanz als Nullsummenspiel aus. Die Ehe bietet dann keine steuerlichen Vorteile mehr, die Beteiligten werden letztlich wie Alleinstehende behandelt: Wenn sie ihr Einkommen zusammenlegen und anschließend halbieren, landen sie wieder bei ihren ursprünglichen Bezügen.
Die Idee, die dieser Steuergesetzgebung zugrunde liegt, lässt sich schon in der Antike beobachten. Die alten Griechen ordneten die Kunst der Wirtschaftsführung dem „oikonomikos" zu – dem männlichen Familienoberhaupt, das den Unterhalt der Haushaltsmitglieder sicherte. Ihm allein standen in der antiken Gesellschaft die Bürgerrechte unter Gleichen zu, er vertrat die häusliche Gemeinschaft nach außen. Die Arbeit seiner Angehörigen, egal ob es sich dabei um Sklaven, Dienstboten, Kinder oder die Ehefrau handelte, gehörte ihm. Dieses Selbstverständnis prägt, allerdings unter völlig anderen Produktionsbedingungen, auch das deutsche Steuersystem: De facto rückt es den männlichen Haushaltsvorstand in den ökonomischen Mittelpunkt.
Das Steuersplitting in der Ehe diskriminiert erwerbstätige Frauen und baut Barrieren auf für Paare, die sich von althergebrachten Verhaltensmustern verabschieden wollen. Wer ein Maximum an Steuern sparen will, für den kann die Einkommensdifferenz zu seiner Gattin gar nicht groß genug sein – am besten, sie verrichtet überhaupt keine bezahlte Tätigkeit. Letztlich gehe es darum, Frauen mit den Mitteln der Finanzpolitik vom Arbeitsmarkt fern zu halten, glaubt die Wirtschaftswissenschaftlerin Susanne Schunter-Kleemann (1992, S. 159): „Das gesamte System des Familienlastenausgleichs basiert auf der Vorstellung der familienzentrierten Ehefrau, die bestenfalls nach der Familienpause noch einer Teilzeitbeschäftigung nachgeht."

Für Mütter, die nach der Geburt von Kindern wieder in den Beruf einsteigen wollen, wirkt die Splitting-Besteuerung wie eine Sperre. In der Gesamtrechnung pro Haushalt mögen sich die Differenzen ausgleichen. Psychologisch betrachtet aber übt das Splitting einen sanften Druck aus, die herkömmliche Aufgabenverteilung zwischen den Geschlechtern beizubehalten. So verlieren Männer, die ihre Arbeitszeit wegen der Kindererziehung reduzieren wollen, nicht nur den entsprechenden Anteil ihres Einkommens. Auch der Splittingvorteil, mit dem ihre Alleinverdienerrolle subventioniert wird, geht verloren. Umgekehrt wirken die geringen Verdienste, die nach allen Abzügen für Teilzeitarbeiterinnen übrig bleiben, wenig motivierend, die Erwerbstätigkeit fortzusetzen oder gar auszuweiten.

„Unverkennbar ist die ausgeprägte Ehezentrierung der deutschen Steuer- und Sozialpolitik dringend revisionsbedürftig", konstatiert Ute Klammer (2003, S. 37). Das Nettoeinkommen von geringfügig oder auf Teilzeitbasis beschäftigten Ehefrauen, in der Steuerklasse 5 mit hohen Abzügen versehen, erscheint als eine Art Taschengeld, während beim Hauptemährer in Steuerklasse 3 alle lukrativen Freibeträge konzentriert sind. Die Form der Besteuerung von „Zuverdienerinnen" verzerrt das Gewicht der weiblichen Erwerbstätigkeit in einer Partnerschaft. Gerade für verheiratete Frauen aus der Unterschicht wird ein sozialversicherungspflichtiges Arbeitsverhältnis häufig vollkommen uninteressant. Statt einer schlecht bezahlten Teilzeitbeschäftigung nachzugehen, versuchen sie, sich ein paar Stunden auf geringfügiger Basis zu verdingen – oder sie bleiben schlicht zu Hause. Auf subtilem Wege hat die patriarchal orientierte Familienpolitik dann ihr Ziel erreicht. Frauen belasten nicht mehr als zusätzliche Nachfrager die Arbeitslosenstatistik. Ihr Engagement daheim dient der Erhaltung einer ganztags tätigen männlichen Arbeitskraft, die voll einsatzfähig ist, ihren Vorgesetzten jederzeit zur Verfügung steht und ohne Probleme auch mal zu Überstunden herangezogen werden kann.

Ein Blick in die Geschichte der Steuerpolitik zeigt, wie mit Hilfe des Ehegatten-Splittings stets auch der Arbeitsmarkt gesteuert wurde. Als im ersten Weltkrieg und unmittelbar danach Frauen in der industriellen Produktion benötigt wurden, war es schnell vorbei mit der in Preußen und dem Kaiserreich selbstverständlichen Gemeinschaftsbesteuerung von Ehepaaren. Die Finanzämter veranlagten getrennt, um „durch eine sinkende Steuerlast einen Anreiz für Ehefrauen zur Erwerbstätigkeit zu schaffen", stellt die Bremer Steuerexpertin Wiebke Buchholz-Will fest (1985, S. 671). Das änderte sich mit der Weltwirtschaftskrise und der Machtübernahme Adolf Hitlers: 1934 führten die Nationalsozialisten die gemeinschaftliche Besteuerung wieder ein. Ihre Begründung fand im Volk durchaus Zustimmung: Männliche Arbeitslose müssten untergebracht, Frauen auf ihre Rolle als Hausfrau und Mutter beschränkt werden. Im zweiten Weltkrieg aber mussten erneut weibliche Arbeitskräfte die Plätze der Männer in den Betrieben übernehmen. Prompt wies eine Änderung der so genannten „Einkommenssteuer-Durchführungsverordnung" die Finanzämter an, die Arbeitseinkommen der Frauen aus unselbständiger Arbeit wieder getrennt zu besteuern.

Klima und Politik der fünfziger Jahre bilden ideologisch wie juristisch die Grundlage für das heutige Splitting-System. Die aus dem Krieg heimgekehrten Ehemänner legten den „Trümmerfrauen", die jahrelang allein zurecht gekommen waren, die Rückkehr an den Kochtopf nahe. Bruchlos machte das Schimpfwort von den „Doppelverdienern", das schon die Nazis missbraucht hatten, erneut die Runde: Versorgte Ehefrauen, die Erwerbsarbeit gar nicht nötig haben, nehmen arbeitslosen Familienvätern den Job weg – so lautete das Deutungsmuster, das bis heute als Rezept des Stammtisches für wirtschaftliche Krisenzeiten überlebt hat. Konservative Politiker wie der langjährige CDU-Bundesfamilienminister Franz-Josef Wuermeling warnten vor einer Begünstigung der weiblichen Berufstätigkeit, weil dies einen Anstieg der Ehescheidungen befürchten lasse. Ein Papier aus dem Bundesfinanzministerium, Grundlage des dann 1958 eingeführten Splittingverfahrens, sprach Klartext: „Trotz starker Änderung der Wirtschafts- und Sozialstruktur" sei die Erwerbsarbeit der Ehefrau „Ausnahmefall, Gemeinsamkeit des Erwerbs und der Lebensführung Regelfall" (Denkschrift 1955, S. 13). Dieser Lesart hat sich das Bundesverfassungsgericht am deutlichsten in einem Urteil von 1982 angeschlossen: Das Ehegatten-Splitting entspreche dem Wesen „der intakten Durchschnittsehe", die eine „Erwerbs- und Wirtschaftsgemeinschaft" sei. Deshalb sei dieses Verfahren keine beliebige Vergünstigung, sondern eine sachgerechte Besteuerung, die sich an der wirtschaftlichen Leistungsfähigkeit eines Paares orientiere (Buchholz-Will 1992, S. 64).

Auf höchstrichterliche Aussagen dieser Art berufen sich die Verteidiger der Hausfrauenehe gerne, wenn in der politischen Debatte die unzureichende Förderung von Familien beklagt wird. Doch so sehr sich Alleinlebende und Alleinerziehende, Unverheiratete oder Geschiedene seit Jahren empören, an der finanziellen Bevorzugung von Eheleuten mit klarer Arbeitsteilung wollen die Politiker trotz mancher Sonntagsrede auf keinen Fall etwas ändern.

Alle Versuche, die Steuervorteile zumindest auf Paare mit Kindern zu beschränken, sind bisher fehlgeschlagen – zuletzt wieder nach dem Regierungsantritt der zweiten rotgrünen Regierung im Herbst 2002. Kirchen und christliche Demokraten wittern in der Splittingdebatte schnell den Verfall von Anstand und Moral, den Einzug von nichtehelichen Lebensformen durch die Hintertür. Die Liberalen pflegen ihr Klientel der Zahnärzte und Anwälte, für die sich die Heirat der eigenen Sekretärin oder Sprechstundenhilfe zur ergiebigen finanziellen Goldgrube entwickeln kann. Gutverdienende und rollenkonforme Männer zu verärgern, daran trauen sich auch Sozialdemokraten und Grüne kaum heran. Schon als die sozialliberale Koalition kurz vor ihrem Abtritt 1982 einen entsprechenden Gesetzentwurf einbrachte, schimpfte der damalige bayerische Ministerpräsident Franz-Josef Strauß über die angebliche „Sondersteuer" und sprach von einem gezielten Schlag gegen die traditionelle Familie (Buchholz-Will 1985, S. 673).

23 Milliarden Euro jährlich lassen sich die Finanzämter derzeit durch die Splittingbesteuerung entgehen. Mindestens fünf Milliarden davon verpuffen an kinderlose Paare. Trotzdem verkaufen konservative Politiker und Verfassungsrechtler die Regelung ungerührt als Familienförderung. Die Steuersubvention betrachten sie als „Ausdruck der Gleichwertigkeit von Haus- und Berufsarbeit". Sie geben vor, damit „die Leistung der Eltern" anzuerkennen, die „um der Erziehung der Kinder willen" auf Erwerbsarbeit verzichtet haben. Sie haben dabei stets die nicht berufstätige Mutter im Hinterkopf. „Der Staat darf nicht durch die Art der Besteuerung Druck ausüben und Einfluss darauf nehmen, wie die Ehegatten und die Familie ihr Leben gestalten – weder in der einen noch in der anderen Richtung", heißt es in einem Papier der CDU/CSU-Bundestagsfraktion (Hauser 1995).

Diese immer wieder angeführte Argumentation ist heuchlerisch, funktioniert doch gerade das Splittingverfahren faktisch als äußerst wirkungsvolles Steuerungsinstrument zugunsten des erwünschten Lebensentwurfes. Eine ähnlich einseitige Orientierung liegt dem Erziehungsgeld zugrunde, das einem Elternteil ermöglichen soll, sich ausschließlich der Betreuung von Kindern zu widmen. Wie im Steuerrecht ist das staatliche Angebot zwar geschlechtsneutral formuliert, aber unausgesprochen auf ein bestimmtes Rollenmodell zugeschnitten: Mama soll zu Hause bleiben. Das Erziehungsgeld ist keine Lohnersatzleistung – und kann Männer nicht ernsthaft motivieren, für eine bestimmte Zeit aus ihrem Job auszusteigen und die Kinderpflege zu übernehmen. Es handelt sich eher um eine symbolische Form, Hausfrauentätigkeiten zu honorieren. Der Zuschuss soll die traditionelle Mutterrolle gesellschaftlich aufwerten und gering verdienende Frauen bewegen, vom Arbeitsmarkt in die Familie zurückzukehren.

Das Gesetz setzt erfolgreich auf den stillen Zwang der Verhältnisse. Steuersubventionen für Arbeitsmänner, Mütterprämien für Hausfrauen – Elisabeth Stiefel (1994) weist zu Recht darauf hin, dass „die Gleichsetzung des Ernährermodells mit der Partnerfamilie Grundprinzip des Sozialstaats ist". Der feministischen Wissenschaftlerin zufolge gewähren alle öffentlichen Haushalte dem Alleinverdiener bevorrechtigten Zugang zu den Ressourcen der Solidargemeinschaft. Ledige und „Doppelverdienerinnen", die nicht oder kaum vom Splittingtarif profitieren, müssen auf diese Weise männliche Unterhaltsverpflichtungen mitfinanzieren. Unfreiwillig begünstigen sie damit ein System, das auf der althergebrachten Rolle des Mannes als Familienoberhaupt beruht.

Die Wirkung der scheinbar rein finanztechnischen Instrumente ist durchschlagend. Im Vergleich etwa zu Schweden, das 1971 zur Individualbesteuerung zurückkehrte und damit die Bestrafung weiblicher Berufstätigkeit beendete, wird in Deutschland mit der Förderung des Hausfrauenmodells eine eigenständige soziale Sicherung von Frauen verhindert. Die weiblichen Ansprüche an die Kranken- und Rentenversicherung leiten sich hierzulande überwiegend aus der Erwerbstätigkeit des Ehemannes ab. In den skandinavischen Ländern dagegen gilt die Ehe gilt als freiwillige Lebensform zweier sich durch Lohnarbeit selbst versorgender Individuen, die von den Finanzämtern getrennt veranlagt werden. Mütter, die Teilzeit arbeiten wollen, demotiviert der Fiskus nicht durch besonders hohe Abzüge. Im Gegenteil, effektive Reallohnerhöhungen ermuntern dazu, eine bezahlte Stelle anzutreten. Dass die Erwerbsquote schwedischer Frauen bei über 70 Prozent liegt und sie dennoch mehr Kinder bekommen, hat nicht nur mit dem Steuerrecht, sondern auch mit dem besseren Betreuungsangebot zu tun. Beobachterinnen des skandinavischen Modells halten die Steuerreform der siebziger Jahre aber für wichtiger als alle Gleichstellungsgesetze, weil sie den Frauen erstmals ökonomische Selbständigkeit ermöglicht hat (Pettersson 2000).

Im nunmehr seit Jahrzehnten währenden Streit um die Splittingbesteuerung geht es im Kern nicht um Finanzpolitik, sondern um die Gestaltung der staatlichen Rahmenbedingungen, auf deren Basis Eltern die Aufteilung von Erziehungs- und Erwerbsarbeit gestalten. Das Ehegattensplitting, das in vielen europäischen Ländern gar nicht existiert oder längst durch kinderfreundliche Regelungen ersetzt wurde, ist ein überholtes Privileg. Es stammt aus einer Zeit, als der Mann noch „Haushaltungsvorstand" spielen und seiner Frau die Erwerbsarbeit verbieten durfte. Die Regularien der deutschen Sozial- und Finanzpolitik sind ein zentraler Mechanismus, der Frauen an den Herd und Männer an den Beruf bindet. Unter dem Deckmäntelchen der Familienfreundlichkeit stützt das Steuerrecht ein patriarchales Modell der Eheführung: Es geht nicht um die staatliche Förderung von Paaren mit Kindern, sondern darum, die traditionelle Bereichsteilung der Geschlechter aufrecht zu erhalten.

5.4 Bildungspolitik und pädagogische Praxis

5.4.1 Nachholende Modernisierung: Ganztagsschule und Ganztagsbetreuung im europäischen Vergleich

Die PISA-Studie (2002) hat die erheblichen Defizite des deutschen Bildungssystems im internationalen Vergleich offensichtlich werden lassen. Die Strukturen, die diesen Nachholbedarf verursacht haben, lassen sich im Kern auf eine geistesgeschichtliche Tradition zurückführen, die öffentliche Erziehung negativ und private Fürsorge positiv bewertet. Wenn Eltern als Folge davon Schwierigkeiten haben, den Stundenplan ihrer Kinder mit ihren Anwesenheitszeiten am Arbeitsplatz zu vereinbaren, dann gilt das in Deutschland nicht als politisches, sondern als persönliches Problem.

So ging es während der Auseinandersetzung um den „Rechtsanspruch" auf einen Kindergartenplatz Mitte der neunziger Jahre vor allem darum, Mütter zu „entlasten". Dass es zu den originären Aufgaben des Staates gehört, Vorschulkindern soziale Kompetenz zu vermitteln, drang dagegen kaum in das öffentliche Bewusstsein. Die öffentliche Frühpädagogik hat in Deutschland einen geringeren Stellenwert als in anderen europäischen Ländern. Auch die Ausbildung des pädagogischen Personals wird anderswo erheblich ernster genommen: In Finnland zum Beispiel benötigen ErzieherInnen einen Hochschulabschluss und werden deutlich besser bezahlt.

Die garantierte Betreuung im Kindergarten deckt lediglich die Altersphase zwischen vier und sechs Jahren ab. Krippen für kleinere Kinder oder Horte für Schulkinder sind kaum vorhanden und werden vor allem in den neuen Bundesländern weiter abgebaut. Vor allem in ländlichen Regionen haben viele Betreuungseinrichtungen nur vormittags geöffnet. Aus der deutschen Grundschule kommen die Pennäler bereits zwischen 11 und 13 Uhr nach Hause. Mittwochs ist gar schon um zehn Schluss, donnerstags geht es erst um zehn los: Der Stundenplan wird äußerst flexibel gehandhabt. Kurzfristig und ohne Vorankündigung fallen Stunden aus, jeder Lehrerausflug und jedes Hitzefrei im Hochsommer bringt berufstätige Eltern in Schwierigkeiten.

Das Halbtagsschulsystem ist „zentraler Bestandteil einer soziopolitischen und soziokulturellen Gesamtkonstellation, die sich vom Kaiserreich Ende des 19. Jahrhunderts bis in das wieder vereinigte Deutschland zum Ende des 20. Jahrhunderts fortgesetzt hat" (Gottschall/Hagemann 2002, S. 13) Der Staat betrachtet es hierzulande schlicht und einfach nicht als seine Aufgabe,

Kinder zu hüten. Die Schule versteht sich als rein pädagogische Einrichtung, Versorgung und Betreuung dagegen sind Privatsache. Der Unterricht endet vor dem Mittagessen, gekocht werden soll zu Hause. Die Vormittagsschule ist ein (west)deutscher Sonderweg nicht nur in Europa; in fast allen Industriestaaten weltweit dauert der Unterricht mindestens bis 15 Uhr. Erst in jüngster Zeit und angesichts der PISA-Ergebnisse wird der Halbtagsbetrieb in Frage gestellt.

Der Ganztagsansatz, der neuerdings bis in konservative Kreise hinein Akzeptanz findet, schafft Möglichkeiten für ein völlig anderes pädagogisches Konzept: Pauken mit Pausen, keine starren Stundenpläne, fachübergreifende Projekte, gemeinschaftliche Erfahrungen, Zeit zum Spielen. Die Schule ist nicht nur ein Platz zum Lernen, sondern auch für andere soziale Aktivitäten. Weil der Stoff nicht auf wenige Stunden konzentriert werden muss, könn(t)en sich die Lehrer erlauben, den eigentlichen Unterricht später beginnen zu lassen – wenn die körperliche Leistungskurve ihrer Kinder angestiegen ist. Leider folgen selbst viele Ganztagsschulen in Deutschland dem althergebrachten Trott: In kaum einem Land werden die Schüler so früh zum Lernen geschickt. Kinder, die um sechs Uhr aufstehen und vor sieben mit dem Bus los müssen, die um acht Uhr Klassenarbeiten schreiben und ein Fach nach dem anderen in normierten 45-Minuten-Portionen absolvieren: Solche Zumutungen sind die indirekten Konsequenzen des deutschen Halbtagssystems. Nirgends sonst in Europa gibt es ein zeitlich so begrenztes Angebot an schulischer Bildung. Und nirgendwo sonst werden die Probleme, die sich daraus ergeben, in ähnlich drastischer Form auf die Familien abgewälzt.

Ob Betriebsausflug, Elternsprechtag oder Fortbildung – Gründe, den ohnehin knapp bemessenen Unterricht ausfallen zu lassen, gibt es viele. Stets besteht das Risiko, dass das Kind unverhofft vor der heimischen Wohnungstür steht – etwa, weil plötzlich die Lehrerin erkrankt ist oder weil sie Kolleginnen stundenweise vertreten muss. Wer dann nicht auf hilfsbereite Verwandte, Nachbarinnen oder Au-Pair-Mädchen zurückgreifen kann, ist kaum in der Lage, parallel zu seinen Betreuungsaufgaben einer kontinuierlichen Erwerbsarbeit außer Haus nachzugehen. Von deutschen Müttern wird unausgesprochen immer noch der Verzicht auf eine ernsthafte berufliche Karriere erwartet – auch wenn das alte Wunschbild mit der Wirklichkeit selten übereinstimmt.

Eine Entscheidung des Bundesverfassungsgerichtes löste 2001 eine breite familienpolitische Debatte aus, wie sie seit Jahrzehnten nicht mehr geführt wurde. Der Kern des Richterspruches: Eltern mit mehreren Kindern, so die Auflage, sollten bei der Pflegeversicherung besser gestellt werden, weil sie die Generation der künftigen Beitragszahler aufziehen. Die Diskussion, die sich daraus entwickelte, hatte einen faden bevölkerungspolitischen Beigeschmack: Kinderlose wurden gegen Kinderreiche ausgespielt, als Schmarotzer der Sozialsysteme angeprangert. Regelungen wie die kostenlose Mitgliedschaft von Hausfrauen und Kindern in der Krankenkasse des Ehemannes sind faktisch das genaue Gegenteil: ein Privileg der Familien, das Singles ohne großes Murren mittragen. Ebenso wird die Unterhaltung von Schulen, Kindergärten und Universitäten ganz selbstverständlich als gesamtgesellschaftliche Aufgabe betrachtet und deshalb aus Steuergeldern bestritten.

Die ständig in Opferpose wiederholte Behauptung „Kinder machen arm" ist also zumindest interpretationsbedürftig. „Familien mit geringem oder durchschnittlichem Einkommen sind nicht deshalb knapp bei Kasse, weil sie vom Staat ausgebeutet oder vernachlässigt würden, sondern weil sie meist nach dem traditionellen Rollenmuster funktionieren", stellt Claudia Pinl fest (2001, S. 1128). Männer sind die (Haupt)Ernährer, Frauen verzichten nach der Geburt auf ihren (vollen) Job. Gäbe es kostengünstige, qualifizierte und zeitlich ausgedehnte Betreuungsmöglichkeiten für Kinder aller Altersstufen, könnte es den Familien finanziell erheblich besser gehen. Denn Mütter wären dann wie in anderen Ländern in der Lage, ihr „Vereinbarkeitsproblem" zu lösen – und einen Beitrag zum Haushaltseinkommen zu leisten, der über ein Taschengeld hinausgeht. „Der 'Familienlastenausgleich' entzieht den Kindern Geld an den Stellen, wo gerade sie es am meisten brauchen: in Erziehungsberatungsstellen, schulpsychologischen Diensten, in Ganztagsschulen, KiTas, Horten, Krippen und Freizeiteinrichtungen für Jugendliche." (Pinl 2001, S. 1130).

Diskussionen über eine „familienfeindliche" Gesellschaft driften in Deutschland schnell ins Moralische ab. Mit erhobenem Zeigefinger wird eine höhere Bewertung der Fürsorgetätigkeit angemahnt oder gar die Anerkennung der Hausarbeit als eigenständiger Beruf verlangt. Angesichts des Dauergeredes über Sparzwänge und Deregulierung traut sich kaum jemand, zusätzliche öffentlichen Dienstleistungen einzufordern. Mit Vehemenz wird über falsch aufgebaute Alterspyramiden und niedrige Geburtenrate lamentiert; der Aufschrei über das blamable Angebot bei der Kinderbetreuung erklingt vergleichsweise leise. Zwar gibt es in den entsprechenden Einrichtungen meist lange Wartelisten, und allein erziehende oder beruflich stark engagierte Eltern protestieren gegen den offensichtlichen Mangel. Sonst aber herrscht weitgehend Ruhe: Mütter-Teilzeit plus Halbtagsschule und Halbtagskindergarten wird nicht nur im ländlichen Raum als das optimale Modell betrachtet.

Nach dem Karlsruher Urteil widmeten sich die Medien über Monate mit hoher Intensität dem Thema Familie. War der politische Umgang mit dem Nachwuchs zuvor von Desinteresse und Ignoranz geprägt, wurde er jetzt zeitweise zur wahlentscheidenden Chefsache erklärt. Publikumswirksam liebten plötzlich alle Politiker Kinder. Das „Gedöns", wie einst Kanzler Gerhard Schröder das Ressort seiner Kabinettskollegin Christine Bergmann verspottet hatte, war zeitweise in jeder Talkshow, in jedem Interview vertreten. Als positive Folge der Debatte wurde der deutsche Sonderweg überhaupt als solcher erkannt und die Misere der außerfamiliären Kinderbetreuung vor allem im europäischen Vergleich offensichtlich. Die unzureichende Versorgung mit Krippen- und Hortplätzen kam endlich zur Sprache.

Die Politiker versuchten aber weiterhin, den Unruheherd mit einer symbolischen Erhöhung des Kindergeldes zu befrieden – und fielen damit in alte Denkmuster zurück: Wie in der Vergangenheit geht es um die monetäre Unterstützung privater Lösungen. Formal geschlechtsneutral formuliert, soll de facto Frauen ermöglicht werden, daheim zu bleiben und sich persönlich um ihre Kinder zu kümmern. Noch weiter gehen die Vorschläge eines „Familiengeldes" oder gar eines „Erziehungsgehaltes", wie es konservative Politiker und Familienverbände fordern. Diese Mutti-Prämie unterstützt ganz unverblümt die herkömmliche Rollenverteilung: Mama soll sich wieder leisten können, zu Hause zu bleiben. Der altbackene Vorschlag ist selbst innerhalb der CDU umstritten. Auch Christdemokraten fordern mittlerweile den Ausbau der staatlichen Betreuung. Worte wie Kinderkrippe oder Ganztagsschule, die sie über Jahrzehnte für linkes Teufelzeug hielten, nehmen manche von ihnen heute ganz selbstverständlich in den Mund.

Parteiübergreifend betrieben Politiker einen wahren Kult um die Familie, riefen sie im Chor zur Stabilität und Sicherheit gewährenden „Keimzelle des Staates" aus. Die angebliche Renaissance von Papa, Mama, Kind instrumentalisierten publizistische Beobachter gegen die Geschlechteremanzipation. Nicht nur der „Spiegel" entdeckte das „Comeback der Mutter" (Beyer/

Wellershoff 2001). Trotz bester Ausbildung und durchaus freiwillig blieben die modernen Frauen zu Hause, schrieb das Blatt, konnte diese Mutmaßung allerdings jenseits von Anekdoten nur notdürftig belegen. Kurze Zeit später rief das Magazin gleich das „Ende der Generation Lila" aus: Aus einem Artikel einer Mitarbeiterin der Friedrich-Ebert-Stiftung im SPD-Mitgliederorgan „Vorwärts" leiteten die Autoren voreilig einen kompletten Positionswechsel ab: Die Sozialdemokratie habe die Frauenbewegung für „tot erklärt"; auch „unter den jungen Frauen des linken Flügels" spiele „der Feminismus keine Rolle mehr" (Beste/Bornhöft 2001).

Der erleichterte Abgesang auf unbequeme Frauenrechtlerinnen und das Beschwören traditioneller Werte fallen keineswegs zufällig zusammen. Gerade die Sozialdemokraten haben das Thema Kinder lange Jahre den Konservativen überlassen. Der Kampf um „Gleichstellung" erschöpfte sich in dem Bemühen, Frauen besser zu qualifizieren und in männerdominierten Berufen zu fördern. Familienpolitik galt stets als nachrangig – mit der Folge, dass das Grundgerüst der patriarchalischen Strukturen aus der Adenauer-Zeit nahezu unangetastet blieb. Honoriert haben die vorgeblichen Familienförderer stets das Hausfrauen-Modell; schon die Hinzuverdienerin gilt in Deutschland als eine Art fortschrittliche Variante. Das Ergebnis sind festgefahrene Strukturen, die auf Beobachter aus den Nachbarstaaten äußerst fremd und rückständig wirken.

Die gesellschaftlichen Rahmenbedingungen, mit denen sich Eltern auseinander setzen müssen, passen schon lange nicht mehr zu einer veränderten Berufswelt. Die wachsende Unberechenbarkeit des eigenen Lebensentwurfes erfordert eine umso stärkere Verlässlichkeit bei der öffentlichen Erziehung des Nachwuchses. Doch der hoch flexibilisierten Arbeit steht ein weitgehend starrer, von organisationstechnischen Gesichtspunkten bestimmter Rhythmus in Schule und Kindergarten gegenüber. Die Öffnungszeiten sind viel zu kurz, vor allem in den ländlichen Regionen der alten Bundesrepublik schließen die Einrichtungen wie eh und je vor dem Mittagessen. Nur in den Großstädten findet sich ein nennenswertes Angebot für Plätze in Tagesstätten. Folgerichtig findet Kinderbetreuung in großem Umfang selbstorganisiert und improvisiert statt. Eltern müssen sich auf Verwandte verlassen oder auf (häufig halblegale) Tagesmütter-Modelle ausweichen. Wer mit unberechenbaren Provisorien und individuellen Notlösungen nicht zufrieden ist, muss mit hohem zeitlichen wie finanziellen Aufwand eigene Netzwerke wie etwa Elterninitiativen gründen.

Die rigiden Strukturen der öffentlichen Angebote halten vor allem gering qualifizierte Mütter von einer Berufstätigkeit ab. Eingezwängt in ein enges Zeitkorsett, versucht die weibliche Zuverdienerin, einen Job auf Teilzeitbasis von acht bis zwölf Uhr morgens zu finden. Mit diesem Wunsch stößt sie bei den Personalchefs auf wachsenden Widerstand. Gerade die Informationswirtschaft mit ihren sehr unregelmäßigen Arbeitszeiten ist auf entsprechend variable Betreuungszeiten für die Kinder ihrer Angestellten angewiesen – und schafft sie zum Teil auf privatwirtschaftlicher Ebene selbst. So bieten manche Medien- oder Softwareunternehmen ihren MitarbeiterInnen einen unkonventionellen Service an: Wenn es mal ganz eng wird bei den Dreh- oder Programmierarbeiten, können die lieben Kleinen im betriebseigenen Hort, der ohnehin auch abends geöffnet ist, sogar übernachten.

Auch in die Schulpolitik ist Bewegung gekommen. Zumindest am Vormittag soll Schluss sein mit kaum kalkulierbaren Anfangszeiten und unangekündigten Unterrichtsausfällen – das gilt in Deutschland schon als riesiger Fortschritt. „Verlässliche Halbtagsgrundschule" oder „Kernzeitbetreuung" heißen die entsprechenden Konzepte. In klassenübergreifenden Gruppen werden Schüler auch außerhalb des Unterrichts versorgt. Die Initiativen, häufig als Elternvereine organisiert, gewährleisten zum Teil auch eine Versorgung über Mittag. Doch das Modell hat seine Tücken. Für eine warme Mahlzeit fehlt vielerorts die Küche, wegen der knappen Etats sind Spielgeräte und Materialien Mangelware, das Personal hat keine solide Ausbildung. In den Ferien, zusammengerechnet rund ein Viertel des Jahres, läuft meist gar nichts – schon deshalb, weil sich viele Hausmeister weigern, in den unterrichtsfreien Zeiten schulische Räume zur Verfügung zu stellen.

Die bildungspolitische Debatte war in Deutschland über Jahrzehnte ideologisch festgefahren. „Ganztag" klang immer wie „Gesamt" und galt mit diesem Reizwort bereits als diskreditiert. Wer Schule oder Kindergarten nicht nur als private, sondern auch als staatliche Aufgabe betrachtete, sah sich schnell mit dem Wort „Schließfachpädagogik" konfrontiert. Von Verwahranstalten war dann die Rede, von „Rabenmüttern" und „Schlüsselkindern" – spezifisch deutsche Begrifflichkeiten, die es in anderen Sprachen gar nicht gibt. Das dahinter steckende Selbstverständnis hat mit tiefsitzenden historischen Erfahrungen zu tun, die nationale Befindlichkeiten sehr unterschiedlich prägen können. So ist in Frankreich die Rolle des Staates als Erziehungsinstanz seit der Aufklärung positiv besetzt – während man hierzulande, ganz in der Tradition deutscher Innerlichkeit und geprägt durch die

Erfahrungen im Nationalsozialismus, hinter staatlichen Betreuungs- und Bildungsangeboten gleich totalitäre Indoktrination wittert. Das deutsche Halbtagssystem verdankt sein Überleben einem konservativem Familienverständnis. Der Staat soll sich ausschließlich um die Vermittlung schulischer Bildung kümmern – und diese „Einmischung" in eine ansonsten private Angelegenheit auf wenige Stunden am Vormittag beschränken. Im Gegensatz dazu gibt es etwa im republikanischen Frankreich die Ganztagsschule schon seit 120 Jahren. Die Niederlande, historisch einst von ähnlichen Traditionen geprägt wie ihre deutschen Nachbarn, orientieren sich heute an anderen Vorbildern: auch in Holland wird inzwischen am Nachmittag unterrichtet. Hierzulande dagegen praktizieren nur fünf Prozent der 40 000 allgemein bildenden Schulen Ganztagsunterricht.

Die Unternehmen sind schon aus wirtschaftlichen Gründen am Ausbau der Betreuung in Schule und Kindergarten interessiert: Sie wollen ihre gut qualifizierten weiblichen Beschäftigten halten. Auch die politischen Parteien unterstützen bis ins konservative Lager hinein die neuen Konzepte. Doch die Versuche, das bestehende Angebot deutlich zu verbessern, entpuppen sich bei näherem Hinsehen als fragwürdig. Nicht einmal in Ansätzen existieren Entwürfe eines ehrgeizigen bildungspolitischen Programms, wie es notwendig wäre, um das deutsche Schulsystem flächendeckend umzugestalten – und auf diese Weise zumindest europäischen Normalstandard zu erreichen. Erster Schritt eines solchen Programms wäre der kostenintensive Umbau sämtlicher Schulgebäude. Diese brauchen erheblich mehr Platz für das Leben jenseits des eigentlichen Unterrichts – Raum nicht nur zum Essen, sondern auch zum Ausruhen oder für besondere Aktivitäten. Mit einer provisorischen Kantine und der Einstellung von ein paar Küchenhilfen auf Stundenbasis ist es nicht getan. Ganztagskonzepte erfordern zusätzliches qualifiziertes Personal für Versorgung und Betreuung – und eine andere Einstellung zu ihrem Beruf beim vorhandenen pädagogischen Personal.

So mancher Gymnasiallehrer betrachtet sich immer noch als eine Art Privatgelehrter, der sich in der heimischen Studierstube sein Wissen aneignet und nur zum eigentlichen Unterricht in der Klasse erscheint. Traditionellen Interessenvertretern wie dem Philologenverband ist deshalb die ganze Richtung der Ganztags-Diskussion ein Dorn im Auge. Sie fürchten um die zeitlichen Privilegien und Gestaltungsspielräume ihrer Klientel. Selbst die sich in ihrer Programmatik progressiv gebende Gewerkschaft Erziehung und Wissenschaft schreckt davor zurück, ihren Mitgliedern eine konsequente Vollzeitpräsenz in der Schule zuzumuten. Dass sie nicht mehr zu Hause, sondern in der Schulmensa essen, danach die Aufsicht führen oder gar am Nachmittag weiter unterrichten sollen, stößt auch bei fortschrittlichen Lehrern auf Vorbehalte und Widerstände.

Der Widerstand der Lobbyisten ändert nichts daran: Nur ein rhythmisierter, in den Nachmittag gestreckter Unterricht, in dem sich Lernphasen und attraktive Freizeitangebote abwechseln, macht dem zermürbenden Jonglieren von Eltern zwischen Stunden- und Schichtplänen ein Ende. Das Halbtagssystem überfordert berufstätige Mütter und Väter: Die Welt ihrer Kinder wird zu einem komplexen Gewirr von Bildungs- und Freizeitangeboten, die jeweils eigene Ansprechpartner haben und nicht aufeinander abgestimmt sind. Die Kinder sind sich selbst überlassen, für verlässliche Strukturen bleiben allein die Eltern verantwortlich: Sie müssen die auf verschiedenste Orte und Zeiten verteilten Aktivitäten ihrer Sprösslinge koordinieren, die Fahrdienste zwischen Schule, Hort, Sportverein und Musikschule organisieren – und sollen sich ganz nebenbei auch noch ehrenamtlich in Beiräten, Fördervereinen oder Elternpflegschaften engagieren.

Eine Ganztagsversorgung, die zumindest den zentralen Teil dieser Aktivitäten bündeln würde, wäre ein großer Schritt in Richtung der vielbeschworenen „Vereinbarkeit von Familie und Beruf". Die Schüler werden dadurch keineswegs geschädigt, wie konservative Pädagogen immer wieder behaupten. Einzelkinder gewinnen einen festen Rahmen für soziale Erfahrungen außerhalb des Elternhauses. Lehrer haben die Chance, Wissensvermittlung und längere Spielpausen zu kombinieren und so den Leistungsdruck zu mindern. Langfristig ergeben sich neue Möglichkeiten der Vernetzung zwischen Schulen, Horten, Sportvereinen und Initiativen der Jugendarbeit, wie sie in englischen, französischen oder skandinavischen Ganztagseinrichtungen selbstverständlich sind. Nach dem „lehrreichen Desaster" PISA (Gottschall/Hagemann 2002) braucht die deutsche Bildungspolitik dringend einen Neuanfang: Sie kann die Veränderungen in der Arbeitswelt, in der Beziehung der Geschlechter und im Familienleben nicht länger übergehen.

5.4.2 Bildungsimplikationen veränderter Geschlechterrollen

Auf die Veränderungen in der Arbeitswelt und die Rahmenbedingungen, mit denen sich Männer und Frauen in der Phase der Familiengründung auseinander setzen müssen, sind Jugendliche und junge Erwachsene unzureichend vorbereitet. Die persönliche Biografieplanung, soweit sie in Schule, Universität und Weiterbildung überhaupt eine Rolle spielt, blendet „Gender"-Aspekte weitgehend aus. Folgt man den Ergebnissen der Shell-Jugendstudien (etwa Fischer u.a. 2000), halten die Zwanzig- bis Dreißigjährigen die Geschlechterdifferenz nur noch für wenig relevant. Typisch männliche und typisch weibliche Lebensmuster haben sich in der Wahrnehmung der befragten Altersgruppe zumindest im frühen Erwachsenenalter aufgelöst.

Das Lebensgefühl junger Frauen ist von einem selbstverständlichen Anspruch auf gleiche Chancen geprägt. Erst mit der Realisierung des Kinderwunsches gerät dieses Selbstvertrauen ins Wanken. In einer späteren biografischen Phase als früher sind Frauen heute mit gravierenden Erfahrungen von Benachteiligung und Diskriminierung konfrontiert. Plötzlich müssen sie feststellen, dass Vollerwerbstätigkeit und Familiengründung in Deutschland für sie nahezu unvereinbar sind. Betriebliche Hindernisse, noch mehr aber gesellschaftliche Normen und entsprechende politische Regularien legen Frauen dann für Jahre auf die Mutterrolle fest.

Schule wie auch beruflicher und politischer Bildung kommt vor diesem Hintergrund die Aufgabe zu, schon vor der entscheidenden Situation der Familiengründung einem „Realitätsschock" vorzubeugen. Jungen Frauen sollte zum Beispiel frühzeitig deutlich gemacht werden, welche persönlichen Risiken sie eingehen, wenn sie einen schlecht bezahlten „typischen" Frauenberuf wählen. Sie brauchen Ermunterung, ihre künftige Erwerbsarbeit ernst zu nehmen, weil sie Gefahr laufen, frühzeitig von männlicher oder staatlicher Unterstützung abhängig zu werden. Sonst sind sie später weder in der Lage, eigenständig (etwa als allein Erziehende) eine Familie zu ernähren noch für eine ausreichende soziale Sicherung zu sorgen.

Trotz aller Rhetorik und idealisierter Selbstwahrnehmung über eine angeblich bereits umgesetzte Gleichstellung der Geschlechter ist es für junge Frauen wichtig zu wissen, dass die (west)deutsche Gesellschaft wie eh und je von traditionellen Mustern ausgeht: Von ihnen wird nach der Geburt eines Kindes ganz selbstverständlich erwartet, dass sie zeitweise aus ihrem Beruf aussteigen und später höchstens als „Hinzuverdienerin" auf den Arbeitsmarkt zurückkehren. Die Institutionen und Curricula der Aus- und Weiterbildung sollten auf diese „Traditionsfalle" frühzeitig hinweisen und jungen Frauen die persönliche Souveränität und Courage vermitteln, ihre eigenständigen beruflichen und privaten Interessen weiter zu verfolgen.

Junge Männer sind umgekehrt wenig darauf vorbereitet, dass ihnen zwar gesellschaftlich weiterhin die Rolle des „Breadwinners" zugewiesen ist, sie diese Aufgabe aber in einer rapide umstrukturierten Erwerbswelt immer weniger ausfüllen können. Deregulierte Arbeitsverhältnisse, prekäre Selbstständigkeit, befristete Jobs und erst recht Arbeitslosigkeit stellen die traditionelle männliche Identität als Ernährer in Frage. Jungen werden in Schule und Ausbildung bisher wenig mit den Veränderungen im Geschlechterverhältnis konfrontiert. Ganz selbstverständlich gehen die meisten von ihnen immer noch davon aus, auch künftig den Löwenanteil eines künftigen Familieneinkommens nach Hause zu bringen. Es liegt oft jenseits ihrer Vorstellungskraft, dass sie als Verlierer des gesellschaftlichen Wandels demnächst vielleicht weniger verdienen könnten als ihre gleich gut oder besser qualifizierte Partnerinnen. Noch seltener antizipieren sie die möglichen Konsequenzen dieser Verschiebung der Geschlechterrollen: Eine „Ernährerin" im Rücken, sollen sie sich plötzlich um Haushalt und Kinder kümmern oder dabei zumindest einen Beitrag leisten, der über gelegentliches Assistieren hinausgeht.

Die „Berufsvorbereitung" in den Schulen müsste junge Männer so besehen nicht nur auf eine künftige unregelmäßige Erwerbsbiografie, sondern auch auf die „Arbeit des Alltags" im Haushalt und bei der Kinderversorgung vorbereiten. „Während die Mutterrolle kulturell unterstützt wird, trifft dies für die Vaterrolle nicht in gleichem Maße zu", konstatiert der Münchner Familienforscher Wassilios Fthenakis (2001, S. 8). Es gelte „nach Wegen zu suchen, wie Vaterschaft über alle Phasen des Familienentwicklungsprozesses begleitend unterstützt werden kann". Der Bildungspolitik schreibt Fthenakis, der im Auftrag der Bundesregierung eine Langzeituntersuchung über junge Familien vorgelegt hat, dabei eine „besondere Bedeutung" zu: Die Vorbereitung auf eine gewandelte Vaterrolle müsse daher „stärker zum Inhalt von Bildungscurricula" werden (ebd.).

Ein Modellprojekt der Bundeszentrale für gesundheitliche Aufklärung (BZgA) hat versucht, das Thema „Familien- und Berufsplanung" dauerhaft in die betriebliche Ausbildung zu implementieren (Fichtner 2000). Eine „offene Zeitperspektive mit Blick auf Familiengründung und Berufsabschluss" schreibt die Begleituntersuchung vor allem männlichen Jugendlichen und Jugendlichen aus höheren sozialen Schichten zu. Der Unterschied zwischen den Geschlechtern wie auch zwischen den Heranwachsenden aus verschiedenen Milieus sei „frappant" (ebd., S. 29f.). Bei Mädchen seien kurz vor

Beendigung ihrer Berufsausbildung kaum Vorstellungen vorhanden, wie Beruf und Familie miteinander kombinierbar sein könnten. „Probleme der Vereinbarkeit werden kaum antizipiert, Widersprüche zwischen den als selbstverständlich erlebten Berufswünschen und dem Wunsch nach Familie und Mutterschaft werden noch gar nicht wahrgenommen", resümiert der Freiburger Sozialwissenschaftler Jörg Fichtner (2000, S. 30). Vor allem bei Hauptschülerinnen beobachtet die BZgA-Studie „idealistische Lösungsansätze" wie etwa den Wunsch, „dass durch den mithelfenden Partner die Probleme beseitigt werden können; die männlichen Schulabgänger teilen diese Sicht keineswegs" (ebd).

„Eine Veränderung vorherrschender Geschlechterbilder muss zunächst auf der individuellen Ebene unterstützt werden und braucht vor allem neue Vorbilder für Jungen und Mädchen", schreiben Döge und Volz (2002, S. 60). Die pädagogischen Fachkräfte in der Ausbildung und Betreuung für Kinder unter zehn Jahre sind aber fast ausschließlich weiblichen Geschlechts. Männliches Lehr- und Erziehungspersonal ist in Grundschule und Kindergarten die große Ausnahme. Neue Leitbilder von Männlichkeit können sich in der nachwachsenden Generation schon deshalb kaum entwickeln, weil Jungen in den öffentlichen Einrichtungen wenig mit Männern zu tun haben, an denen sie sich orientieren könnten.

Beim Blick in Schulklassen oder Kindergartengruppen fällt auf, dass die „Kleinen Helden in Not" (Schnack/Neutzling 2000) sogar in besonderer Weise desorientiert und bedürftig sind. Die Geschlechterforschung (Döge/ Volz 2002, S. 60) leitet daraus eine Erhöhung des Männeranteils vor allem in der vorschulischen Erziehung ab. „Jungen und Mädchen sollen hier stärker konfrontiert werden mit Männern, welche Haus- und Fürsorgearbeiten übernehmen, um auf diese Weise langfristig die bestehende Zuschreibung dieser Tätigkeit zu Frauen aufzulösen." In Schweden und Norwegen zum Beispiel zielen Gender Mainstreaming-Projekte darauf ab, mehr Männer für erzieherische Berufe zu gewinnen.

Der elfte Kinder- und Jugendbericht (Bundesfamilienministerium 2002, S. 112) hält neben der „erfolgreichen Fortsetzung von Mädchenförderprogrammen" die „Entfaltung der sozialen Kompetenzen bei Jungen" für ein erstrebenswertes Ziel. „Ein neues Männerbild und 'Jungen in Frauenberufen' sind dabei unerlässlich." (ebd.). Veränderte Leitbilder müssten zusätzlich einhergehen mit veränderten Rollendarstellungen in den Lehrmaterialien. Eine Untersuchung des Bundesforschungsministeriums kam 1997 zu dem

Ergebnis, dass Schulbücher nach wie vor den technisch versierten, starken und aushäusigen Mann präsentieren. Die „gegenwärtige Geschlechterpolarität der Gesellschaft" finde sich in den Unterrichtsstoffen „nahezu ungebrochen wieder" (Bönkost/Oberliesen 1997, S. 474).

Die „Faulheit" der Männer im Haushalt und bei der Kindererziehung ist ein Dauerbrenner der frauen- und familienpolitischen Debatte. Feministinnen monieren die „Gleichheitsfiktion" nicht nur im Arbeiter-, sondern gerade auch im „individualisierten" Mittelschichtsmilieu. Zwar gebe es unter den höher Qualifizierten mehr engagierte Väter; doch bleiben diese bei den Kernaufgaben der Hausarbeit „sporadische" Helfer, stellen Cornelia Koppetsch und Günter Burkart (1999) in ihrer Untersuchung „Die Illusion der Emanzipation" fest. Lässt sich der zum Bonmot gewordenen „verbalen Aufgeschlossenheit bei weitgehender Verhaltensstarre" (Beck 1986, S. 31) durch Weiterbildungs- und Beratungsarbeit begegnen? Institutionen der Familienbildung und der Jugendhilfe haben zumindest begonnen, die veränderte Situation von Vätern in Familie und Gesellschaft zu reflektieren – und entsprechende Angebote vorgelegt. Einige erste Erfahrungen aus diesen Experimenten, die noch ganz am Anfang stehen, werden im Folgenden skizziert.

In einer Gesellschaft, die Erziehung weitgehend zur Privatangelegenheit erklärt, ist es mehr denn je notwendig, soziale Netze zu bilden, um sich gegenseitig zu unterstützen. Solche an Betreuungsaufgaben gebundenen Kooperationen bestehen vor allem unter Frauen und Müttern. Während traditionelle Männertreffpunkte wie Sportvereine, Parteiversammlungen, Stammtische oder Nachbarschaftsvereine in den letzten Jahrzehnten an Bedeutung verloren haben, sind neue Orte öffentlicher Begegnungen und sozialer Kontakte wie etwa Volkshochschulen, Bildungswerke oder Beratungsstellen entstanden. Alle diese Institutionen werden überwiegend von Frauen frequentiert, die offenbar mehr Bedarf, mehr Interesse und mehr Mut haben, an Gesprächskreisen, Therapiegruppen oder Elternangeboten teilzunehmen. Im Umfeld von Schulen, Kindertagesstätten und Familienbildungsstätten haben sich auf diese Weise nahezu geschlossene weibliche Welten etabliert.

Eine gezielte pädagogische Arbeit mit Vätern findet in Kindergärten oder Familienbildungsstätten so gut wie nicht statt. Vereinzelte Angebote, die sich dezidiert an Männer richten, fallen häufig aus. Offenbar habe die Zielgruppe zu wenig Interesse, klagen die Veranstalterinnen. Das klingt defizitär, lässt sich aber auch umdrehen: Väter sind nicht bereit, sich einem so deutlich weiblich geprägten Kontext auszusetzen. Viele Pädagoginnen geben sich Mühe, manche sind aber auch schnell ungeduldig mit dem anderen Geschlecht. Nicht selten ist eine resignative Haltung, die bisweilen in Blockade und Abwehr umschlägt. Zum Teil haben diese Frauen trotz großem Engagement wirklich schlechte Erfahrungen gemacht; kein Mann hat je reagiert auf ihre gut gemeinten Ausschreibungen. Aber die Abwesenheit der Väter hat auch mit den spezifisch weiblich geprägten Welten zu tun, in die da geladen wird.

Die Familienbildungsstätten, die früher den Namen „Mütterschulen" trugen, sind das im Kern bis heute geblieben. Die „Elternarbeit" dieser Einrichtungen ist mütterzentriert. Sie sind ein selbstverständlicher Bestandteil des Mutter-Kind-Kosmos – wie Spielplatz, Kindergarten, Hort oder Grundschule. Männer bleiben hier überall Exoten. Der Paarkurs für Schwangere, den sie vielleicht mit ihrer Partnerin besucht haben, war meist ihre erste und letzte Eltern-Bildungsaktivität. Mütter dagegen entwickeln gerade in der Säuglingszeit ihre frauenspezifischen Netzwerke: Rückbildungsgymnastik, Bewegung nach dem Prager Eltern-Kind-Programm PEKiP, Spielgruppe in der Gemeinde, tägliche Spaziergänge im Stadtpark, Plaudern mit anderen Frauen am heimischen Küchentisch. Junge Mütter treffen sich dauernd und tauschen sich regelmäßig über ihre neue Lebenssituation aus.

Die jungen Väter gehen derweil ihrer Erwerbsarbeit nach – auch wenn ihnen dabei nicht ganz wohl ist. Zwei Seelen schlagen in ihrer Brust: Viele sind durchaus bereit zu mehr privatem Engagement, stoßen dabei aber immer wieder an (meist vom Beruf gesetzte) Grenzen. Engagierte Väter sind im privaten Raum häufig isoliert; sie haben es viel schwerer als die Mütter, Gleichgesinnte zu finden. Im Faltblatt eines Kirchenkreises wird ein Eltern-Kind-Nachmittag so beworben: „Auch Männer sind herzlich eingeladen." Die Nachricht zwischen den Zeilen lautet: Väter, ihr seid hoffnungslos in der Minderheit; ihr könnt kommen, wenn ihr partout wollt! Wer an dieser Atmosphäre etwas ändern will, braucht andere Formen der Ansprache und neue pädagogische Konzepte, die sich dezidiert an Männer richten.

Erfolgreiche Ansätze in diese Richtung gibt es durchaus. So laden engagierte Erzieherinnen in einzelnen Kindergärten zu speziellen „Väter-Treffpunkten". Unter dem Motto „Papa hat Zeit für mich" offerieren Bildungsveranstalter Abenteuer-Aktivitäten wie Zeltlager, Bogenschießen oder Kanutouren. Beworben werden diese weniger in Anzeigenblättern oder in den Praxen der Kinderärzte, sondern eher über die Sportvereine. Beim Herstellen von Leichtwinddrachen oder der akkuraten Feinarbeit am Holzbumerang sollen Väter ihren persönlichen Stil entfalten. „Einfach leben. Wald, Lagerfeuer, weg von der Berieselungskiste", heißt es in einer entsprechenden Ausschreibung. Vater-Kind-Freizeiten, die ein Wochenende oder auch eine ganze Woche dauern können, sind gerade in den Großstädten meist ausgebucht. Solche Aktivitäten ermöglichen gemeinsame Erlebnisse und geben Männern die Möglichkeit, das Zusammensein mit ihren Kindern mit eigenen Interessen zu verbinden.

Eine wachsende Minderheit der Väter ist durchaus bereit, sich auf das einzulassen, was Werner Sauerborn (1997) ein „mäanderndes Leben" nennt. Sie verlassen ihr befestigtes und begradigtes Flussbett aber nur dann, wenn umgekehrt auch der private Alltag „maskulinisiert" wird. Die Möglichkeiten für Frauen, sich in der Welt der Erwerbsarbeit zu behaupten, haben sich erheblich verbessert. So wie sich Mütter ein „feminisiertes" Klima im Beruf wünschen, so brauchen Väter ein stärker von männlichen Werten geprägtes Leben mit Kindern. Bildungsarbeit kann dazu mit unterstützenden Angeboten einen Beitrag leisten.

6 Schlussbetrachtung

Diese Arbeit hat versucht, die politische Diskussion um die „Krise der Arbeitsgesellschaft" in Verbindung zu setzen mit dem Wandel im Geschlechterverhältnis. Sie hat den Blick dabei vor allem auf die Veränderung männlicher Arbeits- und Lebensstile gerichtet. Arbeitslosigkeit und Deregulierung von Erwerbsarbeit untergraben das bisher vorherrschende Konzept der kontinuierlichen Vollzeitbeschäftigung. Im Privat- und Familienleben sind Männer immer weniger in der Lage, die Haupt- oder gar Alleinernährerrolle auszufüllen. Im politischen Raum gerät der Sozialstaat in die Krise, der im deutschen Kontext auf den traditionellen Geschlechterarrangements basiert.

Die Lebensverhältnisse in einer individualisierten Gesellschaft sind sehr unterschiedlich. So sehr zu begrüßen ist, dass die „Gender"-Perspektive im wissenschaftlichen wie im politischen Diskurs selbstverständlicher wird: Die Kategorie des Geschlechts eignet sich nicht als allgemeine Schablone, um die Welt zu erklären. Denn es gibt nicht nur Männer und Frauen, sondern ebenso Arme und Reiche, Gewinner und Verlierer, Gebildete und Ungebildete, Mächtige und Ohnmächtige. Der Arzt und der Schichtarbeiter, der Ministerialbürokrat und der abgewickelte Stahlwerker, der arbeitslose Jugendliche ohne Hauptschulabschluss und der verträumte Student, der Gerüstbauer und der Computerfachmann – ihre Situation ist zu verschieden, um sie alle über einen Kamm zu scheren.

Die so genannte „Neue Ökonomie" war ein Versprechen, das in seinem Kern nichts mit Wirtschaft oder Technik zu tun hatte. Sie wurde auch deshalb mit dem Etikett „neu" belegt, weil ihre Akteure von einem ganzheitlichen Ideal träumten, das weiter reichte als der Wunsch nach schnellem Reichtum. Die einst gefeierten, inzwischen verspotteten Mitarbeiter der „Startups" suchten einen Weg, anders mit Erwerbsarbeit umzugehen. Sie wollten sich in allen Bereichen ihres Lebens verwirklichen und entfalten. Sie folgten damit den Spuren ihrer „alternativen" Vorläufer; sie wollten jenen alten, nur selten erfüllten Traum verwirklichen, der von Selbstbestimmung und Autonomie handelt. Sie wollten im Beruf etwas machen können, das erweitert und herausfordert – und nicht nur das tun, was ihre Chefs und Vorgesetzten von ihnen verlangten. Im Mittelpunkt stand der (meist vergebliche) Wunsch, eine Art Künstlerleben führen zu können und dabei die eigene Kreativität profitabel zu nutzen.

Die digitale Netzwerk-Wirtschaft ermöglicht bestenfalls einzelnen Vorreitern in bestimmten Berufsgruppen, aus festen Mustern auszubrechen und eigenwillige Arbeits- und Lebensstile zu entwickeln. Es handelt sich nahezu ausschließlich um Menschen mit guter bis sehr guter Ausbildung; die Schwerpunkte liegen in den Feldern Informationstechnik, Medien, Bildung und Beratung. Quantitativ betrachtet gelten die in dieser Untersuchung beschriebenen Tendenzen also nur für minoritäre Milieus. Dies betrifft vor allem die emanzipatorischen Elemente neuer Arbeitskulturen und Arbeitsverhältnisse, aber auch die tatsächliche Umsetzung eines theoretisch längst vollzogenen Wandels im Geschlechterverhältnis. Allerdings rekrutieren sich die Vorreiter aus gesellschaftlichen Gruppen, die als Multiplikatoren den allgemeinen Wertewandel stark beeinflussen.

Sowohl die Debatte um die Arbeitsgesellschaft wie jene um die Geschlechterrollen ist verteilungspolitisch geprägt. „Auch wenn in den kommenden zwei Dekaden von einem – allein schon demografisch bedingten – Rückgang der Arbeitslosenzahl auf drei Millionen auszugehen" sei, konstatiert der Sozialethiker Uwe Becker (2003), könne „Vollbeschäftigung im klassischen Sinne auf absehbare Zeit keine realistische Zielperspektive sein". Massenarbeitslosigkeit wird noch sehr lange ein Problem bleiben – nicht nur, weil die Produktivität steigt oder weil Maschinen Menschen ersetzen, sondern auch, weil Frauen ihr Recht auf eine eigenständige berufliche Entwicklung stärker einfordern.

Da sich das Angebot an bezahlter Tätigkeit nicht beliebig vermehren lässt, geht es im Kern um eine andere Verteilung der Arbeit – zwischen Arbeitslosen und Arbeitsplatzbesitzern, zwischen Kurz- und Vielarbeitern, zwischen Männern und Frauen. Dass Väter sich mehr um ihre Kinder kümmern, Mütter genauso selbstverständlich einer bezahlten Tätigkeit nachgehen können – von diesem Ziel ist die deutsche Gesellschaft weit entfernt. Der männliche Alleinverdiener, der den Haushalt samt Kindererziehung an seine nicht oder nur geringfügig erwerbstätige Partnerin delegiert hat, ist immer noch ein weit verbreitetes Arrangement. Wünsche, wie sie in Umfragen oder Untersuchungen geäußert werden, und faktisches Verhalten liegen weit auseinander.

Die Erwerbsgesellschaft koppelt Glücksversprechen an das professionelle Vorwärtskommen. Die dafür notwendigen Anforderungen steigen: Mobilität, ständige Verfügbarkeit, Überhäufung mit Information, Durchdringung aller Lebensbereiche durch die Technik. Das verursacht Stress und Arbeitsdruck.

Je gehetzter sich die professionelle Welt gestaltet, desto mehr dienen Kinder als Gegenentwurf. Weil Erziehung in Deutschland weitgehend zur privaten Aufgabe erklärt wird, bieten öffentliche Einrichtungen den Eltern nur wenig Hilfe. Die alten, meist verwandtschaftlich geprägten Auffangnetze funktionieren vor allem in den großen Städten immer weniger; neue, oft unverbindliche Bündnisse können diese Lücke nur notdürftig schließen. Die politische Unterstützung einer anderen Arbeitsteilung zwischen den Geschlechtern in Beruf und Familie fällt so gering aus, dass der Verdacht nahe liegt, diese sei gar nicht ernsthaft erwünscht. Im europäischen Vergleich sind die Angebote außerfamiliärer Kinderbetreuung in Deutschland miserabel; sie müssen dringend verbessert werden. Die Versorgung und Erziehung in Kindergärten und Schulen ist hierzulande auf ein paar Stunden täglich beschränkt. Wer für den Nachwuchs verantwortlich ist, und das sind überwiegend die Frauen, kann in dieser kurzen Zeitspanne meist nicht mal einem Teilzeitjob nachgehen. Gleichzeitig gibt es in kaum einem anderen europäischen Land derart extreme Vorstellungen, was Kinder vor allem von ihren Müttern brauchen, um keinen Schaden zu nehmen

„Die von Frauen schon heute in sehr viel stärkerem Maß gelebten Patchwork-Biographien sind als Zukunftsmodelle eines vielseitigen, verantwortlichen Erwachsenendaseins zu werten", konstatiert die Haushaltswissenschaftlerin Uta Meier. Ganzheitliche Lebensentwürfe dieser Art müssten „zur gesellschaftlichen Norm erhoben und sozialpolitisch entsprechend unterstützt werden" (2001, S. 49). Erster Schritt zu einer Gleichstellung der Geschlechter in diesem Sinne wären kürzere Arbeitszeiten für alle. Zeitpioniere, die sich gegen viel Widerstand freiwillig vom Normalarbeitsverhältnis verabschiedet haben und eine Neubewertung der Leistungsethik vornehmen, sind dabei ein erster Ansatzpunkt. Unterbrochene Berufsverläufe, die abweichen vom Vollzeitjob bis zur Rente, benötigen aber ein System sozialer Sicherung, das unregelmäßige Erwerbsverläufe mit regelmäßigem Einkommen verbindet.

„Eine zeitgemäße Sozialpolitik hat sich nicht 'der Familie' zuzuwenden, sondern jenen Mitgliedern, die sozial benachteiligt und deshalb unfähig sind, ihren Lebensunterhalt ohne fremde Hilfe selbständig zu bestreiten." (Butterwegge/Klundt 2002, S. 330f.) Im Sinne einer solchen „mitgliederorientierten" Familienpolitik könnte der Gesetzgeber jene Männer unterstützen, die bereit sind, weniger zu arbeiten. Bisher bewirken staatliche Regelungen im Steuer- und Familienrecht eher das Gegenteil: Sie binden Mütter über den stummen Zwang der Verhältnisse an den Herd. Das Ehegattensplitting, das angeblich der Unterstützung von Familien dient, schreckt in Wirklichkeit Frauen ab, die versuchen, auf dem Arbeitsmarkt Fuß zu fassen. Dass die berufliche Karriere von Männern weder durch Schwangerschaft noch durch Kindererziehung wesentlich eingeschränkt wird, gilt immer noch als ein gewichtiges Argument gegen Frauen bei der Besetzung von Stellen. Sinnvoll wäre es deshalb, ein der Mutterschaft vergleichbares „Vaterschaftsrisiko" rechtlich zu verankern – etwa durch eine obligatorische und am Nettolohn orientierte „Väterzeit" nach schwedischem Vorbild, die schlicht und einfach verfällt, wenn Männer sie nicht in Anspruch nehmen.

Viele (vor allem männliche) Arbeitnehmer arbeiten nicht nur Vollzeit, sondern deutlich mehr als 35, 37 oder 40 Stunden pro Woche. Bezahlte Mehrarbeit muss nicht auch noch mit Zuschlägen belohnt werden. Man könnte sie auch stärker besteuern oder auf andere Weise überflüssig machen: etwa, indem Überstunden verbindlich nur noch in Form von Freizeitausgleich verrechnet werden dürfen. Eine Aufgabe der Gewerkschaften könnte sein, neben der Forderung nach allgemeiner Arbeitszeitverkürzung auch auf die Vielarbeiter in ihren eigenen Reihen einzuwirken und individuelle Solidarität sowohl im Geschlechterarrangement als auch gegenüber Menschen ohne Erwerbsarbeit einzufordern.

Als die IG Metall vor zwanzig Jahren ihre Kampagne zur 35-Stunden-Woche startete, brachten vom Feminismus beeinflusste Gewerkschafterinnen die Idee des „Sechs-Stunden-Tages" ein. Sich durch geringere Arbeitszeiten spürbar von beruflichem Druck zu entlasten, ist mitnichten eine altmodische Forderung, wie die Verbandsfunktionäre der Unternehmer immer wieder behaupten. Die Arbeitnehmer brauchen garantierte private Freiräume, und das jeden Tag – nicht auf der Basis von Zeitmodellen, die auf Schuften ohne Pause, jahrelangen 60-Stunden-Wochen und dann der verfrühten Rente mit 51 basieren. Die Arbeitsschützer sind sich einig darüber, dass Menschen maximal drei bis vier Stunden pro Tag Spitzenleistungen erbringen können. Was technokratische Berater mit ihren „Lebensarbeitszeit-Konten" propagieren, ist das genaue Gegenteil: Zeitwohlstand lässt sich nicht biografisch vertagen.

Beweglichkeit, die vom „Normalen" abweicht, ist eigentlich alles andere als eine Horrorvision. Persönliche Flexibilität schafft im günstigen Fall Möglichkeiten, individuelle Gleichgewichte zwischen Erwerbsarbeit und Privatleben auszutarieren. Von zentraler Bedeutung ist aber die Souveränität

Schlussbetrachtung

über die eigene Zeit. Nur einer kleinen Minderheit gelingt es im Turbo-Kapitalismus des Informationszeitalters, ihre Vorstellungen eines anderen Lebensstils auch durchzusetzen. Was nützen die schönsten Entwürfe zur alternierenden Telearbeit, wenn der betriebliche Auftragsdruck der gleiche bleibt oder gar wächst? Die fügsame Routine des Angestellten „schloss immerhin das Recht ein, pünktlich am späten Nachmittag dem öden Beruf zu entkommen", betont der Berliner Soziologe Ulf Kadritzke. (2000, S. 800). Jetzt aber kehre sich die Beweislast um; die Wissensarbeiter müssen sich „ständig fragen, welches Maß an persönlich verwendbarer Zeit die Pflicht zur Selbst-Ökonomisierung überhaupt noch gestattet". Kadritzke zitiert einen überarbeiteten Manager, dessen Beschreibung eines Konzertbesuches eindrucksvoll die eigene Unfähigkeit dokumentiert, freie Zeit überhaupt noch als Glück wahrzunehmen: „Wenn man in allerletzter Minute da noch hinfährt, ist das halbe Programm schon rum, ehe ich überhaupt beginne, mich auf die Musik zu konzentrieren, denn dieses und jenes schwingt noch nach. Und plötzlich ist man nicht bei Mozart, sondern beim Mineralölverbrauch in England." (ebd.).

„Wer möchte gern wie ein gestresster Manager leben, wer will sich den Kopf mit seinen sinnlosen Ziffernreihen voll stopfen, seinen gefälschten Bordeaux trinken und an seinem Herzinfarkt verrecken?" So steht es überspitzt im Manifest der „Glücklichen Arbeitslosen" (Paoli 2002). Die Mitglieder der Berliner Initiative grenzen sich mit ironischen Beispielen und drastischen Worten von den vorherrschenden Werten ab. Sie machen aus der Not eine Tugend und vertreten eine positive Einstellung zum Nichtstun. Nicht jeder, der es sich leisten könnte, nutzt die für ihn möglichen Spielräume; und so mancher, der es sich scheinbar nicht erlauben kann, probiert es einfach. Millionenerben schuften wie Workaholics, obwohl sie von ihren Zinsen gut leben könnten. Umgekehrt kommen manche Arbeitslose oder Sozialhilfeempfänger mit ein paar hundert Euro im Monat aus. Sie verlassen sich dabei weniger auf die immer wieder von Kürzungen bedrohten staatlichen Transfers, sondern eher auf private Netzwerke. Der Freundes- und Bekanntenkreis funktioniert wie eine private Suppenküche, das persönliche Umfeld ist eine Tauschbörse der Talente.

Auch in bürgerlichen Kreisen kursieren Lebensstil-Konzepte, die die Bedeutung von Geld und Besitz zu relativieren suchen. Die Aufrufe zum „Downshifting", wie es im Englischen genannt wird, verstehen sich keineswegs als romantisierende Blicke zurück in die gute, alte Zeit. Es geht nicht um pauschale Konsum- oder Arbeitsverweigerung, um die völlige Abkehr von neuen Techniken oder um eine romantisch überhöhte „Entdeckung der Langsamkeit". Die Lethargie der Hippies kehrt nicht zurück, statt dessen wächst eine neue Kultur unterschiedlicher Lebensstile, die Bremsen ebenso wie Beschleunigen zulassen. Niemand braucht sich mehr klar und deutlich auf eine bestimmte Werteorientierung festlegen. Wo Widersprüchliches friedlich nebeneinander existiert, bleiben die prophezeiten „Kulturkämpfe" (Glotz 1999) aus. An der bunten Vielfalt der Lebensentwürfe scheitern schablonenhafte Verallgemeinerungsversuche, die schnell in Repression umschlagen können.

Wie die Moralpredigten gegen angebliche Sozialschmarotzer zeigen, fehlt es an der Toleranz, andere ohne Neid, Besserwisserei und Ausgrenzung ihren Weg gehen zu lassen. Die gängige Praxis der Arbeitsmarkt- und Sozialpolitik beharrt auf den alten Werten der Arbeitsgesellschaft. Bei der Umsetzung der Empfehlungen der Hartz-Kommission zum Beispiel ist der Druck auf Erwerbslose, die sich nicht den althergebrachten Spielregeln unterwerfen, weiter verschärft worden. Nahezu beliebige Verfügbarkeit und Mobilität unabhängig von der Qualität und Bezahlung der angebotenen Jobs werden erwartet. Politische Konzepte, die es den Erwerbstätigen in neuen Beschäftigungsverhältnissen ermöglichen würden, „mit Sicherheit flexibel" (Strünck 2003) zu sein, lassen hingegen auf sich warten.

Auch die durch Vielfältigkeit gekennzeichnete Netzwerk-Wirtschaft im Informationszeitalter bedarf der Regulierung. Die Festschreibung von Standards sei wichtig und dürfe keinesfalls durch „die weitere Pluralisierung von Beschäftigungsformen ersetzt werden", fordert Alexandra Wagner vom Gelsenkirchener Institut Arbeit und Technik (2002, S. 8). Die Wissenschaftlerin skizziert eine Art „neues Normalarbeitsverhältnis", das die geschlechtsspezifische Arbeitsteilung überwinden und Männern wie Frauen einen gleichberechtigten Zugang zum Erwerbsleben ermöglichen soll. Die wichtigsten Bestandteile eines solchen Pakets sind für sie kürzere Arbeitszeiten, eine eigenständige soziale Sicherung für Frauen und die Ausdehnung der Versicherungspflicht auf Selbstständige und Beamte. Die neue Norm, so Wagner, bedeute „nicht Konformität, sondern muss vielmehr der Bezugspunkt für sich ausdifferenzierende Lebensformen sein" (ebd.).

Vor allem jüngere Menschen durchlaufen in der Informationswirtschaft einen berufsbiografischen Zickzackkurs. Für die meisten von ihnen stellt sich die Auseinandersetzung mit deregulierten Beschäftigungsverhältnissen nicht als erfolgreiches Selbstunternehmertum, sondern als zäher Kampf um das ökonomische Überleben dar. Die Abweichler von der alten „Normalarbeit" benötigen „Flexicurity", wie das englische Kunstwort lautet: eine Mischung aus Flexibilität und Verlässlichkeit, die Brücken baut zwischen verschiedenartigen Arbeitsverhältnissen und unstete Erwerbsverläufe finanziell ausgleicht (vgl. Klammer/Tillmann 2001).

Statt „bevormundender Normativität" heißt das Ziel „mehr rechtliche und soziale Sicherung für freie Optionalität", formulieren Uwe Becker und Michael Wiedemeyer (2001, S. 600f.): „Die spannende Frage bleibt, ob nicht langfristig die Ausprägung von Betriebskulturen an Normalität gewinnen kann, in der alles 'normal' ist, was der persönlichen Präferenz des Einzelnen entspricht." In diesem Sinne hat emanzipatorische Sozialpolitik in einer sich wandelnden Arbeitsgesellschaft die Aufgabe, „Normalität" neu zu bestimmen: Als Alternative und Gegenmodell zur Deregulierung sollte sie eine Kombination aus Beweglichkeit und Sicherheitsversprechen entwickeln, die individuelle Spielräume und Wahlfreiheiten für eigenwillige Lebensstile zulässt, diese aber dennoch sozial flankiert.

7 Literaturverzeichnis

Arendt, Hannah: Vita Activa oder Vom tätigen Leben, München 1958

Badinter, Elisabeth: XY. Die Identität des Mannes, München 1993

Bauman, Zygmunt: Völlig losgelöst, in: Jan Engelmann / Michael Wiedemeyer (Hrsg.): Kursbuch Arbeit. Ausstieg aus der Jobholder-Gesellschaft – Start in eine neue Tätigkeitskultur?, Stuttgart/München 2000, S. 23-37

Bausch, Manfred: Arbeitsmarkt der Journalistinnen und Journalisten, in: Journalist 1/1999, S. 57-72

Beck, Ulrich (Hrsg.): Kinder der Freiheit. Wider das Lamento über den Werteverfall, Frankfurt 1998

Beck, Ulrich: Risikogesellschaft. Auf dem Weg in eine andere Moderne, Frankfurt 1986

Beck, Ulrich/Beck-Gernsheim, Elisabeth: Das ganz normale Chaos der Liebe, Frankfurt 1990

Becker, Uwe: Arbeit nicht um jeden Preis. Die Lösung des Arbeitsmarktproblems hat ihre strukturellen und ethischen Grenzen, in: Frankfurter Rundschau vom 16. Januar 2003

Becker, Uwe/Wiedemeyer, Michael: Zwischen Verunsicherung und Gestaltungsanspruch: Gewerkschaftliche Arbeitszeitpolitik am Scheideweg, in: WSI-Mitteilungen 10/2001, S. 595-601

Beckmann, Petra: Neue Väter braucht das Land! Wie stehen die Chancen für eine stärkere Beteiligung der Männer am Erziehungsurlaub? Werkstattbericht des Instituts für Arbeitsmarkt- und Berufsforschung der Bundesanstalt für Arbeit 6 (2001)

Bell, Daniel: The coming of postindustrial society, Harmondsworth 1976

Benz, Ernst: Das Recht auf Faulheit oder: Die friedliche Beendigung des Klassenkampfes, Stuttgart 1974

Bergmann, Wolfgang: Ikarus 2000. Warum das nächste Jahrhundert männlich wird, Stuttgart 2000

Beste, Ralf/Bornhöft, Petra: Das Ende der Generation Lila, in: Der Spiegel 32/2001, S. 26-28

Betzelt, Sigrid: Soziale Sicherung „neuer" Selbstständiger: Reformperspektiven im Spiegel europäischer Nachbarstaaten. Arbeitspapier des Zentrums für Sozialpolitik Bremen 10 (2002)

Beyer, Susanne/Wellershoff, Marianne: Comeback der Mutter, in: Der Spiegel 29/2001, S. 66-75

Biedenkopf, Kurt: Die Partei ist nicht mehr lebendig. Über die Lähmung und die zukünftige Strategie der Christlich-Demokratischen Union, in: Frankfurter Rundschau vom 12. Dezember 1998

Binder, Evelyn: Girokonto verweigert, in: Kölner Stadtanzeiger vom 10. Dezember 2002

Bögenhold, Dieter/Leicht, Rene: Neue Selbständigkeit und Entrepreneurship. Moderne Vokabeln und damit verbundene Hoffnungen und Irrtümer, in: WSI-Mitteilungen 12/2000, S. 779-787

Bönkost, Klaus Jürgen/Oberliesen, Rolf: Arbeit, Wirtschaft und Technik in Schulbüchern der Sekundarstufe I. Bundesministerium für Bildung, Wissenschaft, Forschung und Technologie, Bonn 1997

Bosch, Gerhard: Konturen eines neuen Normalarbeitsverhältnisses, in: WSI-Mitteilungen 4/2001, S. 219-230

Brecht, Bertolt: Gesammelte Werke 14, Prosa 4. Werkausgabe, Frankfurt 1967

Buchholz-Will, Wiebke: Steuern, Staat und Frauen. Die Zusammenhänge zwischen Ehegattenbesteuerung und Erwerbstätigkeit von Frauen in der EG, in: Susanne Schunter-Kleemann (Hrsg): Herrenhaus Europa - Geschlechterverhältnisse im Wohlfahrtsstaat, Berlin 1992, S. 59-83

Buchholz-Will, Wiebke: Das Ehegattensplitting bleibt ein Stein des Anstoßes, in: WSI-Mitteilungen 11/1985, S. 668-675

Bullinger, Hermann: Wenn Männer Väter werden. Schwangerschaft, Geburt und die Zeit danach im Erleben von Männern, Reinbek 1983

BUND und Misereor (Hrsg.): Zukunftsfähiges Deutschland. Ein Beitrag zu einer global nachhaltigen Entwicklung, Basel 1996

Bundesministerium für Familie, Senioren, Frauen und Jugend (Hrsg.): Elfter Kinder- und Jugendbericht. Bericht über die Lebenssituation junger Menschen und die Leistungen der Kinder- und Jugendhilfe in Deutschland, Berlin 2002

Butterwegge, Christoph: Wohlfahrtsstaat im Wandel. Probleme und Perspektiven der Sozialpolitik, 3. Aufl. Opladen 2001

Butterwegge, Christoph/Klundt, Michael: Kinderarmut im internationalen Vergleich – Hintergründe, Folgen und Gegenmaßnahmen, in: WSI-Mitteilungen, 6/2002, S. 326-333

Castells, Manuel: Das Informationszeitalter. Band I: Die Netzwerkgesellschaft, Opladen 2001

Chalendar, Jacques de: Die Neuordnung der Zeit, Aldingen 1972

Connell, Robert: Der gemachte Mann. Konstruktion und Krise von Männlichkeiten, Opladen 2000

Coupland, Douglas: Mikrosklaven, München 1999

Dahrendorf, Ralf: Die globale Klasse und die neue Ungleichheit. In: Merkur 11/2000, S. 1057-1068

Dahrendorf, Ralf: Im Entschwinden der Arbeitsgesellschaft. Wandlungen der sozialen Konstruktion des menschlichen Lebens. In: Merkur 8/1980, S. 749-760

Deckstein, Dagmar/Felixberger, Peter: Arbeit neu denken. Wie wir die Chancen der New Economy nutzen können, Frankfurt 2000

Dellekönig, Christian: Der Teilzeit-Manager. Argumente und erprobte Modelle für innovative Arbeitszeitregelungen, Frankfurt/New York 1995

Denkschrift: Zur Frage der Ehegattenbesteuerung. Bundestags-Drucksache II/1866, Bonn 1955

Dettling, Warnfried: Über die nötigen Veränderungen in einer postindustriellen Welt, in: Das Parlament vom 11. August 2000

Deutschmann, Christoph: Die Gesellschaftskritik der Industriesoziologie – ein Anachronismus?, in: Leviathan 1/2001, S. 58-69

Döge, Peter: Geschlechterdemokratie als Männlichkeitskritik. Blockaden und Perspektiven einer Neugestaltung des Geschlechterverhältnisses, Bielefeld 2001

Döge, Peter: Geschlechterdemokratie als Männlichkeitskritik. Männerforschung, Männerpolitik und der „neue Mann", in: Aus Politik und Zeitgeschichte 31-32/2000, S. 18-23

Döge, Peter/Volz, Rainer: Wollen Frauen den neuen Mann? Traditionelle Geschlechterbilder als Blockaden von Geschlechterpolitik, Sankt Augustin 2002

Dribbusch, Barbara: Wir alle sind Unternehmer, in: Die Tageszeitung vom 27. Oktober 2000

Dribbusch, Barbara: Märchen für alle, in: Die Tageszeitung vom 4. Januar 2001

The Ecomomist: The trouble with Men, vom 28. September 1996

Engelbrech, Gerhard/Jungkunst, Maria: Zukunft der Arbeit – Zukunft der Frauen? Beschäftigungsmöglichkeiten von Frauen in den alten Ländern nach Tätigkeiten und Qualifikationsebenen bis 2010. Informationen für die Beratungs- und Vermittlungsdienste (ibw) 22 (2000), S. 2339-2355

Engelhardt, Jan: Revoluzzer oder Lampenputzer – die 89er und gewerkschaftliche Jugendpolitik, in: Gewerkschaftliche Monatshefte, 10/1999, S. 634-638

Engelmann, Jan: Wohlfühlen beim Spagat. Die Kritiker des neuen Arbeitsregimes machen sich warm, in: Literaturen 2/2001, S. 41-48

Engelmann, Jan/Wiedemeyer, Michael (Hrsg.): Kursbuch Arbeit. Ausstieg aus der Jobholder-Gesellschaft – Start in eine neue Tätigkeitskultur? Stuttgart/München 2000

Englisch, Gundula: Jobnomaden. Wie wir arbeiten, leben und lieben werden, Frankfurt 2001

Erler, Gisela: Die postindustrielle Lebens- und Arbeitswelt: Neue Risiken und paradoxe Chancen, in: Kathrin Menzel (Hrsg.): Die Abendröte der Industriegesellschaft. Chance für Frauen?, Sankt Augustin 2000, S. 45-54

Faludi, Susan: Angeschmiert. Der Betrug an den amerikanischen Männern, Reinbek 2001

Fichtner, Jörg: Von den offenen Türen am Ende langer Flure. Familienplanung und Geschlechterverhältnis als Themen der Berufsausbildung, in: BzgA-Forum (Bundeszentrale für gesundheitliche Aufklärung) 3/2000, S. 29-34

Finkemeier, Thomas: Im Namen der Firma immer und überall verfügbar, in: VDI-Nachrichten vom 29. Oktober 1999

Fischer, Arthur (u.a., Hrsg.): Jugend 2000. Die 13. Shell-Jugendstudie, Opladen 2000.

Flicke, Florian: Megamacht Medien. Eine Million neue Jobs, in: BIZZ, 9-10/1998, S. 46-57

Franks, Suzanne: Das Märchen von der Gleichheit. Frauen, Männer und die Zukunft der Arbeit, Stuttgart 1999.

Freud, Sigmund: Das Unbehagen in der Kultur, Frankfurt 1955

Friedrich, Horst/Wiedemeyer, Michael: Die psycho-sozialen „Kosten" der Arbeitslosigkeit, in: dies.: Arbeitslosigkeit – ein Dauerproblem. Dimensionen, Ursache, Strategien, 3. Aufl. Opladen 1998, S. 53-60

Fthenakis, Wassilios: „Mehr Spielraum für Väter". Arbeitspapier des Staatsinstituts für Frühpädagogik, München 2001

Fthenakis, Wassilios: Engagierte Vaterschaft. Die sanfte Revolution in der Familie, Opladen 1999

Fthenakis, Wassilios: Väter. Zur Psychologie der Vater-Kind-Beziehung, München/Wien 1985

Gaß, Gerald u.a.: Strategien gegen Langzeitarbeitslosigkeit. Strukturen, Ursachen und Maßnahmen, Berlin 1997, S. 35-38

Geiger, Theodor: Die soziale Schichtung des deutschen Volkes, Stuttgart 1931

Geissler, Birgit: Hierarchie und Differenz. Die (Un)vereinbarkeit von Familie und Beruf und die soziale Konstruktion der Geschlechterhierarchie im Beruf, in: Oechsle, Mechtild/Geissler, Birgit (Hrsg.): Die ungleiche Gleichheit. Junge Frauen und der Wandel im Geschlechterverhältnis, Opladen 1998, S. 9-24

Glißmann, Wilfried: Ökonomie der Maßlosigkeit und die Frage der Gesundheit, in: Pickshaus, Klaus u.a. (Hrsg.): Arbeiten ohne Ende. Neue Arbeitsverhältnisse und gewerkschaftliche Arbeitspolitik, Hamburg 2001, S. 38-50

Glotz, Peter: Die beschleunigte Gesellschaft. Kulturkämpfe im digitalen Kapitalismus, München 1999

Goebel, Johannes/Clermont, Christoph: Die Tugend der Orientierungslosigkeit, Berlin 1997

Gorz, André: Kritik der ökonomischen Vernunft. Sinnfragen am Ende der Arbeitsgesellschaft, Berlin 1989

Gorz, André: Abschied vom Proletariat, Frankfurt 1980

Gottschall, Karin: Freie Mitarbeit im Journalismus. Zur Entwicklung von Erwerbsformen zwischen selbständiger und abhängiger Beschäftigung, in: Kölner Zeitschrift für Soziologie und Sozialpsychologie 4/1999, S. 635-654

Gottschall, Karin/Hagemann, Karen: Die Halbtagsschule in Deutschland: Ein Sonderfall in Europa?, in: Aus Politik und Zeitgeschichte 42/2002, S. 12-22

Gottschall, Karin/Schnell, Christiane: 'Alleindienstleister' in Kulturberufen – Zwischen neuer Selbständigkeit und alten Abhängigkeiten, in: WSI-Mitteilungen 12/2000, S. 804-810

Gross, Peter: Das Verschwinden der monogamen Arbeit?, in: Hauswirtschaft und Wissenschaft 44 (1996), S. 99-105

Gruner, Paul-Hermann: Frauen und Kinder zuerst. Denkblockade Feminismus – eine Streitschrift, Reinbek 2000

Gutschmidt, Gunhild: Frauen sind genügsamer. Zum Problem „Vereinbarkeit von Familie und Beruf", in: Frankfurter Rundschau vom 18. Februar 1995

Haak, Carroll/Schmid, Günther: Arbeitsmärkte für Künstler und Publizisten – Modelle der künftigen Arbeitswelt?, in: Leviathan 2/2001, S. 156-178

Handy, Charles: The New Alchemists. How Visionary People Make Something out of Nothing, London 1999

Hartmann-Schäfers, Mechthild/Schäfers, Michael: Perspektiven von Arbeitszeitpolitik und Tätigkeitsgesellschaft, in: WSI-Mitteilungen 10/2001, S. 606-610

Hartz, Peter u.a.: Moderne Dienstleistungen am Arbeitsmarkt. Bericht der Kommission. Broschüre A 306 des Bundesministeriums für Arbeit und Sozialordnung, Berlin 2002

Hartz, Peter: Jeder Arbeitsplatz hat ein Gesicht. Die Volkswagen-Lösung, Frankfurt/New York 1994

Hauser, Hansgeorg: Ehegattensplitting von der Verfassung geboten, in: Süddeutsche Zeitung vom 12. Januar 1995

Hengsbach, Friedhelm: Ein strategisches Bündnis von Gewerkschaften und Kirchen zur Neuverteilung der Arbeit? In: Becker, Uwe u.a. (Hrsg.): Logik der Ökonomie – Krise der Arbeit. Impulse für eine solidarische Gestaltung der Arbeitswelt, Mainz 2001, S. 161-172

Hensche, Detlef: Dimensionen einer Gewerkschaftsreform, in: Gewerkschaftliche Monatshefte 11/1997, S. 623-634

Herden, Ingrid: Allzeit bereit, in: Kölner Stadt-Anzeiger vom 11. März 2000

Höhler, Gertrud: Wölfin unter Wölfen. Warum Männer ohne Frauen Fehler machen, München 2000

Hörning, Karl-H. u.a.: Zeitpioniere. Flexible Arbeitszeiten – neuer Lebensstil, Frankfurt 1990

Höyng, Stephan/Puchert, Ralf: Die Verhinderung der beruflichen Gleichstellung. Männliche Verhaltensweisen und männerbündische Kultur, Bielefeld 1998

Hoff, Andreas: Erfolgsverzicht (auf Zeit) bei Männern. Vortrag im Rahmen der Tagung „Erfolg-SIEfolg", in: Tutzinger Materialien 69 (1991)

Hoffmann, Jürgen u.a. (Hrsg.): Jenseits der Beschlusslage. Gewerkschaften als Zukunftswerkstatt, Köln 1990

Holert, Tom: Wem die Arbeit lacht. Nachdenken über die Zukunft der Arbeit. Ein Besuch bei dem kanadischen Schriftsteller Dougals Copland, in: Literaturen, 2/2001, S. 51-57

Hollstein, Walter: Nicht Herrscher, aber kräftig. Die Zukunft der Männer, Reinbek 1991

Hondrich, Karl Otto: Zur Dialektik von Individualisierung und Rückbindung am Beispiel der Paarbeziehung, in: Aus Politik und Zeitgeschichte, 53/1998, S. 3-8

Jahoda, Marie u.a.: Die Arbeitslosen von Marienthal (1933), 3. Aufl. Frankfurt 1980

Jansen, Mechtild: Die Frauen stehen dumm und dämlich da. Die verfehlte Geschlechter-Politik der Regierung Schröder, in: Frankfurter Rundschau vom 5. November 2001

Jürgens, Kerstin: Die Janusköpfigkeit der Arbeitszeitflexibilisierung. Plädoyer für eine nachhaltige Arbeitskraftpolitik, in: Detlev Clausen u.a.: Transformation der Arbeit. Hannoversche Schriften 5, Frankfurt 2002, S. 100-118

Jürgens, Kerstin/Reinecke, Karsten: Zwischen Volks- und Kinderwagen. Auswirkungen der 28,8-Stunden-Woche bei der VW AG auf die familiale Lebensführung von Industriearbeitern, Berlin 1998

Jurczyk, Karin/Rerrich, Maria S.: Die Arbeit des Alltags. Beiträge zu einer Soziologie der alltäglichen Lebensführung, Freiburg 1993

Kadritzke, Ulf: Die neue Selbstständigkeit als Gratwanderung. Zwischen professioneller Lust und Angst vor dem Absturz, in: WSI-Mitteilungen 12/2000, S. 796-803

Kanter, Rosabeth Moss: World Class. Thriving Locally in the Global Economy, New York 1995.

Kerber, Bärbel: Arbeiten bis zum Umfallen, in: Psychologie heute, 11/2000, S. 30-35

Kieselbach, Thomas u.a.: „Ich wäre ja sonst nie mehr an Arbeit rangekommen!" Evaluation einer Reintegrationsmaßnahme für Langzeitarbeitslose, Weinheim 1998

Kieselbach, Thomas: Arbeitslosigkeit als psychologisches Problem – auf individueller und gesellschaftlicher Ebene, in: Montada, Leo (Hrsg.): Arbeitslosigkeit und soziale Gerechtigkeit, Frankfurt 1994, S. 233-263

Klammer, Ute: Managerinnen des Alltags, in: Mitbestimmung 1-2/2003, S. 34-37

Klammer, Ute/Tillmann, Katja: Flexibilität und soziale Sicherung – eine vielschichtige Herausforderung für politische Gestaltung, in: WSI-Mitteilungen 1/2001, S. 1-23

Klems, Wolfgang/Schmid, Alfons: Langzeitarbeitslosigkeit. Theorie und Empirie am Beispiel des Arbeitsmarktes Frankfurt am Main, Berlin 1990

Klotz, Ulrich: Die Neue Ökonomie. Über die Herausforderungen und Konsequenzen einer zunehmend von immateriellen Werten geprägten Wirtschaft, in: Frankfurter Allgemeine Zeitung vom 25. April 2000

Klotz, Ulrich: Die Herausforderungen der neuen Ökonomie, in: Gewerkschaftliche Monatshefte, 10/1999, S. 590-608

Kluge, Norbert: „Wilde Ehen"? Mitbestimmungspraxis und -bedarf in der New Economy, in: Gewerkschaftliche Monatshefte, 4/2001, S. 229-236

Köpf, Peter/Provelegios, Alexander: Der Winterschlaf der Männer ist vorbei. Für eine neue Allianz von Adam und Eva, Stuttgart 2000

Koppetsch, Cornelia / Burkart, Günter: Die Illusion der Emanzipation. Zur Wirksamkeit latenter Geschlechtsnormen im Milieuvergleich. Konstanz 1999.

Kratzer, Nick / Sauer, Dieter: Normalarbeit unter Veränderungsdruck – Heterogenität entgrenzter Arbeit. Manuskript für den Workshop „Entgrenzung von Arbeit und Leben", Zentrum für Sozialpolitik Bremen 2002

Kronauer, Martin u.a.: Im Schatten der Arbeitsgesellschaft – Arbeitslose und die Dynamik sozialer Ausgrenzung, Frankfurt/New York 1993

Kurz-Scherf, Ingrid: Brauchen die Gewerkschaften ein neues Leitbild der Erwerbsarbeit? Oder: Brauchen die Frauen eine neue Gewerkschaft?, in: Gewerkschaftliche Monatshefte 7/1994, S. 436-449

Landesarbeitsamt Nordrhein-Westfalen: Sonderuntersuchung über Arbeitslose – Langzeitarbeitslosigkeit. Informationen zum Arbeitsmarkt 10 (1998)

Landessozialbericht: Arbeitslose, Langzeitarbeitslose und ihre Familien. Herausgegeben vom Ministerium für Arbeit, Gesundheit und Soziales des Landes Nordrhein-Westfalen, Düsseldorf 1998

Leadbeater, Charles: Living on Thin Air. The New Econonmy, London 1999

Lehndorff, Steffen: „Immer mehr Beschäftigte müssen sich ihre Stelle selbst erwirtschaften", in: Frankfurter Rundschau vom 20.3.2002

Leicht, Rene/Philipp, Ralf: Der Trend zum Ein-Personen-Unternehmen. Ifm-Strukturbericht Universität Mannheim 5 (1999)

Liessmann, Konrad Paul: Geld, Gott und Gesetz. Das Verschwinden der Vater-Imago, in: Kursbuch 140 – Die Väter, 6/2000, S. 45-52

Mair, Judith: Schluss mit lustig. Warum Leistung und Disziplin mehr bringen als emotionale Intelligenz, Teamgeist und Soft Skills, Frankfurt 2002

Matthies, Hildegard u.a.: Arbeit 2000. Anforderungen an eine Neugestaltung der Arbeitswelt – Eine Studie der Hans-Böckler-Stiftung, Reinbek 1994

Matussek, Matthias: Die vaterlose Gesellschaft. Überfällige Bemerkungen zum Geschlechterkampf, Reinbek 1998

Meier, Uta: Wie zukunftsfähig ist die „Arbeit des Alltags?", in: Katrin Andruschow (Hrsg.): Ganze Arbeit. Feministische Spurensuche in der Non-Profit Ökonomie, Berlin 2001, S. 41-54

Merten, Roland: Psychosoziale Folgen von Armut im Kinder- und Jugendalter, in: Butterwegge, Christoph/Klundt, Michael (Hrsg.): Kinderarmut und Generationengerechtigkeit. Familien- und Sozialpolitik im demografischen Wandel, 2. Aufl. Opladen 2003

Meschnig, Alexander/Stuhr, Mathias: www.revolution.de. Die Kultur der New Economy, Hamburg 2001

Metz-Göckel, Sigrid/Müller, Ursula: Der Mann. Die Brigitte-Studie, Weinheim und Basel 1986

Miegel, Meinhard: Der ausgefranste Arbeitsmarkt. Die Menschen in den Industrieländern müssen endlich die neuen Chancen nutzen, in: Die Zeit vom 9. Februar 1996

Mutz, Gerd: Der souveräne Arbeitsgestalter in der zivilen Arbeitsgesellschaft, in: Aus Politik und Zeitgeschichte 21/2001, S. 14-22

Offe, Claus: Arbeitsgesellschaft. Strukturprobleme und Zukunftsperspektiven, Frankfurt 1984

Opaschowski, Horst: Feierabend? Von der Zukunft ohne Arbeit zur Arbeit mit Zukunft, Opladen 1998

Paoli, Guillaume: Mehr Zuckerbrot, weniger Peitsche. Aufrufe, Manifeste und Faulheitspapiere der Glücklichen Arbeitslosen, Berlin 2002

Pettersson, Gisela: Umverteilung von Zeit, Geld und Macht. Ein neuer Gesellschaftsvertrag, in: Gleichstellung macht Sinn. Dokumentation der Gewerkschaft Nahrung-Genuss-Gaststätten, Hamburg 2000

Pickshaus, Klaus u.a.: Der Arbeit wieder ein Maß geben. Neue Managementkonzepte und Anforderungen an eine gewerkschaftliche Arbeitspolitik. Supplement der Zeitschrift Sozialismus, 2/2000, S. 20-29

Pinl, Claudia: Wieviele Ernährer braucht das Land? Familienpolitik als Wahlkampfschlager, in: Blätter für deutsche und internationale Politik 9/2001, S. 1123-1130

Deutsches PISA-Konsortium (Hrsg.): Pisa 2001, Opladen 2002

Pongratz, Hans/Voß, Günter: Zur Entgrenzung der Ware Arbeitskraft. Vortrag zum Kongress für Soziologie. Manuskript, Freiburg 1998

Prenzel, Wolfgang: Väter in jungen Familien – ist ein Ende der Feierabendvaterschaft in Sicht?, in: Teichert, Volker: Junge Familien in der Bundesrepublik, Opladen 1990, S. 99-117

Promberger, Markus: Was wird aus der Arbeitszeit? 'Modernisierung' der betrieblichen Arbeitszeiten zwischen Verkürzung, Pluralisierung und Differenzierung, München und Mering 1993

Literaturverzeichnis

Reich, Robert: Die neue Weltwirtschaft. Das Ende der nationalen Ökonomie, Frankfurt 1997

Reindl, Josef: Scheinselbstständigkeit – Ein deutsches Phänomen und ein verkorkster Diskurs, in: Leviathan 4/2000, S. 413-433

Rifkin, Jeremy: Access. Das Verschwinden des Eigentums, Frankfurt 2000

Rifkin, Jeremy: Das Ende der Arbeit und ihre Zukunft, Frankfurt 1995

Rosenkranz, Doris u.a.: Was machen junge Väter mit ihrer Zeit? Eine Zeitallokation junger Ehemänner im Übergang zur Elternschaft, Bamberg 1998

Sauerborn, Werner: Vater Morgana oder: Risse in der männlichen Festung. Notwendigkeit, Voraussetzungen und Ansatzpunkte eines wesentlichen Wertewandels, in: Frankfurter Rundschau vom 24.12.1992

Sauerborn, Werner: Gegenverkehr in der Gleichstellungsfrage! Ansätze für eine Väterpolitik, in: Möller, Kurt (Hrsg.): Nur Macher und Macho? Geschlechtsreflektierende Jungen- und Männerarbeit, Weinheim 1997, S. 207-217

Schmid, Günther: Arbeitsplätze der Zukunft. Von standardisierten zu variablen Arbeitsverhältnissen, in: Kocka, Jürgen/Offe, Klaus: Geschichte und Zukunft der Arbeit. Frankfurt 2000, S. 269-292

Schnack, Dieter/Neutzling, Rainer: Kleine Helden in Not. Jungen auf der Suche nach Männlichkeit, Reinbek 2000

Schneider, Reto U.: Nomaden am Schreibtisch, in: NZZ Folio (Beilage zur Neuen Zürcher Zeitung) 1/2000, S. 26-30

Schumpeter, Joseph: Kapitalismus, Sozialismus und Demokratie (1942), Tübingen 1980

Schunter-Kleemann, Susanne: Herrenhaus Europa – Geschlechterverhältnisse im Wohlfahrtsstaat, Berlin 1992

Schwanitz, Dietrich: Männer – eine Spezies wird besichtigt, Frankfurt 2001

Schweer, Thomas: Entstehungs- und Verlaufsformen von Alkoholkarrieren Arbeitsloser. Eine qualitative Studie; in: Klein, Gabriele/Strasser, Hermann: Schwer vermittelbar. Zur Theorie und Empirie der Langzeitarbeitslosigkeit, Opladen 1997, S. 221-248

Segbers, Franz: Der Sabbat der Bibel. Leitbild für einen Exodus aus der Arbeitsgesellschaft. In: Becker, Uwe u.a. (Hrsg.): Logik der Ökonomie – Krise der Arbeit. Impulse für eine solidarische Gestaltung der Arbeitswelt, Mainz 2001, S. 98-112

Sennett, Richard: Stadt ohne Gesellschaft. Der flexible Mensch und die Uniformität der Städte, in: Le Monde diplomatique 2/2001, S. 12-13

Sennett, Richard: Der flexible Mensch. Die Kultur des neuen Kapitalismus, Berlin 1998

Sonnenberg, Gudrun: Angst, Nein zu sagen. Wenn Vorgesetzte Überlastungen als Feuertaufe betrachten, in: Die Zeit vom 12. Oktober 2000

Statistisches Bundesamt: Leben und Arbeiten in Deutschland – Mikrozensus 2000, Wiesbaden 2001

Statistisches Bundesamt: Datenreport, Wiesbaden 1997 und 1999

Stiefel, Elisabeth: Verdeckt bleibt die Arbeit der Frauen. Gedanken zu einer feministischen Theorie, in: Frankfurter Rundschau vom 26. November 1994

Stolz-Willig, Brigitte/Veil, Mechthild (Hrsg.): Es rettet uns kein höh'res Wesen. Feministische Perspektiven der Arbeitsgesellschaft, Hamburg 1999

Strümpel, Burkhard u.a.: Teilzeitarbeitende Männer und Hausmänner. Motive und Konsequenzen einer eingeschränkten Erwerbstätigkeit bei Männern, Berlin 1988

Strünck, Christoph: Mit Sicherheit flexibel? Chancen und Risiken neuer Beschäftigungsverhältnisse, Bonn 2003

Thadden, Elisabeth von: „Wir müssen die Männer zwingen". Gespräch mit dem Familienforscher Hans Bertram, in: Die Zeit vom 22. Februar 2001

Tiger, Lionel: Auslaufmodell Mann. Die neuen Rollen von Frau und Mann in der modernen Gesellschaft, Wien/München 2000

Trautwein-Kalms, Gudrun: Qualifizierte Frauen in neuen Arbeitsformen: Erfolge, Rollback – und neue Chancen?, in: Stolz-Willig, Brigitte/Veil, Mechthild (Hrsg.): Es rettet uns kein höh'res Wesen. Feministische Perspektiven der Arbeitsgesellschaft, Hamburg 1999, S. 45-58

Ullrich, Otto: Forschung und Technik für eine zukunftsfähige Lebensweise. Manuskript, Berlin 2001

Vaskovics, Laszlo/Rost, Harald: Väter und Erziehungsurlaub. Schriftenreihe des Bundesministeriums für Familie, Senioren, Frauen und Jugend, Band 179, Stuttgart 1999

Vinken, Barbara: Die deutsche Mutter. Der lange Schatten eines Mythos, München 2001.

Voß, Günter/Pongratz, Hans: Der Arbeitskraftunternehmer. Eine neue Grundform der Ware Arbeitskraft?, in: Kölner Zeitschrift für Soziologie und Sozialpsychologie 1/1998, S. 131-158

Voß, Günter/Pongratz, Hans: Zwischen Erfolgsunternehmer und modernem Tagelöhner, in: Die Mitbestimmung 11/1999, S. 18-19

Wacker, Ali: Arbeitslosigkeit ist ein massenhaftes Schicksal, aber ein massenhaft individuelles, in: Roßmann, Ulrike (Hrsg.): Provinz-Arbeitslosigkeit, Hannover 1987, S. 71-92

Wagner, Alexandra: Wandel der Arbeit und soziale Sicherung. Ein „neues Normalarbeitsverhältnis" erfordert neue sozialstaatliche Antworten, in: Sonderheft der Zeitschrift für sozialistische Politik und Wirtschaft (spw) 12/2002, S. 5-8

WHO World Health Organization: Unemployment and Methodology and Theory für Research: International Comparisons. Report on a Study Group, Kopenhagen 1989

Winker, Gabriele: Frauen in der Informationsgesellschaft – Geschlechterverhältnis und vernetzte Systeme, in: Arbeitnehmerkammer Bremen (Hrsg.): Neue Medien, neue Arbeitsformen, neue Zeiten? Frauen und Multimedia, Bremen 2001, S. 6-23

Zoll, Rainer u.a. (Hrsg.): Arbeitslose und Gewerkschaft, Köln 1991

Zulehner, Paul/Volz, Rainer: Männer im Aufbruch. Wie Deutschlands Männer sich selbst und wie Frauen sie sehen, Ostfildern 1998

Der Autor

Thomas Gesterkamp hat Soziologie, Pädagogik und Publizistik studiert und lebt als Buchautor und Fachpublizist in Köln. Seit Mitte der neunziger Jahre schreibt er regelmäßig über „Arbeit und Geschlecht". Neben seiner journalistischen Tätigkeit für Hörfunk und Zeitungen ist er auch als Referent, Dozent und Moderator tätig. Mit der vorliegenden Veröffentlichung hat er im Fach Politikwissenschaft promoviert.

Kontakt:

Thomas Gesterkamp
Theodor-Schwann-Straße 13
50735 Köln
Telefon/Fax: 0221-7604899
E-Mail: thomas.gesterkamp@t-online.de

menschen bewegen

zass

ZUKUNFT DER ARBEIT UND
DER SOZIALEN SICHERUNG
Stiftung der KAB Deutschlands

Wir bewegen Menschen!

Die Stiftung „Zukunft der Arbeit und der sozialen Sicherung" (ZASS) unterstützt Menschen, sich einzumischen und aktiv zu werden. Dies ist heute besonders in Fragen von Arbeit und sozialer Sicherheit notwendiger denn je. Gegen die oftmals vorherrschende Ratlosigkeit setzt die Stiftung auf die Erfahrungen und Kompetenzen der Menschen, die eine soziale Zukunft und ein gerechtes Gemeinwesen mitgestalten wollen. Grundlage der Stiftungsarbeit sind dabei die Werte der Katholischen Arbeitnehmer-Bewegung (KAB) Deutschlands und der kirchlichen Sozialverkündigung. Zukunftsprojekte sind gut in einer Stiftung aufgehoben, da diese zielgerichtet, effizient und transparent fördern kann.

Aus diesem Geist finanziert die Stiftung u.a.:
- eine wertorientierte demokratische Bildung,
- Projekte zur Zukunft der Arbeit und der sozialen Sicherung,
- Maßnahmen gegen Arbeitslosigkeit,
- praxisorientierte Beratungs- und Ausbildungsprojekte.

Als eine kleine und parteienunabhängige Stiftung sind wir besonders auf Menschen angewiesen, die uns finanziell unterstützen. Jeder Euro hilft, Menschen zu bewegen und eine sozial gerechte Zukunft für alle zu bauen.

Näheres: Die Stiftung „ZASS"

Die Stiftung ZASS mit ihrem Sitz in Köln ist eine nicht rechtsfähige Stiftung, die treuhänderisch von der Kettelerhaus der Katholischen Arbeitnehmer-Bewegung (KAB) GmbH verwaltet wird. Sie verfolgt ausschließlich und unmittelbar gemeinnützige Zwecke und ist selbstlos tätig. Mittel der Stiftung dürfen nur für die satzungsgemäßen Zwecke verwandt werden. Die Stiftung ist verpflichtet, ihr Vermögen in seinem Bestand ungeschmälert zu erhalten.

Die wichtigsten Organe der Stiftung sind das Kuratorium und der Finanzbeirat. Alle Mitglieder des Kuratoriums und des Finanzbeirats sind ehrenamtlich tätig.

• Das Kuratorium besteht derzeit aus sechs Mitgliedern, die der KAB angehören und durch politische Gremien des Verbandes demokratisch gewählt sind. Das Kuratorium hat insbesondere die Aufgabe, über die Satzung zu wachen und ggf. Satzungsänderungen zu beschließen.

• Der Finanzbeirat besteht aus fünf Personen. Ihm gehört ein externer Berater mit betriebswirtschaftlicher Kompetenz an. Der Finanzbeirat hat insbesondere die Aufgabe, über die Mittelverwendung der Stiftung zu entscheiden.

Durch die beiden Organe ist satzungsrechtlich eine „Gewaltenteilung" installiert, die eine zielgerichtete, effiziente und transparente Vergabe der Mittel gewährleistet.

Weitere Infos:

Dr. Joachim Zimmermann
Bernhard-Letterhaus-Straße 26
50670 Köln
Telefon: 0221/7722100
Fax: 0221/7722116
www.stiftung-zass.de
E-Mail: info@stiftung-zass.de

Spenden an:
Kreissparkasse Köln, BLZ: 370 502 99, Konto: 147112

ZASS – Zukunft der Arbeit und der sozialen Sicherung
Schriftenreihe der Stiftung der KAB Deutschlands
hrsg. von Dr. Michael Schäfers und Dr. Joachim Zimmermann

Michael Schäfers;
Joachim Zimmermann (Hg.)
Im Mittelpunkt der Mensch
Mitbestimmung in der Arbeitswelt – Ausdruck der Menschenwürde
Das Thema „Mitbestimmung" stellt angesichts der laufenden Umstrukturierungen in den Betrieben und auf Unternehmensebene eine zentrale Herausforderung für die soziale Teilhabe und Teilnahme der Beschäftigten dar. In der Mitbestimmung wird zudem die demokratische Struktur einer Gesellschaft angefragt, denn ohne eine adäquate Mitbestimmung in den Betrieben und Unternehmen gibt es keine gefestigte und gelingende Demokratie. Angesichts der Vernachlässigung des Themas Mitbestimmung als Zukunftsfrage ist es heute wichtiger denn je, Herleitungen und Zusammenhänge aufzuzeigen, denn: Wer die Vergangenheit nicht kennt, den kann es die Zukunft kosten! Heute geht es generell um die Frage, wie die Mitbestimmung unter den geänderten wirtschaftlichen, politischen und sozialen Bedingungen gestärkt und ausgebaut werden kann. Dabei leistet eine partnerschaftliche Unternehmensverfassung für die Stärkung der Demokratie einen unverzichtbaren Beitrag.
Bd. 1, 2004, 144 S., 14,90 €, br., ISBN 3-8258-7459-1

Jahrbuch für Arbeit und Menschenwürde
hrsg. von der Wissenschaftlichen Arbeitsstelle des Oswald-von-Nell-Breuning-Hauses

Wissenschaftliche Arbeitsstelle des Oswald-von-Nell-Breuning-Hauses (Hg.)
Anpassung und Sehnsucht
Strategien der Ohnmacht in Zeiten des Ökonomismus
Bd. 1, 2000, 120 S., 12,90 €, br., ISBN 3-8258-4288-6

Wissenschaftliche Arbeitsstelle des Oswald-von-Nell-Breuning-Hauses (Hg.)
Zeitgeister: Ringen um Arbeit – Zeit – Leben
Der zweite Band des Jahrbuches nimmt das Verhältnis von Arbeit – Zeit – Leben in den Blick. Mit der Mischung der Beiträge aus den Bereichen von Ethik, Wirtschaftswissenschaften, Geschlechterforschung, Eventkultur und Spiritualität wird versucht, unterschiedliche Facetten eines schwierigen Beziehungsverhältnisses zu beschreiben und Positionen und Ansätze zu bieten, wie es gelingen kann, das Verhältnis von Arbeit – Zeit – Leben kreativ und erfüllend zu gestalten. Dazu ist es jedoch unerlässlich, die Zeitgeister unserer Zeit zu erkennen und ihre Wirkmächtigkeiten zu entschlüsseln. Denn nur so kann gestaltend auf sie eingewirkt werden, damit Arbeit – Zeit – Leben keine Bereiche sind, die unversöhnt nebeneinander stehen,

LIT Verlag Münster – Berlin – Hamburg – London – Wien
Grevener Str./Fresnostr. 2 48159 Münster
Tel.: 0251 – 62 032 22 – Fax: 0251 – 23 19 72
e-Mail: vertrieb@lit-verlag.de – http://www.lit-verlag.de

sondern sich kreativ aufeinander beziehen.
Bd. 2, 2001, 168 S., 12,90 €, br.,
ISBN 3-8258-5152-4

Wissenschaftliche Arbeitstelle des Oswald-von-Nell-Breuning-Hauses (Hg.)

Bis hierhin – und noch weiter?
Grenzkonflikte in Alltag, Arbeit, Wissenschaft und Politik

Der Aussage „Bis hierher – und noch weiter" geht die Frage voraus: wie weit denn noch? Der dritte Band des Jahrbuches reflektiert mögliche Interessenskonflikte, Widersprüche und Grenzziehungen in Arbeit, Alltag, Wissenschaft und Politik. Wir erleben beinahe täglich das Eintreffen dessen, was wir bisher für schier unmöglich hielten. Der 11. September 2001 ist dafür nur ein Beispiel. Ethische Grenzen scheinen plötzlich konturlos zu werden, bis hin zur letzten Grenze unserer Existenz, dem Tod. Wenn Ethik zu einer Machtfrage wird... Die Beiträge des Jahrbuches ringen um dieses Phänomen in vielen Facetten: Erziehung, Markt und Kapital, Bioethik, Euthanasie, Medien und Glaube. Anything goes? Ob die Antwort bis hierher und noch weiter lautet, das ist hier die Frage.
Bd. 3, 2002, 164 S., 14,90 €, br.,
ISBN 3-8258-5965-7

Wissenschaftliche Arbeitsstelle des Oswald-von-Nell-Breuning-Hauses (Hg.)

„Hauptsache gesund!"
Gesellschaftliche Widersprüche um Arbeit und Gesundheit

Arbeit und Gesundheit scheinen zunehmend zu unversöhnbaren Gegensätzen unserer Gesellschaften und Kulturen zu werden. Arbeit ist ein existentieller Beitrag zu Menschwerdung und Gesundheit, dies setzt allerdings eine Auseinandersetzung über den Begriff der Arbeit als auch des Menschseins voraus. Arbeitslosigkeit führt zu psychischen wie physischen Belastungen, manchmal auch zum Tode. Es gibt Programme zur Humanisierung der Arbeitswelt. Gesundheitsschutz am Arbeitsplatz ist eine Errungenschaft der Neuzeit, die mit sozialer Verantwortung einhergeht und der Erkenntnis, dass der Mensch keine bedingungslos ausbeutbare Kraft ist. Aber gibt es auch Programme zur Humanisierung der Welt der Arbeitslosen? Wer schützt die Menschen, die andere vor der Krankheit schützen? Und was eigentlich ist die Hauptsache? Hauptsache gesund? Zu diesen Fragen äußern sich u.a. Frank Bsirske (Bundesvorstand ver.di); Jörg-Dietrich Hoppe (Präsident der Bundesärztekammer); Ulrich Zumdick (stellvertr. Leitung Deutsche Arbeitsschutzausstellung Dortmund) u.v.a.
Bd. 4, 2003, 160 S., 14,90 €, br.,
ISBN 3-8258-6598-3

L**IT** Verlag Münster – Berlin – Hamburg – London – Wien
Grevener Str./Fresnostr. 2 48159 Münster
Tel.: 0251 – 62 03 22 – Fax: 0251 – 23 19 72
e-Mail: vertrieb@lit-verlag.de – http://www.lit-verlag.de

Schriften des Instituts für Christliche Sozialwissenschaften der Westfälischen Wilhelms-Universität Münster
Begründet von
Josef Kardinal Höffner†
hrsg. von Karl Gabriel

Nils Goldschmidt;
Gerhard Beestermöller;
Gerhard Steger (Hg.)
Die Zukunft der Familie und deren Gefährdungen
Norbert Glatzel zum 65. Geburtstag
Bd. 44, 2002, 432 S., 40,90 €, gb.,
ISBN 3-8258-5494-9

Karl Gabriel (Hg.)
Kirche – Staat – Wirtschaft auf dem Weg ins 21. Jahrhundert
50 Jahre Institut für Christliche Sozialwissenschaften. Mit Beiträgen von Hans Tietmeyer, Hanna-Renate Laurien u. a.
Bd. 45, 2002, 160 S., 15,90 €, br.,
ISBN 3-8258-6162-7

Martin Dabrowski; Andreas Fisch; Karl Gabriel; Christoph Lienkamp
Das Insolvenzrecht für Staaten
Philosophische Begründung –
Ökonomische Beurteilung –
Sozialethische Bewertung
Bd. 46, 2003, 200 S., 19,90 €, br.,
ISBN 3-8258-6237-2

Hans-Gerd Angel
Christliche Weltverantwortung MISEREOR: Agent kirchlicher Sozialverkündigung
Als die deutschen Bischöfe 1958 das Hilfswerk Misereor „gegen Hunger und Aussatz in der Welt" gründeten, war es weltweit das erste seiner Art. Die katholische Kirche in Deutschland reagierte damit auf Herausforderungen der Zeit nach dem Zweiten Weltkrieg, in der die Soziale Frage begann, eine internationale Dimension anzunehmen. Der Versuch der Mobilisierung von Aufmerksamkeit für die Länder der Dritten Welt konnte jedoch nicht mehr allein durch den Verweis auf die christliche Tradition katholischer Prägung gelingen. Das autoritative Vermitteln von moralischen Inhalten war in eine Krise geraten. Wie kann eine kirchliche Organisation in einer säkularen Gesellschaft funktionieren?
Bd. 47, 2003, 336 S., 24,90 €, br.,
ISBN 3-8258-6424-3

Brigitta Herrmann
Das Recht auf Ernährung am Beispiel Malis
Wirtschaftsethische Ansätze auf dem Prüfstand
Menschenrechte in der Praxis: Wie wird das grundlegendste Menschenrecht, das Recht auf Ernährung, umgesetzt? Die Autorin untersucht dies am Beispiel Malis. Auf dem Weg zur vollen Verwirklichung dieses Rechtes sind viele Aspekte zu berücksichtigen, vor allem auch das komplexe Zusammenwirken wirtschaftlicher und ethischer Faktoren. Also ein ideales Testfeld für die Wirtschaftsethik. Welche Ansatzpunkte liefern hier wirtschaftsethische Ansätze und was sagt das über die praktische

LIT Verlag Münster – Berlin – Hamburg – London – Wien
Grevener Str./Fresnostr. 2 48159 Münster
Tel.: 0251 – 62 032 22 – Fax: 0251 – 23 19 72
e-Mail: vertrieb@lit-verlag.de – http://www.lit-verlag.de

Relevanz dieser Ansätze selbst aus? Einige wirtschaftsethische Ansätze bieten Lösungsmöglichkeiten, um das Recht auf Ernährung in einer Weise umzusetzen, die den konkreten Menschen gerecht wird.
Bd. 48, 2003, 392 S., 29,90 €, br.,
ISBN 3-8258-6653-x

Stefan Schenk
Menschen teilen Arbeit
Sozialethische Überlegungen zum Volkswagen-Modell der Vier-Tage-Woche. Mit einem Vorwort von Karl Gabriel
Mit der Einführung der Vier-Tage-Woche hat die Volkswagen AG einen innovativen Lösungsweg aus der Wirtschafts- und Beschäftigungskrise der 90er Jahre beschritten, der – aus ökonomischer Perspektive betrachtet – als sachgerechte Alternative zur Massenentlassung Modellcharakter für sich beansprucht. Vor dem Hintergrund christlicher Sozialethik ist jedoch zu klären, ob und inwiefern dieses personal- und arbeitspolitische Konzept darüber hinaus als eine menschen- und sozialgerechte Lösungsvariante bezeichnet werden kann.
Bd. 49, 2003, 504 S., 29,90 €, br.,
ISBN 3-8258-6742-0

Hermann-Josef Große Kracht (Hg.)
Solidarität institutionalisieren
Anliegen, Akteure und Arenen christlicher Sozialethik. Beiträge aus dem „Institut für Christliche Sozialwissenschaft". Karl Gabriel zum 60. Geburtstag
Der hier vorliegende 50. Band der „ICS-Schriften" ist Karl Gabriel, dem Direktor des Instituts für Christliche Sozialwissenschaften, zu seinem 60. Geburtstag gewidmet. Kolleginnen und Kollegen, die unter der Leitung von Karl Gabriel am ICS beschäftigt waren bzw. sind, thematisieren aus verschiedenen Blickwinkeln die Kategorie der Solidarität und die Fragen ihrer politisch-gesellschaftlichen Umsetzung. Neben theoretischen Annäherungen an dieses Grundanliegen christlicher Sozialethik geht es vor allem um die Akteure und Arenen möglicher und umstrittener Versuche der Institutionalisierung von Solidarität.
Bd. 50, 2003, 232 S., 17,90 €, br.,
ISBN 3-8258-7100-2

Christian Spieß
Sozialethik des Eigentums
Philosophische Grundlagen – kirchliche Sozialverkündigung – systematische Differenzierung
Für das ökonomische System, für das gesellschaftliche Zusammenleben und für die individuell-personale Lebensführung sind Fragen der Legitimität, der Reichweite, der Ausgestaltung etc. des Privateigentums und seiner vielfältigen Erscheinungsformen von grundlegender Bedeutung. Dieses Buch ist der Versuch, in der Auseinandersetzung mit den wichtigsten philosophischen Positionen zur Eigentumsfrage eine tragfähige systematische christliche Sozialethik des Eigentums zu entwickeln, die den Problemen der Gegenwart gerecht wird und über den christlichen Rahmen hinaus Plausibilität besitzt.
Bd. 51, 2004, 256 S., 24,90 €, br.,
ISBN 3-8258-7467-2

LIT Verlag Münster – Berlin – Hamburg – London – Wien
Grevener Str./Fresnostr. 2 48159 Münster
Tel.: 0251 – 62 03 22 – Fax: 0251 – 23 19 72
e-Mail: vertrieb@lit-verlag.de – http://www.lit-verlag.de